파이썬으로 구현한
인공지능

박태희 지음

파이썬으로 구현한
인공지능

인 쇄 : 2021년 2월 19일 초판 1쇄
발 행 : 2021년 2월 26일 초판 1쇄

저 자 : 박태희
발행인 : 송 준
발행처 : 도서출판 홍릉
주 소 : 01093 서울시 강북구 인수봉로 50길 10
등 록 : 1976년 10월 21일 제5-66호

전 화 : 02-999-2274~5
팩 스 : 02-905-6729
e-mail : hongpub@hongpub.co.kr
http://www.hongpub.co.kr
ISBN : 979-11-5600-844-6(93000)

정 가 : 23,000원

본 교재는 동명대학교 대학혁신지원사업단에서 주관하여 진행한 결과물입니다.

파이썬으로 구현한 인공지능

박태희 지음

도서출판 홍릉

서문

2016년 3월 12일, 이세돌 9단과 알파고의 세번째 대국이 알파고의 불계승으로 끝이 났다. 이세돌 9단은 초반부터 공격적으로 판을 풀어 나가며 분전했으나, 알파고의 큰 그림을 그리는 계산을 넘어서지는 못했다. 3국까지 0대 3의 스코어를 기록하면서 나머지 대국 결과와 상관없이 알파고의 승리가 확정됐다. 불과 한 달 전만 해도 '아직은 멀었다'라는 의견이 팽배했지만, 지금은 분위기가 180도 바뀌었다. 이와 같이 사람들은 부쩍 다가온 인공지능의 시대를 체감하고 있다.

인공지능은 4차 산업혁명 시대의 핵심 기술이라고도 한다. 지금도 각 분야에 특화된 인공지능은 인간을 앞선 능력을 보여 주기도 한다. 물론 인간만이 할 수 있는 일들이 아직 많이 남아있는 것 또한 사실이다. 따라서 인공지능과 대결하기 보다는 서로 협업하면서 함께 발전하는 것이 필요한 시점이다. 그러기 위해서는 과연 인공지능이란 무엇인지, 인공지능의 구조는 어떠한지, 그리고 어떤 기술과 원리로 동작하는지에 대해 알아 두는 것이 무엇보다 중요하다.

최근 인공지능의 필요성에 따라 다양한 인공지능 교재가 쏟아지고 있다. 하지만 최근의 인공지능 관련 서적들은 주로 딥러닝 기술에 초점을 맞추거나 예제 코드 위주로 작성되는 경향이 있다. 딥러닝은 인공지능이라는 큰 범주일 뿐이며, 실제 응용 분야에서는 딥러닝 기술 이외에 다양한 머신러닝 기술이 활용되고 있다. 따라서 기본적인 머신러닝이나 인공 신경망 기술을 익히지 못하고 딥러닝 기술만을 배우게 되면 단순히 라이브러리를 동작시킬 수만 있고 내부 엔진을 변형하거나 설계할 수 없는 반쪽짜리 인공지능 기술을 학습하게 된다.

또한 이러한 인공지능 기술을 배우기 위해서는 강력한 딥러닝 라이브러리를 가진 파이썬 학습이 반드시 필요하다. 이 교재에서는 구체적인 예를 통해 딥러닝에 필요한 지식과 파이썬 확용법을 기초부터 설명한다. 딥러닝 기초와 함수 사용법을 배우고 행렬 계산에 특화된 Numpy와 빅데이터를 다루는 Pandas 등을 다루면서 파이썬 사용법을 철저히 익힐 수 있다.

따라서 본 교재는 학부생이나 초보 전공자들을 위해 인공지능의 기초 개념들을 설명하는데 초점을 두었다. 부득이하게 확률 및 수학 관련 수식들이 포함되어 있지만 이는 인공지능의 기본 개념을 익히는데 도움을 주기 위한 도구일 뿐이다. 따라서 수식에 큰 비중을 두기 보다는 수학을 바탕으로 전개된 인공지능의 원리를 이해하는 것이 더욱 중요하다.

부디 인공지능의 기초이론을 배우고 응용에 대한 개념을 확립하는데 도움이 되기를 바라며, 부족한 부분에 대한 독자 여러분들의 많은 지도와 격려를 부탁드린다. 또한 본 저서가 출판되기까지 물심양면으로 지원해 주신 교육혁신사업[STAR+] 사업단 단장님을 비롯하여 직원 분들께 감사드린다.

차례

CHAPTER 01 파이썬 기초

CHAPTER 02 파이썬 고급

차례

CHAPTER 03 로깅

CHAPTER 04 인공지능 응용

CHAPTER 05 퍼지 시스템

차례

CHAPTER 06 유전 알고리즘

CHAPTER 07 머신러닝

CHAPTER 08 딥러닝

차례

CHAPTER 09 구글 어시스턴트와 음성 인식

CHAPTER 10 음성 인식을 통한 장치 제어

차례

CHAPTER 11 음성 인식 센서 연동

CHAPTER 12 음성 인식 시스템 설계

CHAPTER 13 숫자 인식기 구현

CHAPTER

01

파이썬 기초

파이썬은 1991년 귀도 반 로섬(Guido van Rossum)이 개발한 대화형 프로그래밍 언어로써, 최근 많은 인기를 얻고 있다. 파이썬이 전 세계적으로 각광을 받는 이유는 간결하면서도 효율적으로 빠르게 프로그램을 작성할 수 있기 때문이다. 데스크톱 프로그래밍, 웹에서 프론트엔드의 GUI 프로그래밍, 스마트폰으로 대변되는 모바일 프로그래밍, 온라인 게임 프로그래밍과 사물인터넷(IoT)에 사용되는 임베디드 프로그래밍 뿐만 아니라 빅데이타 알고리즘과 인공지능 모델링을 위한 프로그래밍 등 첨단 소프트웨어 분야의 강자로 파이썬이 군림하고 있다. 이 장에서는 파이썬의 설치법과 기본 문법에 대해 살펴보고, 예제를 통해 파이썬의 사용법을 익히도록 한다.

1.1 파이썬이란?

파이썬은 구글이 시작된 시점부터 매우 중요한 부분을 차지하고 있다. 현재 파이썬은 C++, 자바와 함께 구글의 공식 프로그래밍 언어이자 핵심 언어이다. 수많은 구글 내부 시스템과 구글 API들이 파이썬으로 작성되어 있으며, 유투브, 인스타그램의 주요 기술과 기능에 있어 핵심적인 역할을 하고 있다. 파이썬은 단순하지만 강력한 프로그래밍 언어라 할 수 있다. 이러한 특성으로 인해 어느 프로그래밍 언어보다 폭넓게 활용되고 있으며, 컴퓨터 지식이 전무한 사람도 쉽게 사용할 수 있다는 것이 가장 큰 매력이라 볼 수 있다.

현재 가장 많이 사용되고 있는 윈도우 버전인 마이크로소프트사의 윈도우 10을 기준으로 파이썬을 설치하는 방법부터 알아보자.

먼저 파이썬을 다운로드 받기 위해 https://www.python.org/downloads/에 접속한다.

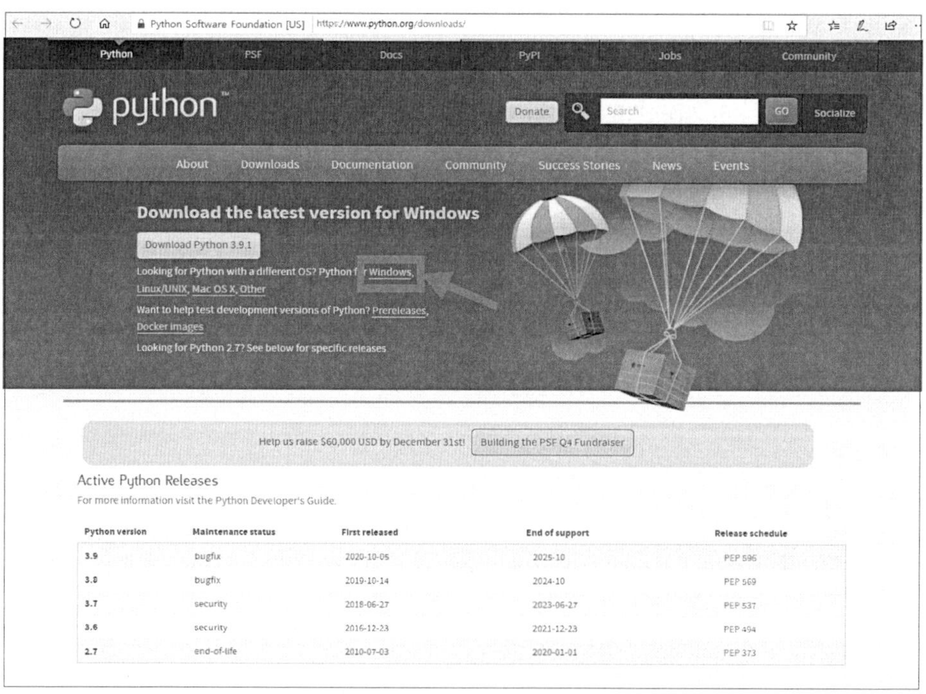

그림 1.1 파이썬 설치 파일 다운로드를 위한 메인 화면

윈도우용 파이썬을 설치하기 위해 그림 1.1에서 windows 클릭한다. 그리고 그림 1.2와 같이 가장 최신의 안정적인 버전으로 릴리즈(release)가 된 3.7.8의 64비트 설치 파일 중 바로 실행이 가능한 Windows x86-64 executable installer를 선택한다.

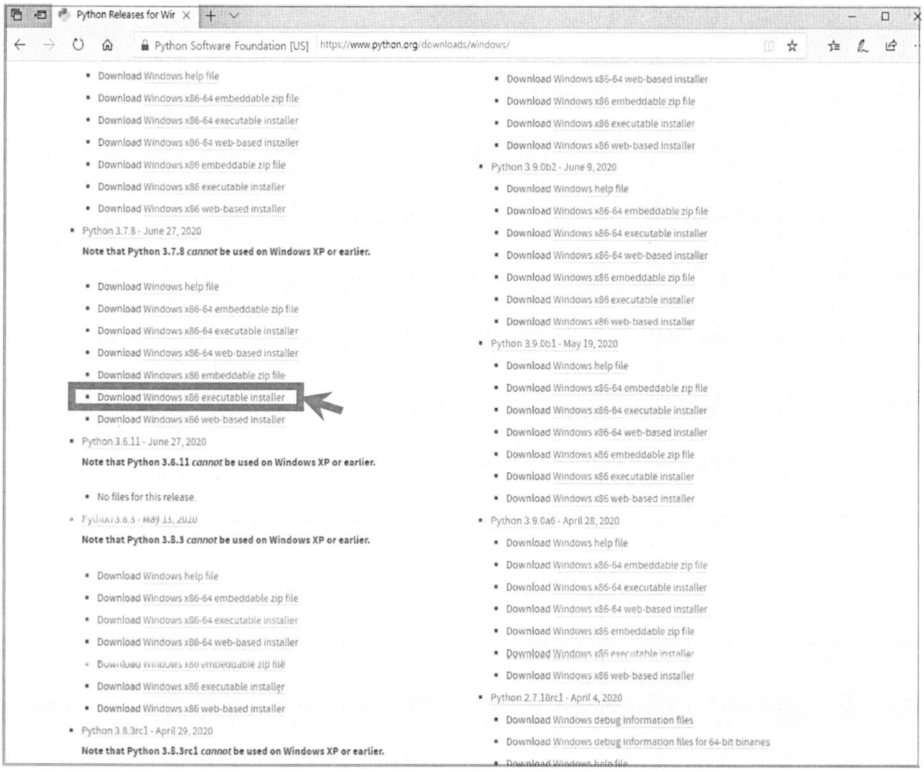

그림 1.2 윈도우용 파이썬 3.7.8 설치 화면

그림 1.3과 같이 Python 3.7.8 Setup 화면이 뜨면 가장 아래에 위치한 [Add Python 3.7 to PATH] 체크 박스에 체크를 한다. 이 설정은 파이썬 실행 파일을 운영체제 환경변수에 추가하여 어느 곳에서나 실행할 수 있게 해 주는 옵션이다.

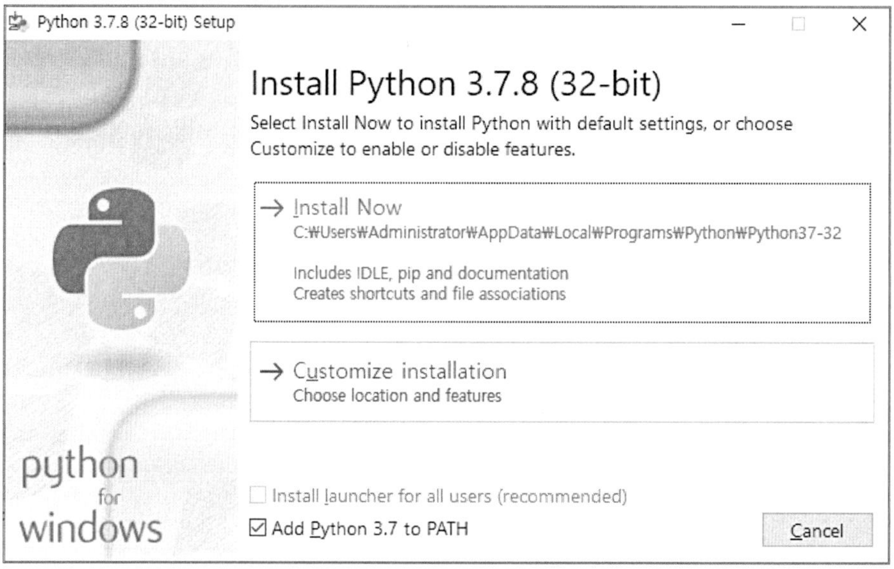

그림 1.3 설치 시작 화면

이제 [Install Now]를 클릭하면 그림 1.4와 같이 설치가 진행된다.

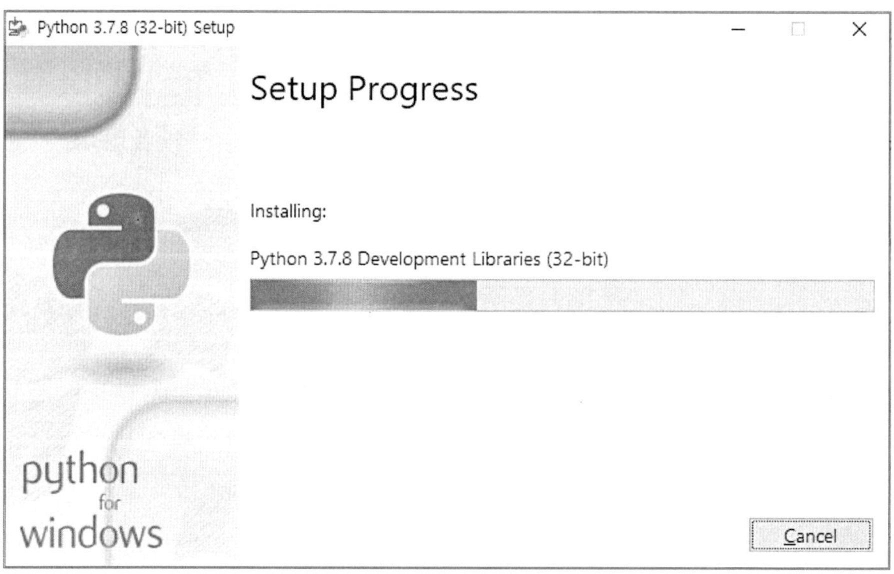

그림 1.4 파이썬 설치 진행 화면

정상적인 설치가 완료되어 Setup was successful 메시지와 함께 그림 1.5의 설치 완료창이 나타나면 [Close] 버튼을 클릭하여 설치 과정을 마무리 한다.

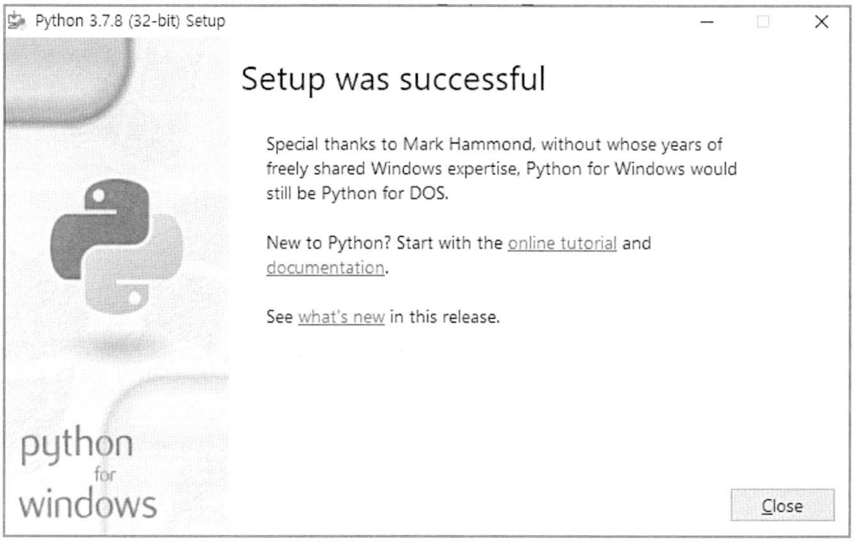

그림 1.5 파이썬 설치 완료 화면

이제 파이썬 프로그램의 실행을 위해 그림 1.6과 같이 [윈도우]-[시작] 버튼을 클릭하여 [Python 3.7] - [Python 3.7(64 bit)]를 확인한다.

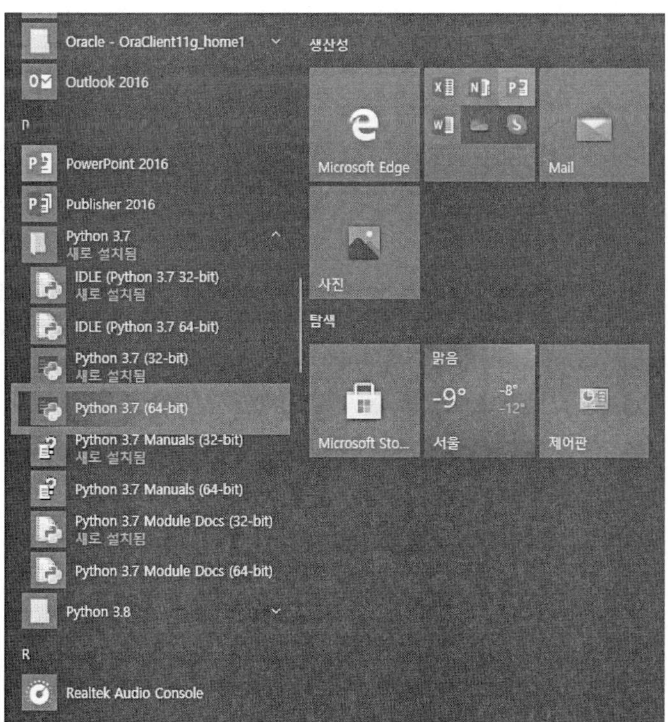

그림 1.6 시작 메뉴에서 파이썬 설치 확인하기

Python 3.7(64bit)를 선택하면 그림 1.7과 같이 파이썬 실행 환경인 파이썬 쉘이 실행된다.

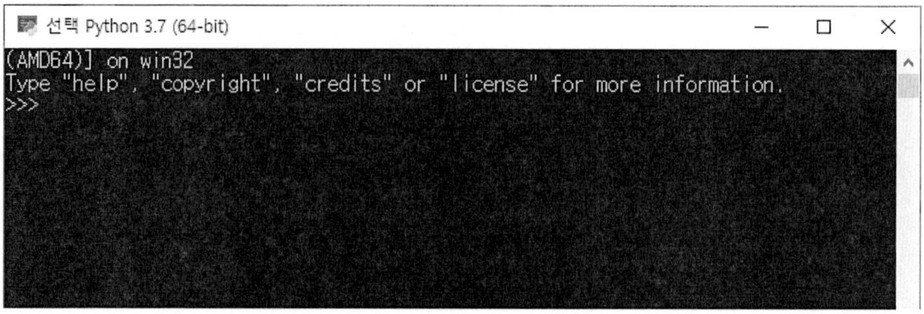

그림 1.7 명령어 프롬프트 창에서 파이썬 실행하기

이제 프롬프트인 '>>>' 뒤에 파이썬 명령어를 입력하여 한줄 씩 실행할 수 있다. 소스 코드를 한번 실행시켜 보자.

파이썬은 표준 출력 함수인 print를 내부 라이브러리 함수로 제공하고 있다. 함수에 대한 자세한 설명은 다음 절에서 하도록 한다. 『Hello~~~』를 출력하기 위해 아래와 같이 입력하고 엔터 키를 눌러보자.

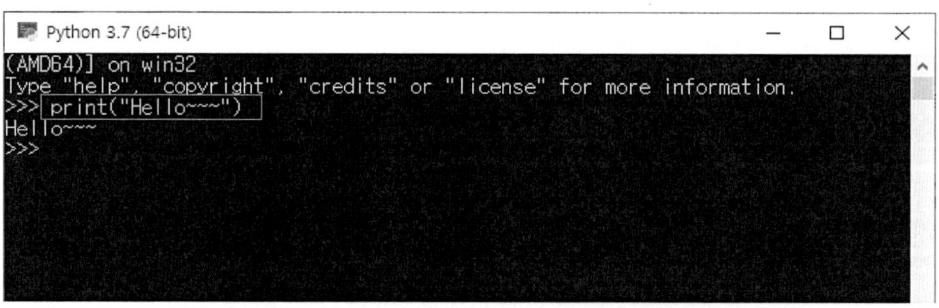

그림 1.8 명령어 프롬프트 창에서 파이썬 소스 코드 실행하기

입력한 바로 아래의 줄에 『Hello~~~』가 출력되고 다시 『>>>』와 함께 커서가 아래로 이동한 것을 확인할 수 있다. 파이썬의 소스 코드는 기본적으로 이 환경에서 실행된다.

이제 **파이썬 통합 개발 환경**인 IDLE(Integrated DeveLopment Environment)을 사용하여 명령어를 입력하고 실행시켜 보자. IDLE는 파이썬 쉘을 통해 입력 코드의 결과를 바로 보는 기능과 함께 소스 파일을 편집하고 실행하는 기능을 제공한다. 그림 1.9와 같이 [윈도우]-[시작] 버튼을 누르고 [Python 3.7]-[IDLE 3.7.8 (64bit)]를 클릭해 보자.

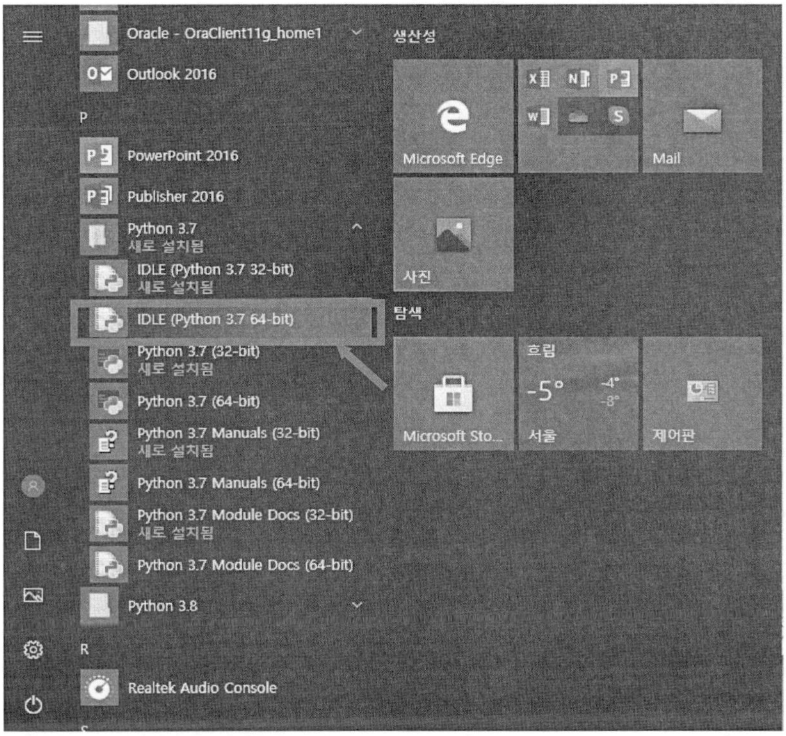

그림 1.9 시작 메뉴에서 IDLE 실행하기

IDLE가 실행되면 다음과 같은 윈도우 창이 열린다. 파이썬의 버전 정보가 출력되고 『>>>』 옆에 커서가 깜박인다.

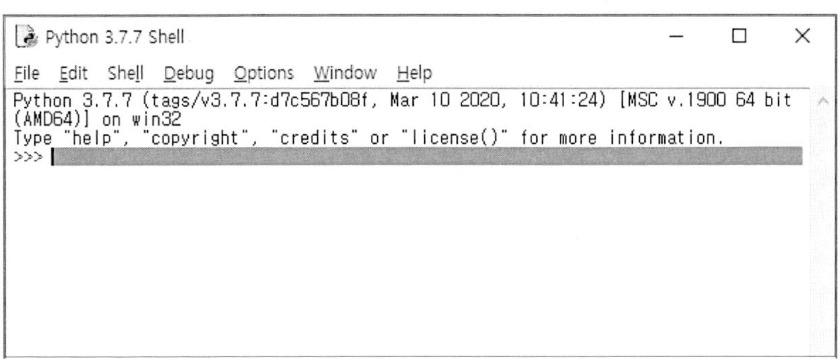

그림 1.10 IDLE 실행 창

소스 파일을 만들기 위해 메뉴에서 [File] - [New File]을 클릭한다.

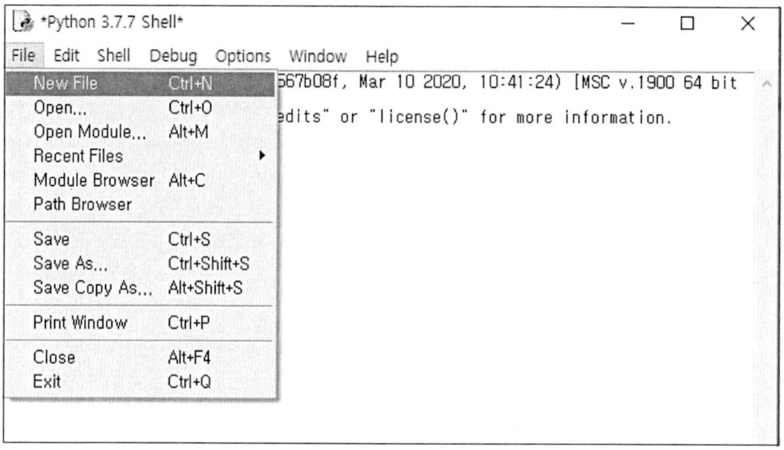

그림 1.11 IDLE에서 새 파일 만들기

빈 소스 코드 편집창이 뜨면 그림 1.8의 명령어 프롬프트 창에서 입력했던 명령어 『print("Hello~~~")』를 입력한다.

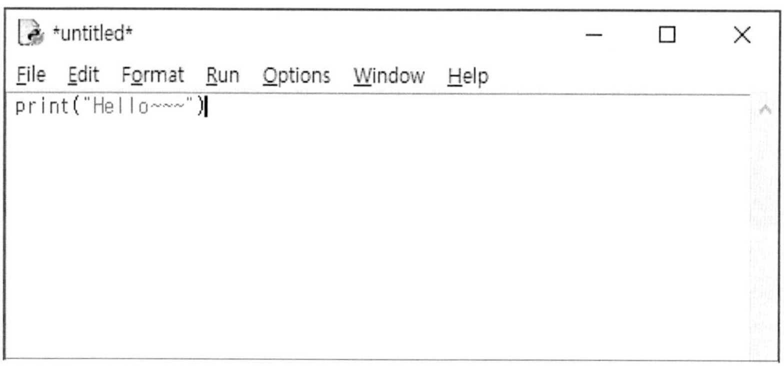

그림 1.12 파이썬 소스 코드 입력하기

입력한 파이썬 코드를 실행하려면 .py 파일에 저장해야 한다. 따라서 소스 코드 편집 창의 메뉴에서 [File] - [Save]을 선택한다.

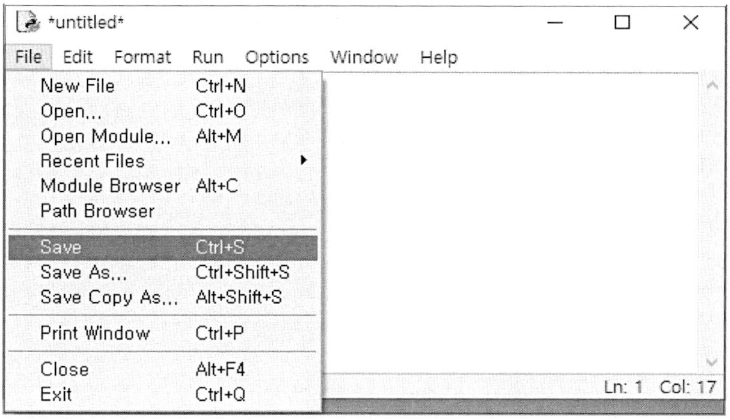

그림 1.13 파이썬 코드를 파일에 저장하기

파일 저장 창이 나타나면 원하는 폴더로 이동한 후 파일명을 입력하고 저장하기 버튼을 클릭한다. 여기서는 파일명을 hello로 입력하였으며, 따라서 소스 코드는 hello.py로 저장된다. 파이썬 코드를 저장한 .py 파일을 파이썬 스크립트(Python script)라고 한다.

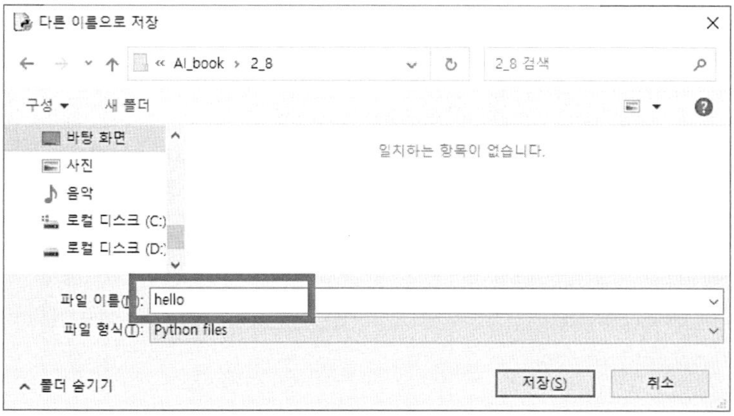

그림 1.14 폴더 선택 및 파일명 입력하기

이제 소스 코드 편집 창의 메뉴에서 [Run] - [Run Module]을 클릭하거나 F5를 눌러 실행시킨다.

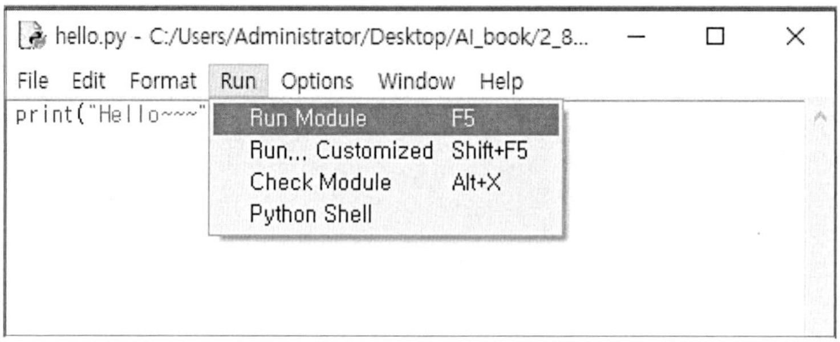

그림 1.15 소스 파일 실행하기

실행 결과 IDLE의 파이썬 쉘 창에 『Hello~~~』가 출력되는 것을 알 수 있다.

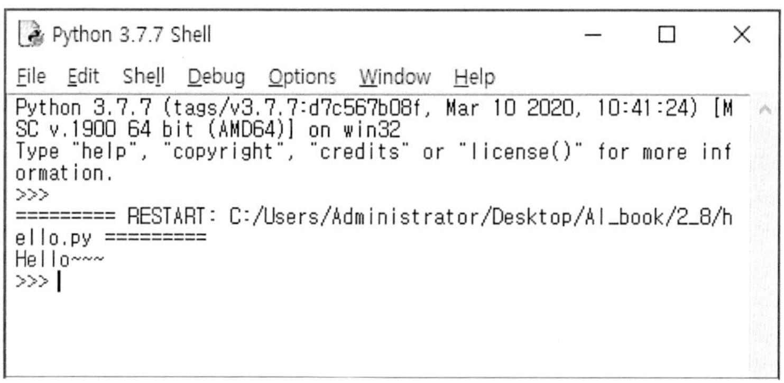

그림 1.16 소스 코드 실행 결과

이 교재에서는 IDLE를 사용하여 인공지능 프로그램을 실습하고자 한다.

1.2 입출력

파이썬은 기본적인 화면 입력과 화면 출력을 위해 각각 input과 print 함수를 제공한다.

1.2.1 입력 함수 input()의 사용법

키보드로부터 입력 값을 받기 위한 파이썬의 라이브러리 함수는 input이며, 입력받은 값은 변수에 저장된다. 다음은 input 함수의 사용법을 나타낸 것이다.

```
변수명 = input()
```

아래의 예제는 키보드로부터 입력을 받은 후 그 값을 변수 name에 저장하고, 화면에 출력해 주는 프로그램이다.

소스코드

```
name = input()
print(name)
```

실행결과

```
>>>
김은정
김은정
```

문자열『김은정』을 입력받아 그대로 화면에 출력함을 확인할 수 있다.

input 함수의 또 다른 사용법으로써 데이터를 입력받을 때 안내 메시지를 input(“입력 :”)과 같이 작성할 수도 있다. 이때 화면에 출력할 문자열은 큰 따옴표(“”)나 작은 따옴표(‘’)안에 넣어준다.

```
변수명 = input('입력 : ')
```

아래의 예제는 화면에 『이름을 입력하시오 : 』를 먼저 출력한다. 이때 사용자가 이름을 입력하면 변수 name에 저장하고, 화면에 그대로 출력하게 된다.

소스코드

```
name = input('이름을 입력하시오 : ')
print(name)
```

실행결과

```
>>>
이름을 입력하시오 : 김은정
김은정
```

input() 함수는 사용자의 입력을 문자열 형태로 저장하기 때문에 이를 정수로 변환하려면 int()로 감싸야 한다. 이는 입력받은 숫자를 이용하여 산술 연산을 하고자 할 때 필요하다.

변수명 = int(input('정수를 입력하시오 : '))

아래의 프로그램은 사용자로부터 문자열 10을 입력받아 정수형 10으로 변환한 후 변수 a에 저장하고, 변환된 정수값 10을 화면에 출력한다.

소스코드

```
a = int(input('정수를 입력하시오 : '))
print(a)
```

실행결과

```
>>>
정수를 입력하시오 : 10
10
```

마찬가지로 입력받은 수를 실수형으로 변환하고자 한다면 다음과 같이 float() 함수를 사용한다.

변수명 = float(input('정수를 입력하시오 : '))

소스코드

```
a = float(input('정수를 입력하시오 : '))
print(a)
```

실행결과

```
>>>
정수를 입력하시오 : 3.14.
3.14
```

1.2.2 출력 함수 print()의 사용법

print()는 변수나 연산된 결과 등을 화면(모니터)에 출력하는 라이브러리 함수이며, 마지막에 자동으로 개행(\n)이 이루어진다.

파이썬은 크게 3가지 종류의 출력 형태가 있다. 콤마로 구분하여 출력하는 형태, %형식 지정자를 이용하는 형태, format() 함수를 이용하는 방법이다.

콤마(,)를 이용한 출력

문제를 풀면서 중간 과정의 변수 값들의 변화를 따라갈 때가 있다. 이런 경우 콤마를 이용하여 어떤 변수 값을 출력하는지 써주면 결과를 확인할 때 편리하다. 이는 최종 결과를 출력할 때 보다 그 과정에서 더 많이 사용한다.

소스코드

```
a = 10
print('res : ', a)
```

실행결과

```
>>>
a : 10
```

또한 여러 문장을 출력할 때 더하기나 콤마로 이을 수 있다. 차이점은 아래의 예제와 같이 더하기는 문장과 문장이 이어져서 출력되고, 콤마는 공백이 한번 들어간 뒤 출력된다는 점이다. 단 더하기는 문자열에만 사용 가능하다는 점을 주의해야 한다.

소스코드

```
print('환영합니다' + '반가워요')
```

실행결과

```
>>>
환영합니다반가워요
```

소스코드

```
print('환영합니다', '반가워요')
```

실행결과

```
>>>
환영합니다 반가워요
```

%형식지정자를 이용한 출력

파이썬은 형식 지정을 위해 %라는 연산자를 사용한다. 사용법은 %d(정수형), %f(실수형), %s(문자열)로 형식을 먼저 지정해 주고, 그 뒤에 순서대로 대응하는 변수명 앞에 % 연산자를 붙여주면 된다.

다음은 %형식지정자를 이용하여 출력하는 예제이다.

소스코드

```
name = input('이름을 입력하시오 : ')
print('입력한 이름은 %s' %name)
```

실행결과

```
>>>
이름을 입력하시오 : 김은정
입력한 이름은 김은정
```

이 프로그램은 변수 name의 값을 %s, 즉 문자열 형태로 화면에 출력해 줌을 의미한다.

%형식지정자에 대응하는 변수가 한 개인 경우는 괄호를 생략할 수 있으나, 두 개 이상인 경우에는 % 뒤에 괄호 안에 변수들을 작성해야 한다. 다음은 %d 형식지정

자를 이용하여 정수 형태로 변수 값들을 출력하는 예제이다.

소스코드

```
a = int(input('첫 번째 숫자를 입력하시오 : '))
b = int(input('두 번째 숫자를 입력하시오 : '))
print('%d + %d = %d' %(a, b, a+b)
```

실행결과

```
>>>
첫 번째 숫자를 입력하시오 : 10
두 번째 숫자를 입력하시오 : 20
10 + 20 = 30
```

print() 함수의 %형식지정자의 종류로는 %d, %f, %s외에도 여러 가지가 있지만, 대표 형식지정자만 잘 숙지하도록 한다.

format() 함수를 이용한 출력

파이썬은 format() 함수를 이용하여 출력 문자열의 형태를 설정할 수 있다. format() 함수를 이용하여 출력하는 형태는 아래와 같이 내용과 중괄호({})를 원하는 순서대로 따옴표 안에 작성한다. 중괄호에 대응되는 변수는 점(.) 작성 후 format() 함수 안에 순서대로 작성한다.

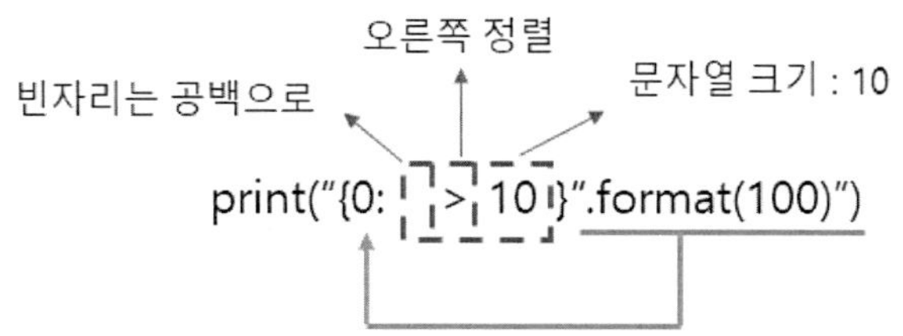

이는 빈자리는 빈 공간으로 두고, 오른쪽 정렬(>)을 하되 총 10자리 공간을 확보하라는 의미이다. 다음 예제는 format() 함수를 이용하여 출력하는 예제이다.

소스코드

```
print("{0: >10}".format(100))
```

실행결과

```
>>>
       100
```

{0:,}을 사용하여 세자리마다 콤마를 표시할 수 있다.

소스코드

```
print("{0:,}".format(12000000000))
```

실행결과

```
>>>
12,000,000,000
```

소수점을 출력할 때, 소수점 특정 자리수에서 반올림을 수행하여 출력할 수 있다. 다음은 단순히 소수점을 출력하는 경우와 소수점 셋째 자리에서 반올림 하여 소수점 둘째 자리까지 출력하는 예제를 함께 보인 것이다.

소스코드

```
print("{0:f}".format(5/3))
print("{0:.2f}".format(5/3))
```

실행결과

```
>>>
1.666667
1.67
```

1.3 변수와 데이터형

1.3.1 변수

변수란 어떤 값을 저장할 수 있는 메모리 공간이다. 음식을 데이터로 본다면 이 음식을 담는 그릇을 변수로 비유할 수 있다. 파이썬은 C나 C++, 자바와는 달리 변수 선언이 필요 없지만, 긴 코드를 작성할 때는 변수를 미리 준비하는 것이 효율적이다.

변수명은 본인이 사용하기 편하게 지어주면 되나 아래의 몇 가지 규칙을 지켜야 한다.

- 변수는 대소문자를 구분한다. 즉 A와 a는 다른 변수로 취급된다.
- 문자, 숫자, 특수문자(_만 가능)를 사용할 수 있다.
  예) _a34 (O), @ab (X), class_1(O)
- 숫자로 시작할 수 없다.
  예) 21year(X)
- 예약어는 변수명으로 사용할 수 없다.
  예) True, False, and, if, continew, while, for, ...

변수에 데이터를 저장하는 방법은 대입 연산자(=)를 사용하는 것이다.

변수명 = 데이터

대입 연산자를 기준으로 오른쪽에서 왼쪽으로 대입되기 때문에 변수는 왼쪽, 데이터는 오른쪽에 위치하는 것을 볼 수 있다. 대입 연산자의 오른쪽에는 데이터 뿐만 아니라 변수, 수식, 함수 등이 올 수 있다.

기존에 변수에 어떤 값이 들어 있다면 그 값들은 없어지고, 새로 대입한 값으로 변경된다. 아래의 예제 프로그램을 살펴 보자.

소스코드

```
a = 90
a = 70
print(a)
```

실행결과

```
>>>
70
```

먼저 변수 a에 90을 대입했으나, 다음 문장에서 동일한 변수 a에 70을 대입하고 있다. 따라서 앞서 대입한 90은 없어지고 70으로 변경된다. 그러므로 변수 a의 값을 출력하면 70이 되는 것이다.

1.3.2 데이터형

데이터형(data type)은 컴퓨터에서 다루어지고 있는 다양한 데이터.값들의 유형을 의미한다. 파이썬은 C언어와 같은 기존의 언어들과 달리 변수에 데이터형을 지정하여 선언할 필요 없이 변수에 데이터를 할당하는 순간 자동으로 선언된다. 변수의 데이터형은 처음 입력되는 값의 데이터형에 따라 결정된다.

파이썬에서 사용할 수 있는 기본 데이터형은 표 1.1과 같이 크게 네 가지로 분류할 수 있다.

표 1.1 파이썬에서의 기본 데이터형

데이터형	예약어	예
정수형	int	3, 100
실수형	float	3.0, 3.14
문자, 문자열형	str	'hello', "hello
논리형	bool	True, Flse

파이썬에서 int는 일반적으로 알고 있는 정수로 사용되지 않는다. int란 소수점 이하의 값이 없음을 의미하는 것이 아니라 소수점 자체가 존재하지 않는 수를 말한다. 또한 파이썬에는 C언어와는 달리 long형의 데이터형이 존재하지 않고 int로 값

을 표현한다.

실수형 float은 숫자에 소수점이 존재하는 경우를 말하며, 소수점 이하에 값이 있고 없고는 관계없다. 즉 수학에서 3과 3.0은 같은 수로 취급하나 파이썬에서는 3은 정수형, 3.0은 실수형으로 판단하는 것이다.

문자 또는 문자열 str은 작은 따옴표(') 또는 큰 따옴표("")로 표현한 데이터를 의미한다. 만일 변수나 값의 데이터형을 알고자 한다면 type 명령어를 사용하면 된다. None 타입은 변수가 비어 있음을 표시할 때 사용한다.

소스코드

```
print(type(None))
print(type(True))
print(type(1))
print(type(1.0))
```

실행결과

```
>>>
<class 'NoneType'>
<class 'bool'>
<class 'int'>
<class 'float'>
```

이 교재에서는 하나의 데이터를 저장하는 기본 데이타형에 대해서만 살펴보았다. 여러 개의 데이터를 저장하기 위한 list, tuple, dictinary, set 등에 관한 내용은 파이썬에 관련된 기타 서적을 참고하기 바란다.

1.4 연산

연산이란 피연산자를 이용하여 연산자의 정의에 맞게 계산한 후, 결과 값으로 제시하는 과정을 뜻한다. 기본적으로 파이썬 프로그래밍 언어의 연산자에는 산술 연산을 위한 산술 연산자, 값의 크기를 비교하는 비교 연산자, 참 또는 거짓의 값을 갖는 논리형의 피연산자를 대상으로 하는 논리 연산자, 이진수 0과 1을 연산의 대상으로 하는 비트 연산자가 있다. 표 1.2를 이들을 요약한 것이다.

표 1.2 파이썬의 기본 연산자

연산자		의미	예	결과값
산술 연산자	+	덧셈(정수형, 실수형)	3.4 + 2	5.4
		문자열 연결(문자열형)	'3.1'+'4'	'3.14'
	−	뺄셈(정수형, 실수형)	3.5−2	1.5
	*	곱셈(정수형, 실수형)	1.5*2	3.0
		반복(문자열형, 정수형)	'1.5'*2	'1.51.5'
	/	나눗셈(정수형, 실수형)	3/2	1.5
	**	지수(정수형, 실수형)	2**3	8
	//	몫(정수형, 실수형)	5//4	1
	%	나머지 구하기(정수형)	7%3	1
비교 연산자	==	같다	5 == 3	거짓
	!=	같지 않다	5 != 3	참
	〈. 〈=	작다, 작거나 같다	5 < 3	거짓
	〉, 〉=	크다, 크거나 같다	5 >= 3	참
	is	변수의 대상체가 같다	5 is 3	참
	in	연산자 왼쪽 값이 오른쪽	5 in [1, 2, 3]	거짓
논리 연산자	and	논리곱	참 and 거짓	거짓
	or	논리합	참 or 거짓	참
	not	논리부정	not 참	거짓
비트 연산자	&	비트곱	4 & 3	0
	|	비트합	4 | 3	7
	^	비트배타적논리합(xor)	4 ^ 3	7
	~	비트 부정	~4	−5
	〈〈	비트 왼쪽 이동	4 << 3	32
	〉〉	비트 오른쪽 이동	4 >> 3	0
복합 대입 연산자	+=	더한 후 대입	a += 2	a = a + 2
	−=	뺀 후 대입	a −= 2	a = a − 2
	*=	곱한 후 대입	a *= 2	a = a * 2
	/=	나눈 후 대입	a /= 2	a = a / 2
	%=	나머지를 구한 후 대입	a %= 2	a = a % 2

1.4.1 산술 연산자

산술 연산자 +, −, *, /는 사칙 연산에 사용한다. %는 나머지를 구할 때 사용하므로 나머지 연산자라고 부른다. **는 지수 연산을 수행하며, //는 Floor Division으로 소수점 이하 자릿수를 제거한 몫을 구하는 연산이다. 표 1.2의 산술 연산자의 예와 결과값을 비교해 보기 바란다.

1.4.2 비교 연산자

비교 연산자는 같음(==), 다름(!=), 크다(>), 작다(<), 크거나 같다(>=), 작거나 같다(<=)가 있다. 비교 결과는 항상 참 또는 거짓이 된다.

==, !=, >=, <= 는 하나의 연산자이므로 중간에 공백이 들어가면 안 된다는 것을 주의해야 한다.

또한 멤버십 연산자 in은 특정 데이터가 해당 컬렉션에 속하는지(in) 또는 속하지 않는지(not in)를 판별하는 연산자이다.

파이썬에서 참조 비교 연산자에는 같다(is)와 같지 않다(is not)가 있다. 비교 연산자의 같다(==)와 같지 않다(!=)는 값이 같은지를 판별하는 연산자이다. 반면 참조 비교 연산자는 같은 메모리를 참조하는지를 판별하는 연산자이다. 정수나 실수 등의 값을 기억하는 형식에서는 비교 연산자와 참조 비교 연산자는 차이가 없다. 그러나 클래스처럼 참조 형식에서는 서로 다른 개체가 같은 값을 가지고 있을 때 차이가 발생한다.

1.4.3 논리 연산자

논리 연산자는 참과 거짓의 값을 갖는 피연산자들을 대상으로 연산을 수행한다. 논리곱 and는 둘 다 참일 때 연산 결과가 참이며, 하나라도 거짓이면 연산 결과는 거짓이 된다.

반면 논리합 or는 하나라도 참일 때 연산 결과가 참이 되고, 모두 거짓이면 거짓이다. 논리 부정 not은 참이면 결과는 거짓, 거짓이면 결과가 참이 된다.

표 1.3 파이썬에서의 기본 데이터형

피연산자1	피연산자2	논리곱 (and)	논리합 (or)	피연산자1의 논리 부정(not)
참(True)	참(True)	참	참	거짓
참(True)	거짓(False)	거짓	참	거짓
거짓(False)	참(True)	거짓	참	참
거짓(False)	거짓(False)	거짓	거짓	참

1.4.4 비트 연산자

비트 연산자는 비트 단위로 연산을 수행하며, 비트 논리곱(&), 비트 논리합(|), 비트 배타적 논리합(^), 비트 부정(~), 왼쪽 쉬프트(<<), 오른쪽 쉬프트(>>)가 있다.

비트곱 &는 대응되는 같은 자리가 모두 1일 때만 해당 자리의 연산 결과가 1이고, 하나라도 0이면 0이 된다. 예를 들어 a가 110이고 b가 011일 때 a&b는 010이 된다.

비트합 |은 같은 자리에 하나라도 1이면 해당 자리의 연산 결과가 1이며, 둘 다 0일 때만 0이다. 예를 들어 a가 110, b가 011일 때 a|b는 111 이다.

비트배타적논리합 ^는 같은 자리의 값이 서로 다르면 해당 자리의 연산 결과가 1이며 같을 때 0이 되는 연산이다. 예를 들어 a가 110, b가 011 a^b는 101이 된다.

비트 부정 ~ 는 0은 1로, 1은 0으로 변환하는 연산이다. 예를 들어 a가 101일 때, ~a는 010이 되는 것이다.

왼쪽 쉬프트 <<는 지정한 비트 수만큼 왼쪽으로 자리 이동하며, 한비트 만큼 왼쪽 이동하면 2를 곱한 결과와 같다. 예를 들어 a = 0010 (10진수 2)를 왼쪽으로 한 비트 이동시 0100이 되며, 이는 10진수로 4가 된다. 즉 원래의 2에 2를 곱한 결과와 같다.

반면 오른쪽 쉬프트 >>는 지정한 비트 수만큼 오른쪽으로 자리 이동하며, 한 비트 오른쪽으로 이동시 2로 나눈 결과와 같다. 예를 들어 a = 0010 (10진수 2)를 오른쪽으로 한 비트 이동시 0001이 되며, 이는 10진수로 1이 된다. 즉 원래의 2에 2를 나눈 결과와 같다.

1.4.5 복합 대입 연산자

복합 대입 연산자는 각종 연산자과 대입 연산자를 합쳐 놓은 연산자로써, 연산 결과를 왼쪽 변수에 다시 저장해 주는 연산을 수행한다. 다음의 예제를 살펴보자.

소스코드

```
a = 3
a += 4
print(a)
```

실행결과

```
>>>
7
```

a += 4는 a = a + 4와 동일한 의미를 가지므로, 변수 a의 값 3에 4를 더한 7을 변수 a에 대입한 7이 출력된다.

1.5 제어문

여러분은 매일 아침 학교에 등원한다. 이때 일기예보를 통해 날씨를 확인하고 비가 올 것 같으면 우산을 챙기고 그렇지 않으면 그냥 출근한다. 여기서 매일 아침 학교에 등교하는 것은 반복적인 일에 해당하고, 날씨에 따라 우산을 챙기는 일은 조건을 보고 어떤 것을 선택하는 일에 해당한다.

프로그램에도 이와 비슷한 것들이 있다. 어떤 조건을 보고 코드를 수행하는 것을 조건문이라 하고, 어떤 조건 하에서 반복적으로 코드를 수행하는 것을 반복문이라 한다.

일반적으로 프로그램은 명령어가 기술된 순서대로 순차적으로 수행되는데 조건문과 반복문은 순차 수행의 흐름을 변화시키기 때문에 제어문이라고도 한다. 파이썬에는 if, for, while이라는 제어문이 있으며, 이번 장에서는 이러한 제어문에 대해 학습하도록 한다.

1.5.1 조건문

파이썬에서는 조건문을 사용하기 위해 if문을 제공한다. if 다음에 조건식을 적고, 조건식 다음에는 반드시 **콜론(:)**을 사용하여 if 조건식의 끝을 표현해야 한다. 조건식이 참일 때 수행해야 할 문장들은 동일한 간격의 들여쓰기를 통해 지정한다.

```
if 조건식 :
    문장1
    문장2
      ⋮
```

다음은 변수 a의 값을 입력받아 짝수이면 변수 값을 출력하고, 『짝수이다』를 함께 출력하는 프로그램이다. 변수 a의 값이 짝수일 때 두 개의 문장을 실행하기 위해 들여쓰기를 동일하게 했음을 주의 깊게 보기를 바란다.

소스코드

```
a = int(input("정수를 입력하세요 : "))
if a%2 == 0 :
    print(a)
    print('짝수이다.')
```

실행결과

```
>>>
정수를 입력하세요 : 8
8
짝수이다.
```

if문의 조건식이 참이 아닐 때 다음의 조건식을 검사하기 위해 elif문을 사용할 수 있으며, 모든 조건식이 거짓일 때 else문 블록을 실행할 수 있다.

```
if 조건식1 :
    문장1
    문장2
elif 조건식2 :
    문장3
    문장4
else :
    문장5
    문장6
```

아래의 예제는 국어 성적을 입력받아 80점 이상이면 합격, 60점 이상 80점 이하이면 재시험, 59점 이하면 불합격을 출력하는 프로그램이다.

소스코드

```
a = int(input("국어 성적을 입력하세요 : "))
if a>=80 :
    print("합격")
elif a>=60 and a<79 :
    print("재시험")
else :
    print("불합격")
```

실행결과

```
>>>
국어 성적을 입력하세요 : 75
재시험
```

1.5.2 반복문

파이썬의 반복문은 어떤 특정 문장들을 여러 번 반복적으로 사용할 때 사용된다. 파이썬의 반복문으로는 for문과 while문이 있다.

1.5.2.1 while 문

파이썬의 while문은 C언어와 유사하며, 다음과 같은 형식으로 사용된다.

```
while 조건식 :
    문장1
    문장2
      ⋮
```

while문은 조건식의 값이 참인 동안 문장1, 문장2, ...의 문장 블록을 반복적으로 수행한다. 이때 if문과 마찬가지로 반복의 조건을 첫줄에서 제시한 후 반복의 범위를 표현하기 위해 일정 간격 들여쓰기를 해야 한다.

다음은 while문을 이용하여 1부터 5까지 출력하는 프로그램을 보인 것이다.

소스코드

```
count = 1
while count <= 9 :
    print("count = ", count)
    count += 1
```

실행결과

```
>>>
count =  1
count =  2
count =  3
count =  4
count =  5
count =  6
count =  7
count =  8
count =  9
```

1.5.2.2 for 문

for문은 C언어의 for문과 큰 차이를 보여 준다. 파이썬의 for문의 기본 형태는 다음과 같다.

```
for 변수 in 리스트(또는 튜플, 문자열) :
    문장1
    문장2
     ⋮
```

in 뒤에 있는 리스트 항목의 첫 번째부터 마지막 까지 순서대로 변수에 대입한다.

아래의 예제는 문자열 "hello"의 첫 번째 문자부터 마지막 문자까지 순서대로 변수 i에 넣은 후 그대로 출력하는 프로그램을 나타낸 것이다.

소스코드

```
for i in "hello" :
    print(i)
```

실행결과

```
>>>
h
e
l
l
o
```

만일 for문을 C언어와 유사하게 사용하고자 한다면 다음과 같이 range() 함수를 사용하면 된다.

```
for 변수 in range(start, stop[, step])
    문장1
    문장2
      ⋮
```

range 함수의 원형은 range(stop)이며, 0 부터 stop-1까지 1씩 증가하며 반복된다. 만일 range(start, stop)의 형태를 사용한다면 start에서 stop-1까지 1씩 증가하며 반복되고, range(start, stop, step)의 형태를 사용한다면 start에서 stop-1까지 step 씩 증가하며 반복된다. 따라서 파이썬에서 range(0, 10, 1)은 C언어에서 for(i=0; i<10; i++)와 동일한 의미이다.

아래의 예는 range 함수를 사용하여 1부터 10 사이의 홀수를 출력하는 프로그램을 나타낸 것이다.

소스코드

```
for i in range(1, 10, 2) :
    print(i)
```

실행결과

```
>>>
1
3
5
7
9
```

1.6 기타 제어

continue와 break는 반복문을 수행할 때 특정 조건을 확인하게 한 후, 조건에 따라 다음 수행해야 할 문장을 특정 위치로 이동하여 수행할 수 있도록 해준다.

1.6.1 break

break문은 특정 조건에 의해 제어문을 빠져 나가는 경우에 사용한다. 수행하고 있는 조건문이나 반복문에서 탈출하는 셈이다. 아래의 예제는 data에 저장된 정수 값에서 30보다 작으면 for문을 빠져 나오면서 반복을 중지하지만, 30보다 작거나 같은 수는 계속해서 더하는 프로그램이다.

소스코드

```
data = [40, 30, 20, 50]
sum = 0
for n in data :
    if n<30 :
        break
    sum += n
print('sum = ', sum)
```

실행결과

```
>>>
sum = 70
```

1.6.2 continue

continue문은 수행하고 있는 루프에서 벗어나 다음 루프로 넘어가는 경우에 사용한다. break문과의 차이점은 break문은 더 이상 반복문을 실행하지 않겠다는 의미이며, continue문은 계속해서 다음 반복을 진행하겠다는 뜻이다.

아래의 예제는 data에 저장된 정수 값에서 30보다 작으면 다음 반복으로 넘어가면서, 30이상의 수만 누적해서 더하는 프로그램이다.

소스코드

```
data = [40, 30, 20, 50]
sum = 0
for n in data :
    if n<30 :
        continue
    sum += n
print('sum = ', sum)
```

실행결과

```
>>>
sum = 120
```

1.6.3 pass

pass문은 어떠한 작업도 하지 않는 경우에 사용한다. 예를 들어 특정 조건에서는 특별히 취할 작업이 없거나 추후에 작업하기 위해 잠시 비워 두는 용도로 사용할 수 있다. 아래의 예제는 data의 정수 값에서 30보다 크거나 같을 때만 누적해서 더하게 된다.

소스코드

```
data = [40, 30, 20, 50]
sum = 0
for n in data :
    if n<30 :
        pass
    else :
        sum += n
print('sum = ', sum)
```

실행결과

```
>>>
sum = 120
```

CHAPTER

02

파이썬 고급

1장에서는 파이썬의 입출력 함수, 변수와 데이터형, 각종 연산자, 조건문(if, else), 반복문(for, while)에 대해 학습하였다. 이러한 기초 문법은 어떤 프로그래밍 언어를 배우더라도 공통으로 존재하는 필수 구성 요소로써 프로그래밍 언어마다 약간의 차이만 있을 뿐 비슷하다.
이 장에서는 파이썬 기초를 배운 학습자가 파이썬을 실무에 활용할 수 있도록 수준 높은 문법을 배우는데 중점을 둔다. 함수와 클래스의 정의 및 사용법에 대해 학습하고, 모듈과 패키지를 생성하고 불러오는 방법, 그리고 예외 처리에 대해 살펴보기로 한다.

2.1 함수

2.1.1 함수란?

프로그래밍하고자 하는 문제가 크고 복잡할 경우 단순한 문제로 분할함으로써 문제 해결이 용이해질 수 있다. 모든 프로그래밍 언어는 이와 같이 문제를 작은 단위로 프로그래밍 할 수 있도록 기능을 제공하는데 대표적인 것이 함수이다.

함수를 사용하면 프로그램을 이해하기 쉽고, 수정 및 보완이 용이하다. 특히 자주 반복되는 코드를 함수로 만들어 두면 필요한 때에 호출해서 사용할 수 있으므로 매번 같은 코드를 반복해서 작성할 필요가 없어진다.

파이썬은 입력과 출력 등과 같이 프로그래밍에서 많이 사용되는 함수들을 파이썬 프로그램 자체에 내장하여 우리가 쉽게 사용할 수 있도록 미리 정의해 두고 있다. 이를 내장함수 또는 라이브러리 함수라고 하며, 앞에서 사용한 input(), print() 함수가 바로 대표적인 파이썬 내장 함수이다.

파이썬에는 약 70여 개의 많은 함수들이 내장되어 있으나 내장 함수가 모든 사람들의 필요를 충족시킬 수는 없다. 따라서 개개인의 필요에 따라 함수를 만들어 사용해야 하는 경우가 발생한다. 이러한 함수를 사용자 정의 함수라 한다. 이제 파이썬에서 함수를 정의하는 방법부터 알아보자.

2.1.2 함수 정의하기

프로그램에서 사용자 정의 함수를 만드는 것을 함수 정의라 하며, 함수 정의의 구조는 다음과 같다.

```
def 함수명() :
    문장1
    문장2
     ⋮
```

파이썬에서 함수를 정의할 때는 def 문을 사용한다. def는 '정의하다'라는 뜻의 영어 단어 define에서 앞 글자를 딴 것이다.

def 다음은 함수명() 와 콜론(:)을 쓴다. 함수명은 일반적으로 함수가 어떤 동작을 수행하는지에 따라 정해주는 것이 좋다. 예를 들어 합을 계산하는 함수이면 sum(), 사각형을 그리는 함수는 draw_square()와 같은 식이다. 즉 이해하기 쉽도록 함수명을 짓는 것이 좋다.

이제 함수가 실행하고자 하는 문장들은 반드시 같은 간격의 들여쓰기를 해 주어야 한다. 들여쓰기가 끝날 때 그 함수의 정의는 끝나게 된다. 이와 같이 정의된 함수는 함수명()으로 호출이 가능하다.

아래의 예제는 Hello를 출력하기 위한 print_hello() 함수를 정의하고, 정의된 함수를 호출하는 프로그램을 나타낸 것이다.

소스코드

```
def print_hello() :      # 함수 정의
    print('Hello')

print_hello()            # 함수 호출
```

실행결과

```
>>>
Hello
```

여기서 기호 #은 주석문을 나타내는 기호로써 프로그램 또는 문장의 일부를 설명하기 위해 사용되며, 실행에는 영향을 미치지 않는다.

만일 함수 실행 시 오류가 발생한다면 다음의 몇가지 사항을 확인해 보기 바란다.

- def 문의 마지막에 콜론(:)이 있는가?
- 함수가 실행하고자 하는 문장들의 들여쓰기 간격이 같은가?
- 함수의 본문이 끝난 뒤인 마지막 행은 들여쓰기를 하지 않는다.

2.1.3 매개변수

함수 호출 시 전달된 데이터를 정의된 함수에서 사용하려면, 그 데이터를 함수 속에서 부를 이름(변수)을 정해 주어야 한다. 이때 함수에 전달된 데이터를 대입하

기 위한 변수를 매개변수(parameter)라고 하며, 함수에 전달하는 데이터 자체는 인자(argument)라고 부른다. 즉, 함수를 호출하면 함수에 전달한 인자(데이터)가 함수 속의 매개변수에 대입된다.

함수는 필요에 따라 여러 개의 인자를 전달받을 수도 있다. 이 때 def 문에서 매개변수를 콤마(,)로 구분하여 여러 개를 나열하는 것이 가능하다. 주의할 점은 인자와 매개변수의 개수와 순서가 반드시 같아야 한다는 것이다.

```
def 함수명(매개변수1, 매개변수2, ... ) :     # 함수 정의
     문장1
     문장2
      ⋮

함수명(인자1, 인자2, ... ) # 함수 호출
```

다음은 함수 rose가 두 개의 매개변수인 컬러와 가격 정보를 전달 받아 출력하는 함수를 정의하고 호출하는 프로그램을 보인 것이다.

소스코드

```
def rose(color, price) :
     print(color + '장미는 ' + price + '원입니다.')

rose('빨간', '200')   # 함수 호출
rose('노란', '300')   # 함수 호출
```

실행결과

```
>>>
빨간장미는 200원입니다.
노란장미는 300원입니다.
```

첫 번째 함수 호출문 rose('빨간', '200')은 함수 rose를 호출하면서 '빨간' 과 '200'을 전달한다. 다음으로는 함수 정의문에서 color에는 '빨간', price에는 '200'이 대입되어 print문을 통해 출력된다. 두 번째 함수 호출문도 같은 원리이다.

2.1.4 return

함수 중에는 실행한 결과 값을 자신을 호출한 문장으로 되돌려주는 것들이 있다. 예를 들어, input() 함수는 사용자로부터 텍스트를 입력받아 실행 결과로 되돌려준다. 또한 abs() 함수는 인자로 전달된 수의 절대값을 구해 실행 결과로 되돌려준다.

이와 같이 함수가 만들어낸 데이터를 함수를 호출한 지점으로 되돌려주는 것을 '함수가 값을 반환한다' 라고 한다. 함수가 실행 결과를 반환하도록 만들어 두면 복잡한 계산 과정을 함수 호출 한 번으로 대신할 수 있어 편리하다.

함수가 값을 반환하도록 하려면 **return 문**을 사용하면 된다. return 문을 실행하면 함수의 실행이 종료되고, 지정한 값이 함수가 호출된 지점으로 반환된다.

return 문을 사용하는 방법은 간단하다. 함수 안에서 return 예약어 뒤에 반환할 값만 적어주기만 하면 된다.

```
def 함수명(매개변수1, 매개변수2, ... ) :
    문장
    return 반환 값
```

예를 들어 달러를 원으로 환산할 경우, 달러를 매개변수로 받아서 환산 금액을 반환하는 함수를 만들 수 있다.

아래의 예는 함수 dollar_conversion을 호출하면서 인자 값 3을 전달하면, 매개변수 dollar에 저장한 후 1200을 곱해 환산 금액을 계산하고 호출한 함수로 반환하여 출력하는 프로그램이다.

소스코드

```
def dollar_conversion(dollar) :
    return dollar * 1200

print(dollar_conversion(3))
```

실행결과

```
>>>
3600
```

함수를 실행하면 함수에 정의된 내용이 위에서부터 아래로 순차적으로 실행된다. 그러나 함수의 실행을 중간에 끝내야 할 때도 있다. 이때 return 문을 사용할 수 있다. return 문은 함수의 값을 반환할 때 뿐 아니라 함수의 실행을 종료시킬 때도 사용할 수 있다.

아래의 예제에서 print_to_3() 함수를 실행하면 return 문 이전의 코드까지만 실행되고 return 문 이후의 코드는 실행되지 않는 것을 확인할 수 있다.

소스코드

```
def print_to_3() :
    print(1)
    print(2)
    print(3)
    return
    print(4)
    print(5)

print_to_3()
```

실행결과

```
>>>
1
2
3
```

함수를 정의할 때 return 문을 작성하지 않는 경우도 있다. return 문을 가지지 않은 함수는 끝까지 실행된 뒤에 None을 반환한다. 마찬가지로 위의 예제 프로그램과 같이 return 문이 있더라도 return 문에 반환값이 지정되지 않은 경우에도 함수가 None을 반환한다. None은 값이 없음을 뜻하는 특별한 값이다. 어떤 함수가 항상 None을 반환한다면, 반환값이 없는 함수라고 할 수 있다.

2.2 클래스

2.2.1 클래스의 정의

객체 지향 프로그래밍이란 프로그래밍으로 해결할 문제에 포함된 대상을 객체로 취급한다. 이때 객체를 만들기 위한 틀, 즉 클래스가 필요하다.

클래스(class)는 객체의 특성을 반영하여 데이터 속성과 행동 속성으로 구성된다. 데이타 속성은 다양한 데이터 형을 나타내는 변수로 구현되며, 행동 속성은 개념적으로 함수와 유사한 메소드(method)로 구현된다. 따라서 클래스는 데이터와 해당 데이터를 접근할 때 호출할 수 있는 메소드를 함께 묶어놓은 틀로 볼 수 있다. 클래스를 사용하면 메소드들을 통해서만 해당 데이터에 접근할 수 있기 때문에. 데이터에 대한 접근이나 변경 과정에서 프로그래머의 실수를 막을 수 있다. 클래스도 함수와 마찬가지로 정의와 호출이 필요하다.

클래스는 다음과 같은 형태로 정의된다.

```
class 클래스명 :
      데이터형 멤버명1
          ⋮
      def 메소드명1() :
          문장1
          문장1
           ⋮
```

아래의 예제는 학생 클래스를 정의하기 위해 클래스명은 student, 클래스 안에는 pass문을 사용하여 아무 것도 수행하지 않는 빈 클래스로 만든 것이다.

```
class student :
      pass
```

2.2.2 객체 생성

클래스와 객체의 관계는 붕어빵틀과 붕어빵에 각각 비유할 수 있다. 즉 붕어빵틀이 클래스에 해당하고, 붕어빵 틀에서 만들어진 붕어빵이 객체라고 볼 수 있다. 하나의 붕어빵 틀로 여러 개의 똑같은 모양의 붕어빵을 찍어낼 수 있다. 이 붕어빵에 단팥을 넣거나 크림을 넣을 수 있다. 들어간 재료는 달라도 똑같이 표준화된 틀 모양을 따라 붕어빵을 찍어낼 수 있는 것이다. 이와 같이 별개의 붕어빵이 바로 객체이다.

이제 위에서 정의한 student 클래스를 이용하여 객체를 생성해 보자. 먼저 클래스 명 student에 괄호 '()'를 붙이면 객체가 만들어지고, 이 객체의 레퍼런스를 변수 student1에 저장하게 된다. 레퍼런스란 객체의 주소 값을 의미한다.

```
student1 = student()
```

이렇게 생성된 객체에는 객체 연산자 '.'을 사용하여 그 안의 속성과 메소드에 접근할 수 있다.

클래스를 정의할 때 속성을 클래스 멤버로 포함시키는 방법을 알아보자. 아래의 예제는 속성 멤버에 대해 연산을 수행하는 메소드 prstudent(self)를 정의하고 있다. 여기서 self는 객체 자신을 가리킨다.

소스코드

```
class student :
    name = '김은정'
    age = 20

    def prstudent(self) :
        print('이름 = ', self.name)
        print('나이 = ', self.age)

student1 = student()
student1.prstudent()
```

실행결과
```
>>>
이름 = 김은정
나이 = 20
```

2.3 모듈과 패키지

파이썬 스크립트를 작성할 때마다 매번 비슷한 클래스와 함수를 작성한다면 코드도 길어지고 중복되는 부분이 발생한다. 이러한 경우 공통된 부분을 빼내어 모듈과 패키지로 만들면 코드를 다시 만들지 않고도 모듈과 패키지만 가져와서 재사용하면 되므로 편리하다.

모듈(module)은 변수, 함수, 클래스 등을 모아 놓은 스크립트 파일이고, 패키지(package)는 여러 모듈을 묶은 것을 말한다. 모듈은 간단한 기능을 구현할 때 사용하며, 패키지는 코드가 많고 복잡할 때 사용한다. 즉, 패키지는 기능들이 여러 개의 모듈로 잘게 나누어져 있고, 관련된 모듈끼리 폴더에 모여 있는 형태라 할 수 있다.

2.3.1 모듈 만들기

간단하게 3의 거듭제곱을 구하는 모듈을 만들어 보자. 아래의 코드를 작성하고 내용을 프로젝트 폴더(C:\example) 안에 square3.py 파일로 저장한다. 이제 변수와 함수를 넣어 만든 모듈 이름은 square3가 된다. 즉, 스크립트 파일에서 확장자.py를 제외하면 모듈 이름이 되는 것이다.

```
#square3.py
base = 3
def expo(n) :
    return base ** n
```

2.3.2 모듈 사용하기

이제 앞에서 만든 square3 모듈을 사용해 보도록 한다. 모듈을 불러와서 변수와 함수를 사용하는 방법은 아래와 같다.

```
import 모듈
  모듈.변수
  모듈.함수()
```

먼저 다음의 코드를 작성하고 프로젝트 폴더(C:\example) 안에 ex.py 파일로 저장하여 실행해 본다. 이때 square3.py 파일과 ex.py 파일은 반드시 같은 폴더에 있어야 한다.

ex.py

```
import square3

print(square3.base)
print(square3.expo(3))
```

실행결과

```
3
27
```

실행 결과 square3 모듈에 만들었던 변수 base의 값이 출력되고, expo 함수도 호출되는 것을 알 수 있다. 이와 같이 모듈을 사용할 때는 import로 모듈을 가져온 뒤 모듈.변수, 모듈.함수() 형식으로 사용한다.

2.3.3 from import로 변수와 함수 가져오기

모듈에서 from import로 변수와 함수를 가져온 뒤 모듈 이름을 붙이지 않고 사용할 수도 있다.

```
from 모듈 import 변수, 함수
```

```
ex.py
from square3 import base, expo

print(base)
print(expo(3))
```

실행결과

```
3
27
```

2.3.4 모듈에 클래스 작성하기

이번에는 모듈에 클래스를 작성하고 사용해 보도록 한다. 먼저 아래의 프로그램을 작성하여 프로젝트 폴더(C:\example) 안에 person.py 파일로 저장한다.

```
person.py
class Person:
    def __init__(self, name, age, address):
        self.name = name
        self.age = age
        self.address = address

    def greeting(self):
        print('안녕하세요. {0}입니다.'.format(self.name))
```

생성된 모듈의 클래스를 사용하는 방법은 아래와 같다.

```
import 모듈
모듈.클래스()
```

이제 ex.py 파일을 다음과 같이 작성하여 실행시켜 본다.

```
ex.py
```

```
import person

kim = person.Person('김영희', 30, '부산시 남구 용당동')
kim.greeting()
```

실행결과

```
안녕하세요. 김영희입니다.
```

모듈의 클래스를 사용하는 방법도 변수, 함수와 같다. 즉, 모듈.클래스() 형식으로 모듈의 클래스를 사용하며, 클래스로 인스턴스를 만들 때는 person.Person('김영희', 30, '부산시 남구 용당동')와 같이 사용하면 된다.

2.3.5 from import로 클래스 가져오기

모듈에서 from import로 클래스를 가져온 뒤 모듈 이름을 붙이지 않고 사용할 수도 있다.

```
from 모듈 import 클래스
```

ex.py 파일을 다음과 같이 작성한 후 실행시켜 본다.

ex.py

```
from person import Person

kim = Person('김영희', 30, '부산시 남구 용당동')
kim.greeting()
```

실행결과

```
안녕하세요. 김영희입니다.
```

2.3.6 패키지 만들기

모듈은 스크립트 파일이 1개이나, 패키지는 폴더 내 여러 개의 파일로 구성된다. 여기서 만들어 볼 패키지의 구성은 다음과 같다.

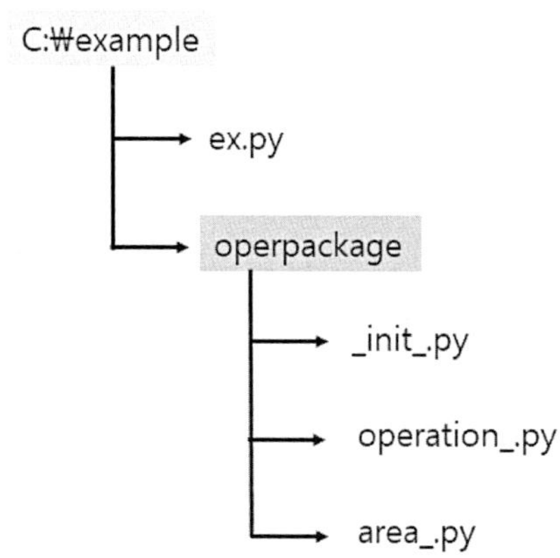

그림 2.1 패키지 구성

먼저 프로젝트 폴더(C:\example) 안에 operpackage 폴더를 만들고, 아래의 코드를 operpackage 폴더 안에 __init__.py 파일로 저장한다. 이때 __init__.py 파일의 내용은 비워 둘 수도 있다.

calpkg_init_.py

```
# _init_.py 파일은 내용을 비워둘 수 있음
```

이제 폴더 내에 __init__.py 파일이 있으므로 해당 폴더는 패키지로 인식된다.

2.3.7 패키지에 모듈 만들기

operpackage 패키지에 모듈을 두 개를 만들도록 한다. 첫 번째 모듈은 덧셈과 뺄셈 함수가 들어있는 operation 모듈이며, 두 번째 모듈은 삼각형과 원의 면적을 계산하는 함수가 들어 있는 area 모듈이다.

먼저 아래의 코드를 작성하고 operpackage 폴더 안에 operation.py 파일로 저장한다.

```
operation.py
def add(a, b):
    return a + b

def sub(a, b):
    return a - b
```

그리고 다음의 코드를 작성하여 operpackage 폴더 안에 area.py 파일로 저장한다.

```
area.py
def triangle_a(base, height):
    return base * height / 2

def circle_a(r):
    return 3.14 * r * r
```

2.3.8 패키지 사용하기

이제 스크립트 파일에서 패키지의 모듈을 사용하기 위해 다음의 형식과 같이 프로그램을 작성하고 프로젝트 폴더(C:\example) 안에 main.py 파일로 저장한 뒤 실행한다.

```
import 패키지.모듈
패키지.모듈.변수
패키지.모듈.함수()
패키지.모듈.클래스()
```

```
ex.py
import operpackage.operation  # operpackage 패키지의 operation 모듈을 가져옴
import operpackage.area    # operpackage 패키지의 area 모듈을 가져옴

print(operpackage.operation.add(2, 5))     # operation 모듈의 add 함수 사용
print(operpackage.operation.sub(2, 5))     # operation 모듈의 sub 함수 사용
```

```
print(operpackage.area.triangle_a(3, 4))  # geometry 모듈의 triangle_a 함수 사용
print(operpackage.area.circle_a(3)) # geometry 모듈의 circle_a 함수 사용
```

실행결과

```
7
–3
6.0
12.56
```

operpackage 패키지의 operation 모듈과 area 모듈을 불러와서 안에 들어있는 함수를 호출 하였다. 이와 같이 패키지의 모듈을 가져올 때는 import 패키지.모듈 형식으로 가져온다, 그리고 패키지.모듈.함수() 형식으로 모듈의 함수를 사용하면 된다.

파이썬에서는 사용자가 직접 만든 모듈 이외에도 일반에 공개된 함수, 즉 모듈을 import 하여 사용할 수도 있다. 여기서는 time 이라는 패키지를 예를 들어 본다.

실행 시간의 출력이나 프로그램의 중지 시간 등 시간과 관련된 함수는 time이라는 팩지로 공개되어 있다. 또한 time 패키지에는 프로그램에서 사용하는 모듈이 어려 개 포함되어 있다. 그림 2.2에는 세 개만 있지만 실제로는 수십 개의 모듈이 들어 있다.

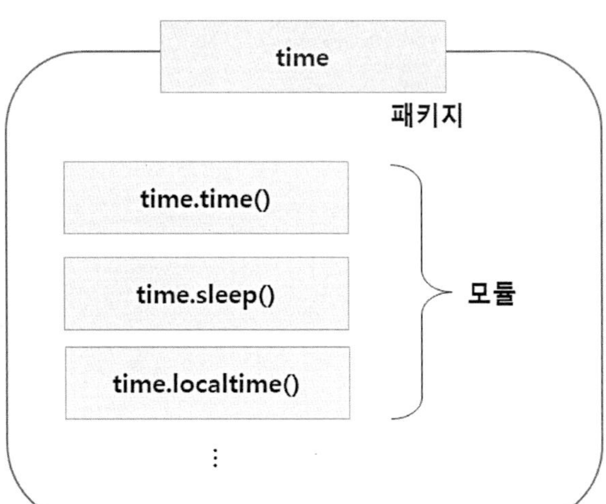

그림 2.1 패키지 구성

다음은 time 패키지를 import 하여 현재 시간을 출력하는 프로그램이다.

ex.py
```
import time
now_time = time.time()
print(now_time)
```

실행결과
```
1565014886.3722658
```

time 함수는 1970년 1월 1일 0시 0분 0초 이후 경과한 시간을 초 단위로 반환하며, 시간대는 UTC(Universal Time Coordinated, 협정세계시)를 사용한다.

2.3.9 from import로 패키지의 모듈에서 변수, 함수, 클래스 가져오기

앞 절에서 설명한 바와 같이 패키지의 모듈에서 from import로 함수(변수, 클래스)를 가져온 뒤 패키지와 모듈 이름을 붙이지 않고 사용할 수도 있다.

```
from 패키지.모듈 import 변수
from 패키지.모듈 import 함수
from 패키지.모듈 import 클래스
```

다음은 operpackage 패키지의 operation 모듈에서 add, sub 함수를 가져온 예제이다.

ex.py
```
from calcpkg.operation import add, mul
add(10, 20)
mul(10, 20)
```

실행결과
```
30
200
```

이제 그림 2.2의 예에서 현재 시간을 출력해 보자.

ex.py

```
from time import time
now_time = time()
print(now_time)
```

실행결과

```
1565014964.64183
```

from을 이용하여 time 모듈을 import 하므로, 패키지 명을 생략하고 모듈을 사용할 수 있다.

2.4 예외처리

작성된 프로그램이 문법적으로는 문제가 없더라도 수행 중에 오류 또는 예외 상황이 발생할 수도 있다. 예를 들면 호환이 불가능한 연산을 하거나 0으로 나눗셈을 하는 경우 프로그램은 정상적으로 실행되지 못한다.

파이썬은 이러한 예외 상황을 처리할 수 있도록 try문을 제공하며 기본 구조는 다음과 같다.

```
try :
  예외 상황 발생 가능 코드

except [예외 유형] :
  try 절 수행 중에 지정된 유형의 예외 상황이 발생했을 경우 수행되는 예외 처리 코드

else :
  try 절 수행 중에 예외 상황이 발생하지 않았을 경우 수행되는 코드
```

try : 블록 내에는 예외 상황이 예상되는 구문을 작성하고, except : 블록에는 예

외 발생시 실행할 문장을 넣는다. 예외상황이 발생하지 않을 경우 실행할 문장은 else : 블록에 작성한다. 이렇게 되면 오류 발생 시에도 종료되지 않는다.

아래의 예제는 나누는 수가 0인 경우 try 블록에서 ZeroDivisionError 예외 이벤트가 발생한다. 유사하게 피젯수와 제수가 숫자가 아닌 경우 ValueError 예외 이벤트가 발생한다. 이러한 이벤트가 발생하면 except 절에서 이벤트를 받아서 처리하게 된다. 예외 이벤트가 발생하지 않으면 else 절이 실행된다.

소스코드

```
try :
    a = int(input('a의 값을 입력하세요 : '))
    b = int(input('b의 값을 입력하세요 : '))
    c = a/b

except ZeroDivisionError :
        print('b의 값이 0이므로 나눌 수 없습니다')

except ValueError :
        print('a와 b가 숫자가 아닙니다.')
else :
        print(c)
```

실행결과 1

```
>>>
a의 값을 입력하세요 : 20
b의 값을 입력하세요 : 0
b의 값이 0이므로 나눌 수 없습니다.
```

실행결과 2

```
>>>
a의 값을 입력하세요 : 20
b의 값을 입력하세요 : y
a나 b가 숫자가 아닙니다.
```

CHAPTER

03

로깅

로깅은 시스템 개발이나 운영 시 발생하는 문제점을 추적하거나 상태를 모니터링 하기 위해 필요한 데이터를 기록하는 행위이다. 로그가 없는 상황에서 사용자가 서비스 이용 중에 오류가 발생했다고 컴플레인이 들어오면 막막하게 된다. 사용자가 어떤 환경에서 어떤 동작을 했는지 정확하게 추적할 수 없기 때문에 직접 수동으로 테스트 해봐야 할지도 모른다. 그렇다고 100% 오류를 재현할 수 있는 것도 아니다. 로그는 테스트 할 때 재현하기 힘든 버그가 개발 완료된 환경에서 발생할 경우 버그 정보를 알려줄 수 있으며, 구문들 사이에 걸리는 시간 등 성능에 관한 통계와 정보를 제공할 수 있다. 초보자들은 프로그래밍에 대해 아는 것에 한계가 있기 때문에 로그를 사용해야 하고, 시스템 설계자들은 시스템의 복잡성 때문에 로그를 이해하고 사용해야 한다. 이 장에서는 로깅의 사용법에 대해 자세히 설명하고자 한다.

3.1 로깅의 이해

로깅(logging)은 정보를 제공하는 일련의 기록인 로그(log)를 생성하도록 시스템을 작성하는 활동을 의미한다. 로그는 개발 완료된 환경에서 테스트 시 재현하기 힘든 버그가 발생했을 때, 이러한 버그들에 관한 정보를 제공하며, 구문들 사이에 걸리는 시간 등 성능에 관한 통계와 정보를 제공할 수 있다. 로그는 문제가 발생하였을 때 원인 분석을 위한 중요한 데이터로 활용되므로 여러 사람과 함께 개발하는 프로젝트에서 매우 중요하다.

일반적으로 로그에는 현재 소스 코드에서 진행되고 있는 상황을 서술하는 형태로 기술된다. 그리고 동적으로 변하고 있는 변수의 값을 출력하여 내부적으로 데이터가 어떻게 변하고 있는지 추적할 수 있게 해 준다. 이러한 로그들은 상황과 위치에 따라 중요도가 서로 다르다.

표 3.1은 이러한 중요도에 따른 로그 레벨 및 대상 로그를 요약한 것이다.

표 3.1 로그 레벨의 종류

중요도 순위	레벨	대상 로그
1	CRITICAL	가장 심각한 상황으로 인해 소프트웨어가 더 이상 실행할 수 없을 때 필요한 로그
2	ERROR	심각한 문제로 인하여 소프트웨어의 일부 기능이 제대로 동작하지 않을 때 필요한 로그
3	WARNING	예상치 못한 상황이 예측되거나, 곧 발생할 문제 (예 : 디스크 공간 부족)를 미리 알려 주기 위한 로그, 소프트웨어는 여전히 잘 동작하고 있는 상황임
4	INFO	소스 코드가 원하는 대로 동작하는지 확인하기 위한 로그
5	DEBUG	문제 분석 시 필요한 로그

로그 레벨은 파이썬 프로그램을 실행하는 시점에서 결정되며, 중요도가 높아질수록 로그의 양은 줄어든다. 예를 들어 로그 레벨이 DEBUG로 설정되어 있다면 상위 모든 로그가 출력될 것이다. 그러나 로그 레벨이 WARNING이라면 DEBUG, INFO 레벨의 로그는 출력되지 않고, WARNING, ERROR, CRITICAL 로그만 출

력된다. 따라서 만일 CRITICAL로 설정이 되어 있다면 CRITICAL 레벨의 로그만 출력된다.

파이썬의 기본 로그 레벨은 WARNING으로 설정되어 있다. 따라서 특별한 설정을 하지 않을 경우, WARNING 레벨과 이보다 더 심각한 레벨의 로그만 처리된다.

3.2 로깅 라이브러리 사용법

이 절에서는 앞에서 설명한 레벨에 따른 로깅 방법에 대해 설명하고자 한다. 파이썬의 기본 라이브러리는 위의 로깅을 위한 모듈인 logging 모듈을 제공하고 있다. 아래 소스 코드를 실행해 보자.

소스코드

```
import logging
logging.warning('조심하세요')
```

실행결과

```
>>>
WARNING:root:조심하세요
```

먼저 import문을 사용하여 logging 모듈을 불러온 후, WARNING 레벨의 로그 메시지를 호출하였다. 이때 인자 값에는 출력하고자 하는 문자열 "조심하세요"를 지정하였다.

실행 결과 WARNING 레벨의 메시지가 출력되며, 기존의 기본 출력문과는 달리 콜론(:)으로 구분되는 것을 볼 수 있다. 첫 번째 항 WARNING은 로그 레벨을 나타내며, 콜론 뒤의 두 번째 항은 로거 정보를 의미한다. 여기서 로거란 logging 모듈 내에 탑재된 객체로서 로깅을 하는 주체이며, 파이썬의 기본 로거가 바로 root이다. 따라서 현재 로깅을 기본 로거인 root가 하고 있다는 뜻이다. 마지막으로 세 번째 항은 우리가 원하는 메시지가 출력된 것을 보인 것이다.

이제 다음의 코드를 작성하여 실행시켜 보자.

소스코드

```
import logging
logging.info('정보 확인하세요!')
```

실행결과

```
>>>
```

이번에는 INFO 레벨의 메시지를 출력하고자 하였다. 그러나 실행 결과 출력하고자 하는 내용이 출력되지 않음을 알 수 있다. 이는 파이썬의 기본 로거인 root의 로그 레벨은 WARNING이므로 상대적으로 낮은 레벨인 INFO와 DEBUG 레벨의 로그는 출력되지 않은 것이다. 따라서 아래와 같이 root 로거의 로그 레벨을 변경한 후 INFO 레벨의 메시지를 출력해야 한다.

소스코드

```
import logging
logging.root.setLevel(logging.DEBUG)
logging.info('정보 확인하세요!')
```

실행결과

```
>>>
INFO:root:정보 확인하세요!
```

두 번째 문장은 logging.root로 root 로거의 객체를 가져온 후 로거의 메소드인 setLevel()을 통해 레벨을 조절하고, WARNING 레벨을 DEBUG로 낮추고 있음을 의미한다. 실행 결과 INFO() 레벨의 로그가 출력됨을 알 수 있다.

이와 같이 로깅 모듈을 사용하면 로그 레벨에 따라 원하는 수준의 로그 메시지를 출력할 수 있다. 일반적으로 개발자는 DEBUG 레벨의 로그를 통해 전체 로그를 확인하지만, 운영자는 ERROR 레벨의 로그만으로도 충분하다. 만일 장애가 발생하면 운영자는 필요에 따라 로그 레벨을 하향 조정하여 로그 정보를 더 얻을 수 있다.

3.3 로깅을 실질적으로 사용하기

앞 절에서는 로깅을 사용하는 이유와 동작 원리에 대해 살펴 보았다. 이 절에서는 실제로 로깅 모듈을 어떻게 사용하는지 단계적으로 알아보기로 한다.

로깅 모듈은 표 3.2와 같이 역할이 서로 다른 객체들을 제공하여 로깅의 역할을 수행하도록 한다.

표 3.2 로깅 모듈의 객체

객체	설명
로거(logger)	소스 코드에서 바로 호출하여 사용할 수 있는 인터페이스를 제공한다.
핸들러(handler)	로거에 의해 생성된 로그레코드(LogRecord)를 콘솔이나 파일, 데이터베이스 등에 출력 또는 저장한다.
포맷터(formatter)	로그의 출력 형태를 결정한다.

3.3.1 로거(logger) 생성

앞 절에서 설명한 바와 같이 로깅을 하는 주체는 로거(logger)이며, root 로거는 파이썬의 최상단에 위치한 로거로써, 로깅 레벨에 따라 debug(), info(), error(), critical() 메소드를 실행한다. 로거는 다음과 같은 구문으로 생성할 수 있다.

```
logger = logging.getLoger("name")    #로거 생성
```

name에는 문자열이 들어가며, 아무것도 입력하지 않을 경우 root logger가 생성된다. root logger는 파이썬의 최상단에 위치한 로거로써, 다른 모든 logger는 설정을 변화시키지 않는 한 root logger의 자식이다. root logger를 바로 사용할 수도 있지만, 기능과 목적에 따라 다른 logger들을 생성하여 사용하면 된다.

아래는 획득한 로거로 메시지를 출력하기 위한 코드를 나타낸 것이다.

소스코드

```
import logging
logger = logging.getLogger("name')
logger.warning('문제가 생길 가능성이 높습니다.')
```

실행결과

```
>>>
문제가 생길 가능성이 높습니다.
```

3.3.2 로거(logger)에 레벨(level) 부여하기

로거를 생성하고 나면, 아래와 같이 기본적인 레벨을 부여해야 한다.

```
logger.setLevel(logging.INFO)   #로거에 레벨 부여
```

앞에서 생성한 로거에 아래와 같이 INFO 레벨을 부여하면 logger 객체는 INFO 이상의 메시지를 출력할 수 있다.

소스코드

```
import logging
logger = logging.getLogger("name')
logger.setLevel(logging.INFO)
```

실행결과

```
>>>
```

3.3.3 핸들러와 포맷터 설정하기

핸들러는 로그 메시지의 레벨에 따라 적절한 로그 메시지를 지정된 위치에 전달하는 역할을 수행한다. 로거는 addHandler 메소드를 통해 이러한 핸들러를 추가할 수 있다. 핸들러는 기능과 목적에 따라 여러 개일 수 있으며, 각 핸들러는 다른 레벨과 다른 포맷을 가질 수도 있다.

핸들러의 종류는 15개 정도가 있으며, StreamHandler와 FileHandler가 가장

기본적인 핸들러이다. StreamHandler는 스트림(콘솔)에 메시지를 전달하고, FileHandler는 파일에 메시지를 전달하는 역할을 한다.

아래는 StreamHandler 및 FileHandler 핸들러 객체를 생성하기 위한 문장을 나타낸 것이다.

```
stream_handler = logging.StreamHandler()
file_handler = logging.FileHandler(filename = "information.log")
```

FileHandler 핸들러는 파일에 쓰는 것이기 때문에 원하는 파일명을 파라메타로 넣어주면 된다.

이제 로거의 핸들러를 확보하고 나면, 메시지를 어떤 형식으로 출력할지를 지정해야 한다. 이때 사용하는 것이 바로 아래와 같은 형식의 포매터(formatter)이다.

포매터는 최종적으로 출력될 로그 메시지의 포맷을 의미하며, 다음과 같이 생성할 수 있다.

```
logging.Formatter('%(asctime)s – %(name)s – %(levelname)s – %(message)s')
```

이는 각각 시간, 로거명, INFO/ERROR 등의 로그 레벨의 종류와 메시지를 나타낸다. 포매터 메소드에서 마지막 소문자 s는 문자열을 뜻하고, % 기호는 로그 레코드의 속성들을 호출하겠다는 의미이다. 표 3.3은 로그 레코드의 주요 속성 호출 방법을 정리한 것이다.

표 3.3 속성 리스트 및 설명

속성명	호출방법	상세 설명
asctime	%(asctime)s	로그 생성 시간 표시
created	%(created)f	logRecord가 만들어진 시간
filename	%(filename)s	pathname의 작성된 파일 이름(확장자 포함)
funcName	%(funcName)s	로깅을 호출한 함수 이름
levelname	%(levelname)s	메시지의 로그 레벨(DEBUG, INFO, WARNING, ERROR, CRITICAL)
lineno	%(lineno)s	로그 소스 코드의 줄 위치
module	%(module)s	모듈 이름(확장자 미포함)
message	%(message)s	로깅 메시지
name	%(name)s	로거 이름
pathname	%(pathname)s	로깅 소스 코드가 작성된 파일의 전체 경로(절대경로)
thread	%(thread)d	thread ID
threadName	%(threadName)s	thread 이름

다음은 핸들러 객체를 생성하고, 포매터를 지정하는 예제를 보인 것이다.

소스코드

```
# handler 객체 생성
stream_handler = logging.StreamHandler()
file_handler = logging.FileHandler(filename="information.log")

# formatter 객체 생성
formatter = logging.Formatter(fmt="%(asctime)s – %(name)s – %(levelname)s – %(message)s")

# handler에 level 설정
stream_handler.setLevel(logging.INFO)
file_handler.setLevel(logging.DEBUG)

# handler에 format 설정
stream_handler.setFormatter(formatter)
file_handler.setFormatter(formatter)
```

실행결과

```
>>>
[2021-01-11 17:55:58,361] (줄 번호: 6) setting:INFO - sth happended
```

3.3.4 로거에 생성한 핸들러 추가하기

이제 생성한 로거에 StreamHandler와 FileHandler를 붙이는 과정을 거치면 지금까지 설정한 모든 것들이 로거에 담기게 된다.

```
logger.addHandler(stream_handler)
logger.addHandler(file_handler)
```

다음은 앞절에서 설명한 로거 사용법을 정리한 예제 프로그램이다. 마지막으로 확인해 보자.

소스코드

```
# 로깅 모듈 불러오기
import logging

# 콘솔 출력을 위한 StreamHandler 생성
handler = logging.StreamHandler()

# 포매터 생성
formatter = logging.Formatter(fmt="%(asctime)s - %(name)s - %(levelname)s - 
%(message)s")

# handler에 포매터 설정
handler.setFormatter(formatter)

# 로거 생성 및 로그 레벨 설정, 핸들러 추가
logger = logging.getLogger("name")        # 로거 생성
logger.setLevel(logging.INFO);        # 로그 레벨 설정 : INFO
logger.addHandler(handler)

#로그 메시지 출력
logger.debug("이 메시지는 개발자만 이해해요")
logger.info("생각대로 동작하고 있어요")
logger.warning("문제가 발생할 가능성이 높아요")
logger.error("문제가 생겼어요")
logger.critical("시스템이 다운됩니다 !")
```

실행결과

```
>>>
2021-01-12 14:38:14,104 - name - INFO -  생각대로 동작하고 있어요
2021-01-12 14:38:14,120 - name - WARNING - 문제가 발생할 가능성이 높아요
2021-01-12 14:38:14,135 - name - ERROR - 문제가 생겼어요
2021-01-12 14:38:14,135 - name - CRITICAL - 시스템이 다운됩니다 !
```

CHAPTER

04

인공지능 응용

4차 산업혁명의 중심은 빅데이터이다. 빅데이터(Big Data)란 기존 데이터보다 방대하여 기존의 방법이나 도구로 수집, 저장, 분석 등이 어려운 정형 및 비정형 데이터들을 의미한다. 오늘날 빅데이터 분석을 통해 의사결정에 유의미한 데이터들을 도출해 낼 수 있게 되면서, 현재 기업들은 좀 더 많은 데이터를 모으고 분석하는 것에 치중하고 있다. 다양한 데이터들을 분석하는 방법은 여러 가지가 있지만 파이썬은 대표적인 데이터 분석 도구로서 많은 조명을 받고 있다. 파이썬은 과학에서 활용할 수 있는 수학, 통계, 도식화 등이 라이브러리를 통해 복잡한 수식이 없이도 손쉽게 분석이 가능하다. 이 장에서는 통계 분석을 위한 파이썬의 다양한 외부 라이브러리의 사용법과 난수 생성에 대해 살펴본다.

4.1 데이터 분석 모듈

머신러닝은 컴퓨팅 기계에서 데이터를 수집해 학습시킴으로써 인지 능력을 가진 인간처럼 판단하고 예측하는 일을 하도록 한다. 머신러닝은 인공지능의 한 분야이며 응용수학과 통계학에 기초하고 있다. 데이터에 데이터과학을 적용하는 방법으로는 크게 회귀와 분류가 있다.

회귀와 분류는 다양한 분야에 적용되고 있다. 예를 들면 필기체 숫자를 인식하여 분류하거나 사진이나 음성으로부터 사람을 인식하는 것이 대표적인 예이다. 회귀 분석 방법 중 가장 기본적인 선형 회귀 분석법은 두 변수 간의 상관관계를 분석하여 선형적으로 관계를 구하는 것이다.

머신러닝에 사용하는 파이썬 도구는 매우 다양하며, 대표적인 패키지로써 챠트를 만드는데 유용한 matplotlib, 데이터 프레임과 시리즈 사용에 유용한 pandas, 기초적인 통계에 유용한 Numpy 등이 있다. 또한 머신러닝을 위한 Scikit-learn과 Keras 등이 있다.

4.1.1 matplotlib

matplotlib은 데이터를 분석하여 다양한 형태의 그래프나 그림 등 시각적 표현을 위해 가장 많이 사용되는 라이브러리이다. 일반적으로 numpy나 pandas와 같은 데이터 프레임을 시각화할 때도 matplotlib를 이용한다.

matplotlib를 사용하기 위해서는 matplotlib 라이브러리를 우선 설치해야 한다. 키보드에서 윈도우키 + R을 눌러 실행창을 열고 cmd라고 입력하면 커맨드 창이 뜬다. 이때 아래의 두 문장을 차례대로 입력하면 간단하게 설치할 수 있다.

```
python –m pip install –U pip setuptools
python –m pip install matplotlib
```

여기서 pip는 파이썬으로 작성된 패키지 소프트웨어를 설치 및 관리하는 패키지 관리 시스템이며, 파이썬을 통해 설치가 가능하다.

먼저 첫 번째 문장을 입력하면 다음과 같이 설치가 진행된다.

```
선택 관리자: C:\Windows\system32\cmd.exe
Microsoft Windows [Version 10.0.18363.1082]
(c) 2019 Microsoft Corporation. All rights reserved.

C:\Users\Administrator>python -m pip install -U pip setuptools
Collecting pip
  Using cached pip-20.3.3-py2.py3-none-any.whl (1.5 MB)
Collecting setuptools
  Using cached setuptools-51.1.2-py3-none-any.whl (784 kB)
Installing collected packages: pip, setuptools
  Attempting uninstall: pip
    Found existing installation: pip 20.1.1
    Uninstalling pip-20.1.1:
      Successfully uninstalled pip-20.1.1
  Attempting uninstall: setuptools
    Found existing installation: setuptools 47.1.0
    Uninstalling setuptools-47.1.0:
      Successfully uninstalled setuptools-47.1.0
Successfully installed pip-20.3.3 setuptools-51.1.2
```

이제 두 번째 문장을 입력하면 아래와 같이 matplotlib가 설치되어 진다.

```
선택 관리자: C:\Windows\system32\cmd.exe

C:\Users\Administrator>python -m pip install matplotlib
Collecting matplotlib
  Downloading matplotlib-3.3.3-cp37-cp37m-win32.whl (8.3 MB)
     |████████████████████████████████| 8.3 MB 6.8 MB/s
Collecting cycler>=0.10
  Using cached cycler-0.10.0-py2.py3-none-any.whl (6.5 kB)
Collecting kiwisolver>=1.0.1
  Downloading kiwisolver-1.3.1-cp37-cp37m-win32.whl (42 kB)
     |████████████████████████████████| 42 kB 256 kB/s
Collecting numpy>=1.15
  Downloading numpy-1.19.5-cp37-cp37m-win32.whl (11.0 MB)
     |████████████████████████████████| 11.0 MB 6.4 MB/s
Collecting pillow>=6.2.0
  Downloading Pillow-8.1.0-cp37-cp37m-win32.whl (1.9 MB)
     |████████████████████████████████| 1.9 MB 6.8 MB/s
Collecting pyparsing!=2.0.4,!=2.1.2,!=2.1.6,>=2.0.3
  Using cached pyparsing-2.4.7-py2.py3-none-any.whl (67 kB)
Collecting python-dateutil>=2.1
  Using cached python_dateutil-2.8.1-py2.py3-none-any.whl (227 kB)
Collecting six
  Using cached six-1.15.0-py2.py3-none-any.whl (10 kB)
Installing collected packages: six, python-dateutil, pyparsing, pillow, numpy, kiwisolver, cycl
er, matplotlib
Successfully installed cycler-0.10.0 kiwisolver-1.3.1 matplotlib-3.3.3 numpy-1.19.5 pillow-8.1.
0 pyparsing-2.4.7 python-dateutil-2.8.1 six-1.15.0
```

설치가 완료되면 아래의 코드 구조를 이용하여 원하는 형태의 그래프를 그리면 된다.

```
import matplotlib.pyplot as plt

plt.plot([x축 값], [y축 값], 옵션)
plt.show()
```

먼저 matplotlib의 하위 라이브러리인 pyplot를 사용하기 위해 import 하고, 간단한 사용을 위해 plt라는 이름으로 변경한다. 그리고 그래프의 x축 값과 y축 값을 지정하고 plot() 함수를 사용하여 그래프를 그린다. 이때 x축 값이 주어지지 않으면 디폴트로 0부터 3까지 [0, 1, 2, 3,...]이 된다. 이제 show()를 통해 그래프 창을 열어 보여준다.

이제 아래와 같이 간단한 그래프를 그려보자.

소스코드

```
import matplotlib.pyplot as plt
plt.plot([1, 2, 3], [10, 15, 20])
plt.show()
```

실행결과

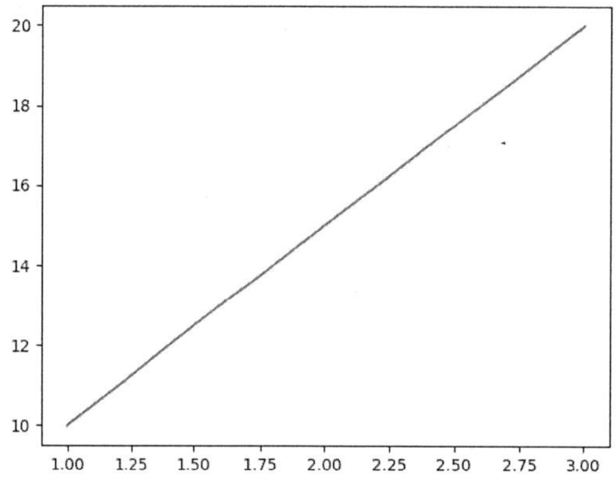

실행 결과 그래프의 x값 [1, 2, 3]에 대응되는 y의 값은 각각 [10, 15, 20]임을 알 수 있다.

그래프 뷰어에서는 확대 및 축소가 가능하고, 이미지로의 저장도 가능하다. 숫자를 바꿔가면서 그래프를 여러 번 만들어 보도록 하자.

4.1.1.1 점과 선 그래프 그리기

위에서 그려본 그래프는 파란색 실선이 디폴트임을 알 수 있다. 만일 그래프의 색상이나 선의 형태를 바꾸고자 한다면 옵션을 지정해야 한다.

아래의 예제는 옵션을 'ro'로 준 경우이다. 옵션 'r'은 빨간색, 'o'는 원을 의미한다.

소스코드

```
import matplotlib.pyplot as plt
plt.figure(width=10, height=10)
plt.plot([1, 2, 3], [10, 15, 20], ‘ro’)
plt.show()
```

실행결과

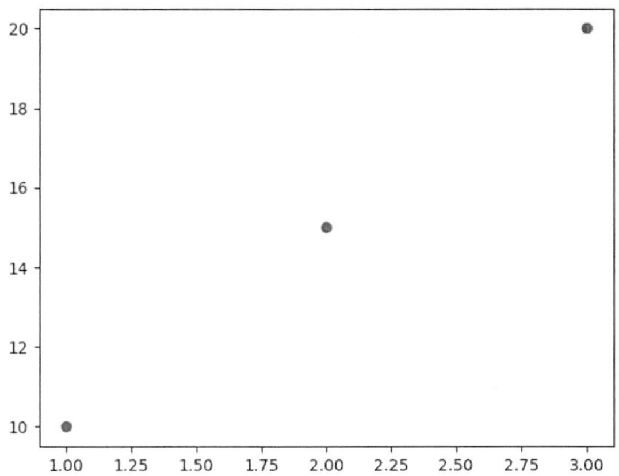

표 4.1은 plot()의 옵션에 들어가는 옵션을 나타낸 것이다.

표 4.1 plot() 옵션

선종류	마커 심볼	색상
– (실선)	. (점)	b (파랑)
: (점선)	o (원)	g (초록)
–. (대시점)	x (x 마크)	r (빨강)
–– (대시)	+ (+ 마크)	c (하늘색)
none (선없음)	* (* 마크)	m (보라)
	s (사각)	y (노랑)
	d (다이아몬드)	k (검정)
	v (아래 삼각)	w (흰색)
	^ (위 삼각)	
	< (왼쪽 삼각)	
	> (오른쪽 삼각)	
	p (별표)	
	h (육각형)	

4.1.1.2 제목과 레이블 설정하기

이제 그래프에 제목과 x축 및 y축의 의미를 나타내는 레이블을 표시해 보도록 하자. title()은 제목을 지정할 때, xlabel(), ylabel()은 축 레이블을 지정할 때 사용한다.

```
plt.title('문자열')
plt.xlabel('문자열')
plt.ylabel('문자열')
```

다음은 빨간색 점선의 점 마커 형태의 그래프를 그린 것으로써, 제목은 'Graph Drawing', x축은 학생 번호(Number), y은 키(Height)를 나타낸 것이다.

소스코드

```
import matplotlib.pyplot as plt

plt.plot([1, 2, 3], [170, 183, 176], 'ro-.')
plt.title('Graph Drawing')
plt.xlabel('Number')
plt.ylabel('Height')
plt.show()
```

실행결과

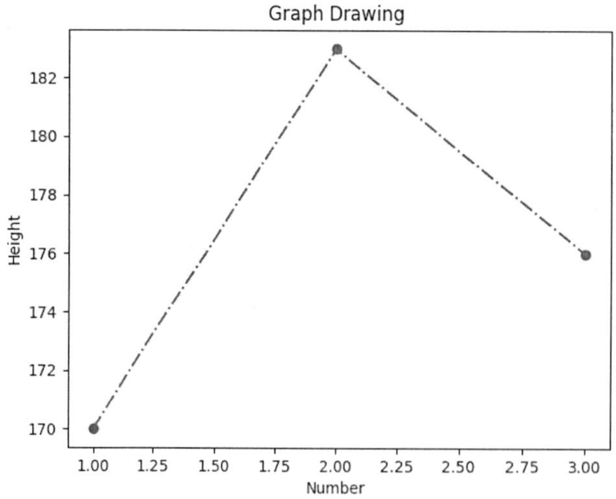

4.1.1.3 막대그래프(bar chart) 그리기

선 형태의 그래프를 막대 그래프로 나타내고자 한다면 plot() 함수 대신 bar() 함수를 이용하면 된다. 여기서 width는 막대의 폭을 의미하고, 1로 설정하면 막대끼리 붙어서 출력이 된다. 막대의 색상은 color의 옵션에 색상을 지정하면 된다.

소스코드

```
import matplotlib.pyplot as plt

plt.bar([1, 2, 3, 4, 5], [163, 183, 155, 170, 180], width=0.5, color='red')
plt.title('Graph Drawing')
plt.xlabel('Number')
plt.ylabel('Height')
plt.show()
```

실행결과

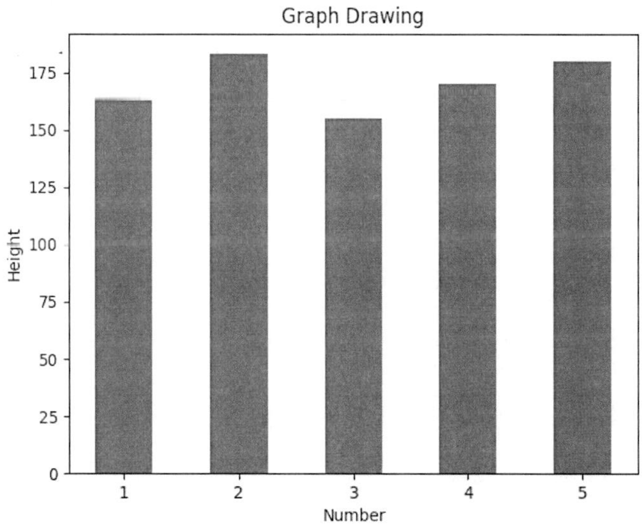

4.1.1.4 산포도 그리기

산포도는 선이 아닌 점으로 그래프를 표시하는 방법을 말하며. scatter()를 이용하여 그릴 수 있다. 아래의 예제는 크기가 20인 원 모양의 하늘색으로 산포도를 표현한 것이다.

소스코드

```
import matplotlib.pyplot  as plt
x=[1, 2, 3, 4, 5]
y=[163, 183, 155, 170, 180]
plt.scatter(x, y, s=20, color='cyan')
plt.title('Graph Drawing')
plt.xlabel('Number')
plt.ylabel('Height')
plt.show()
```

실행결과

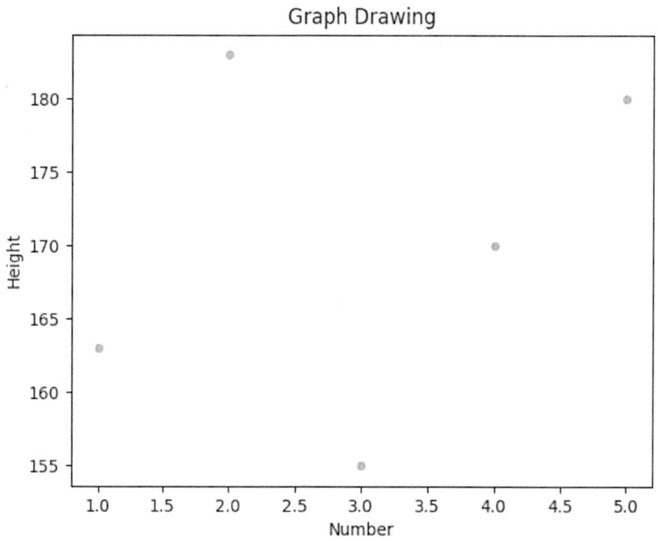

산포도 또한 x 리스트와 y 리스트에서 순서대로 하나씩 값을 추출하여 점을 찍으므로 두 개의 리스트 크기는 같아야 한다. 여기서 s는 원의 크기, color는 컬러를 의미한다.

4.1.1.5 여러 개의 그래프 같이 보여주기

subplot() 함수를 이용하면 동시에 여러 개의 그래프를 보여줄 수 있다. 2개의 창을 위 아래에 각각 그리고자 한다면, subplot(2,1,1), subplot(2,1,2)와 같이 사용한다. 아래의 예제는 산포도 그래프와 막대 그래프를 함께 보여준 것이다.

소스코드

```
import matplotlib.pyplot as plt

plt.figure(figsize=(5,5))
plt.subplot(2,1,1)
plt.title('dot graph')
plt.plot([1,2,3,4], [1, 7, 5, 10], 'ro')

plt.subplot(2,1,2)
plt.title('bar graph')
plt.bar([1,2,3,4], [1, 7, 5, 10], width=0.3, color='green')
```

실행결과

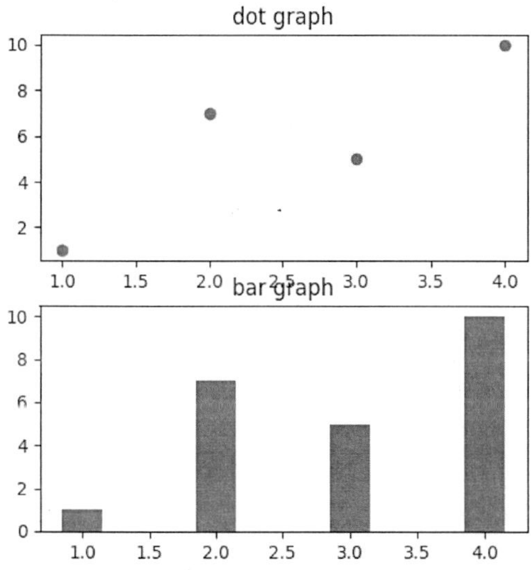

여기서 plt.figure(figsize=(5,5))는 그래프의 가로와 세로 크기를 5×5로 지정한 것이다.

4.1.2 pandas

pandas는 파이썬에서 사용하는 데이터 분석 라이브러리이며, 행과 열로 이루어진 데이터 객체를 만들어 다룰 수 있고, 보다 안정적으로 대용량의 데이터들을 처리하는데 매우 편리하다. 먼저 pandas를 사용하기 위해서는 다음의 명령어를 통해 pandas를 설치한다.

```
pip install pandas
```

```
C:₩Users₩Administrator>pip install pandas
Collecting pandas
  Downloading pandas-1.2.0-cp37-cp37m-win32.whl (8.1 MB)
     |████████████████████████████████| 8.1 MB 6.4 MB/s
Requirement already satisfied: python-dateutil>=2.7.3 in c:₩users₩administrator₩appdat
a₩local₩programs₩python₩python37-32₩lib₩site-packages (from pandas) (2.8.1)
Requirement already satisfied: numpy>=1.16.5 in c:₩users₩administrator₩appdata₩local₩p
rograms₩python₩python37-32₩lib₩site-packages (from pandas) (1.19.5)
Requirement already satisfied: six>=1.5 in c:₩users₩administrator₩appdata₩local₩progra
ms₩python₩python37-32₩lib₩site-packages (from python-dateutil>=2.7.3->pandas) (1.15.0)

Collecting pytz>=2017.3
  Downloading pytz-2020.5-py2.py3-none-any.whl (510 kB)
     |████████████████████████████████| 510 kB 6.8 MB/s
Installing collected packages: pytz, pandas
Successfully installed pandas-1.2.0 pytz-2020.5
```

4.1.2.1 pandas 자료 구조

pandas에서는 기본적으로 정의되는 자료 구조인 Series와 Data Frame을 사용한다. 이 자료 구조들은 빅데이타 분석에 있어서 매우 높은 수준의 성능을 가진다.

Series 클래스는 1차원 배열의 값에 각 값에 대응되는 인덱스(index)를 부여할 수 있는 구조를 가진다.

소스코드

```
import pandas as pd

sr = pd.Series([18000, 15000, 2000, 4000],
      ['치킨', '피자', '콜라', '맥주'])
print(sr)
print(sr.values)
print(sr.index)
```

실행결과

```
치킨  18000
피자  15000
콜라   2000
맥주   4000
[18000 15000  2000  4000]
Index(['치킨', '피자', '콜라', '맥주'], dtype='object')
```

위의 예제 프로그램에서 보는 바와 같이 Series는 인덱스와 값으로 구성됨을 알 수 있다. 참고를 위해 값(sr.value)과 인덱스(sr.index)를 각각 출력해 보았다.

DataFrame은 2차원 리스트를 매개 변수로 전달한다. 2차원이므로 행방향 인덱스와 열방향 인덱스가 존재한다. 즉 행과 열을 가지는 자료구조이다. 시리즈가 인덱스와 값으로 구성된다면, DataFrame은 열까지 추가되어 열, 인덱스, 값으로 구성된다.

아래의 예제를 통해 DataFrame의 구성을 이해해 보도록 하자.

소스코드

```
import pandas as pd

values =[[1, 2, 3], [4, 5, 6], [7, 8, 9]]
index = ['one', 'two', 'three']
columns = ['A', 'B', 'C']
fdf = pd.DataFrame(values, index=index, columns=columns)
print(df)
```

실행결과

```
   A  B  C
1  4  5  7
2  1  6  9
3  3  9  1
```

DataFrame을 생성할 때 index와 column를 설정하면, 행 인덱스와 열 이름을 사용해 DataFrame 객체에 접근할 수 있다. 다음은 그 예를 보여준다.

소스코드

```
print('\n인덱스\n')
print(df.index)
print('\n열 이름\n')
print(df.columns)
print('\n값\n')
print(df.values)
```

실행결과

```
인덱스
Index(['one', 'two', 'three'], dtype='object')

열 이름
Index(['A', 'B', 'C'], dtype='object')

값
[[1 2 3]
 [4 5 6]
 [7 8 9]]
```

DataFrame은 리스트(List), 시리즈(Series), 딕셔너리(Dict) 등 또 다른 DataFrame으로 생성할 수 있다. 간단하게 리스트와 딕셔너리를 통해 DataFrame을 생성해 보자.

소스코드

```
import pandas as pd

data = [ ['1', 'Park', 80],
         ['2', 'Kim', 90],
         ['3', 'Choi', 40],
         ['4', 'Lee', 70] ]

df = pd.DataFrame(data)
print(df)
```

실행결과

```
   0     1   2
0  1  Park  80
1  2   Kim  90
2  3  Choi  40
3  4   Lee  70
```

이와 같이 생성된 프레임에 다음과 같이 열을 지정할 수 있다.

소스코드

```
import pandas as pd

data = [ ['1', 'Park', 80],
         ['2', 'Kim', 90],
         ['3', 'Choi', 40],
         ['4', 'Lee', 70] ]

df = pd.DataFrame(data, columns =['번호', '이름', '성적'] )
print(df)
```

실행결과

```
  번호    이름  성적
0  1  Park  80
1  2   Kim  90
2  3  Choi  40
3  4   Lee  70
```

이제 피이썬 지료구조 가운데 히나인 딕셔너리(dict)를 통해 DataFramc을 생성해 보자.

딕셔너리는 각각의 키(key) 마다 하나의 값(value)이 대응된 쌍들을 모아 놓은 자료형이다. 의미 그대로 사전에서 어떤 단어의 뜻을 찾기 위해 해당 단어만 찾으면 되듯이 특정 값을 찾기 위해 대응된 키로 바로 찾을 수 있다는 장점이 있다.

딕셔너리는 다음과 같이 중괄호({})를 이용해서 생성하며, 키마다 값을 콜론(:)으로 묶어서 저장하고 쉼표로 구분 짓는다.

{키1 : 값1, 키2 : 값2, ... }

다음의 예제는 딕셔너리를 사용하여 DataFrame을 생성한 것이다.

소스코드

```
import pandas as pd

data = { '번호' : ['1', '2', '3', '4'],
         '이름' :  ['Park', 'Kim', 'Choi', 'Lee'],
```

```
          '성적' : [80, 90, 40, 70] }

df = pd.DataFrame(data)
print(df)
```

실행결과

```
   번호 이름 성적
0  1  Park  80
1  2   Kim  90
2  3  Choi  40
3  4   Lee  70
```

아래의 명령어는 DataFrame에서 원하는 구간만 확인하기 위한 명령어로써 유용하게 사용된다.

df.head(n) : 앞 부분을 n개만 보기
df.tail(n) : 뒷 부분을 n개만 보기
df['열이름'] : 해당되는 열을 확인

앞에서 생성한 DataFrame에서 앞의 세 데이터만 출력하기 위해 다음과 같은 코드를 추가해 보자.

소스코드

```
df1 = pd.head(3)
```

실행결과

```
   번호    이름  성적
0  1  Park  80
1  2   Kim  90
2  3  Choi  40
```

마찬가지로 앞에서 생성한 DataFrame에서 뒤의 두 데이터만 출력하기 위해 다음과 같이 코드를 추가해 보자.

소스코드

```
df1 = pd.tail(2)
```

실행결과

```
  번호    이름  성적
2  3  Choi  40
3  4   Lee  70
```

이제 이름에 해당하는 열을 보기 위해 다음의 코드를 추가하고, 결과를 확인해 본다.

소스코드

```
df1 = df['이름']
print(df1)
```

실행결과

```
0     Park
1      Kim
2     Choi
3      Lee
Name: 이름, dtype: object
```

4.1.2.2 외부 데이터 읽기

pandas는 텍스트, CSV, 액셀, SQL, HTML 등 다양한 데이터 파일을 읽고 DataFrame을 생성할 수 있다. 예를 들어 다음과 같은 ex.csv 파일이 있다고 가정한다.

	A	B	C	D
1	번호	이름	성적	
2	1	Park	80	
3	2	Kim	90	
4	3	Choi	40	
5	4	Lee	70	
6				(Ctrl)

이때 csv 파일의 내용은 pandas.read_csv('ex.csv')를 통해 읽을 수 있다.

소스코드

```
import pandas as pd

df = pd.read_csv('ex.csv')
print(df)
```

실행결과

```
   번호  이름   성적
0   1   Park   80
1   2    Kim   90
2   3   Choi   40
3   4    Lee   70
```

이 예의 경우 인덱스가 자동으로 0부터 부여되는 것을 볼 수 있다.

4.1.3 numpy

Numpy는 배열(행렬)을 이용하여 연산이나 분석에 매우 유용하며, 파이썬의 핵심 라이브러리 중 하나이다. 실제 응용 프로그램에서는 Numpy와 함께 Scipy, matplotlib, Pandas 등의 다른 파이썬 라이브러리를 사용하여 수치해석과 통계 확률의 빅데이터 처리와 인공지능 알고리즘을 구현한다.

이제 Numpy를 설치해 보자. 커맨드 창에서 아래의 문장을 입력하면 간단하게 설치할 수 있다.

```
pip install numpy
```

저자의 경우 아래와 같이 이미 설치가 되어 있다고 뜬다.

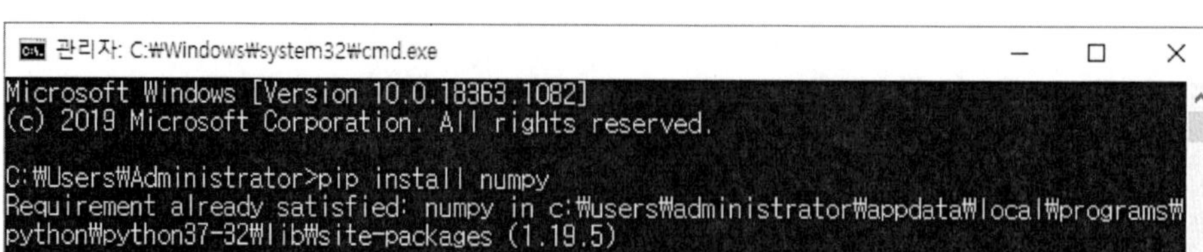

설치가 완료되면 이제 numpy에서 제공하는 기본적인 기능을 하나씩 살펴보도록 한다. 일반적으로 파이썬 개발자들은 Numpy를 np라는 이름으로 불러와서 사용한다.

다음 예제는 1차원 벡터를 생성하기 위한 코드이다.

소스코드

```
import numpy as np

a = np.arange(6)
print(a)
```

실행결과

```
[0 1 2 3 4 5]
```

np.arange(6)는 0부터 1씩 증가하여 5까지를 원소를 갖는 1차원 배열, 즉 벡터를 생성한다. 만일 3×2 크기의 2차원 행렬을 만들고자 한다면, 다음과 같이 reshape() 함수를 사용하면 된다.

소스코드

```
import numpy as np

a = np.arange(6).reshape(3, 2)
print(a)
```

실행결과

```
[[0 1]
 [2 3]
 [4 5]]
```

3차원 형태 다차원 배열 또한 reshape() 함수를 사용하여 쉽게 만들 수 있으나, 이 교재에서는 3차원 데이터는 다루지 않는 것으로 한다.

4.1.3.1 Numpy 배열 생성하기

이제 Numpy에서 기본적인 배열을 생성해 보자.

파이썬에서 일반적으로 사용되는 리스트와는 달리 Numpy 배열에 있는 모든 원소들은 같은 자료형을 가져야 한다. 이제 배열을 생성해 보도록 한다.

소스코드

```
import numpy as np
list = [1, 2, 3]
a = np.array(list)
print(a)
```

실행결과

```
[1 2 3]
```

numpy 라이브러리 안에 있는 array 함수를 이용하여 그 리스트를 array 해 준다. 이때 numpy 배열은 쉼표 없이 출력된다. 2차원 배열을 생성해 보자.

소스코드

```
import numpy as np
list = [[1, 2, 3], [4, 5, 6]]
a = np.array(list)
print(a)
```

실행결과

```
[[1 2 3]
 [4 5 6]
 [7 8 9]]
```

4.1.3.2 초기화 배열 생성하기

배열의 값을 일일이 지정하여 생성할 수 있으나 많은 값을 일일이 생성할 때는 매우 비효율적일 것이다. 따라서 원하는 구조로 배열을 생성하는 일반적인 방법은 표 4.2와 같다.

표 4.2 Numpy 초기화 배열 생성 함수

함수	설명
s = zeros((m,n))	크기 m×n의 배열 s를 생성 후, 모두 0으로 초기화
s = ones((m,n))	크기 m×n의 배열 s를 생성 후, 모두 1으로 초기화
s = full((m,n), n)	크기 m×n의 배열 s를 생성 후, 모두 n으로 초기화
s = empty((m,n))	크기 m×n의 배열 s를 생성 후, 초기화하지 않음
s = eye(m)	크기 m×m의 배열 s를 생성 후, 단위행렬(주대각 성분은 1, 나머지는 0)을 생성

다음의 예제를 실행시켜 결과를 확인해 보자.

소스코드

```
import numpy as np
a = np.zeros((2,3))
print(a)
c = np.full((2,3), 5)
print(c)
e = np.eye(3)
print(e)
```

실행결과

```
[[0. 0. 0.]
 [0. 0. 0.]]
[[5 5 5]
 [5 5 5]]
[[1. 0. 0.]
 [0. 1. 0.]
 [0. 0. 1.]]
```

배열 c는 2×3의 배열을 생성하고, 지정한 숫자 5로 모두 초기화 한 것을 알 수 있다.

4.1.3.3 Numpy 배열 연산

Numpy 배열 연산을 위한 대표적인 함수로는 다음과 같다.

표 4.2 Numpy 배열 연산 함수

함수	설명
a+b / add(a,b)	a와 b를 더함
a-b / substract(a,b)	a에서 b를 뺌
a*b / multiply(a,b)	a와 b를 곱함
a/b / divide(a,b)	a를 b로 나눔
exp(a)	a의 지수값(e^a)을 구함
sqrt(a)	a의 제곱근을 구함
sin(a)	a의 sin값을 구함 (cos, tan)
log(a)	log(a)를 구함
dot(a,b)	벡터 a와 b의 내적을 구함
a==b	a와 b가 같은지를 비교(<, > 등)
sum(x)	배열 x의 원소들을 합함
max(x)	배열 x의 최대값을 구함 (min)
mean(x)	배열 x의 평균을 구함

다음의 예제를 통해 위의 함수들을 이용하여 어떻게 연산이 되는지 실행 결과를 확인해 보자.

소스코드

```
import numpy as np

a = [1, 2, 3]
b = [4, 5, 6]

c = np.add(a, b)
print(c)
d = np.divide(a, b)
print(d)
e = np.sqrt(3)
print(e)
```

```
f = (a==b)
print(f)

x= [1, 2, 3, 4]
i = np.sum(x)
print(i)
j = np.max(x)
print(j)
k = np.mean(x)
print(k)
```

실행결과

```
[5 7 9]
[0.25 0.4  0.5 ]
1.7320508075688772
False
10
4
2.5
```

4.2 Scikit-learn

Scikit-learn은 파이썬의 대표적인 머신러닝 라이브러리이며, 딥러닝이나 강화학습을 다루지 않지만 지도학습, 비지도 학습에 관련된 다양한 메소드를 제공하므로 간단하게 학습 알고리즘을 사용하고자 한다면 Scikit-learn이 사용하기 쉽다는 장점이 있다.

4.2.1 Scikit-learn의 설치

먼저 다음의 명령어를 사용하여 Scikit-learn을 설치하도록 하자.

```
pip install scikit-learn
```

```
관리자: C:₩Windows₩system32₩cmd.exe
Microsoft Windows [Version 10.0.18363.1082]
(c) 2019 Microsoft Corporation. All rights reserved.

C:₩Users₩Administrator>pip install scikit-learn
Collecting scikit-learn
  Downloading scikit_learn-0.24.0-cp37-cp37m-win32.whl (6.1 MB)
     |████████████████████████████████| 6.1 MB 943 bytes/s
Requirement already satisfied: numpy>=1.13.3 in c:₩users₩administrator₩appdata₩local₩p
rograms₩python₩python37-32₩lib₩site-packages (from scikit-learn) (1.19.5)
Collecting joblib>=0.11
  Downloading joblib-1.0.0-py3-none-any.whl (302 kB)
     |████████████████████████████████| 302 kB 731 kB/s
Collecting scipy>=0.19.1
  Downloading scipy-1.6.0-cp37-cp37m-win32.whl (29.4 MB)
     |████████████████████████████████| 29.4 MB 656 kB/s
Collecting threadpoolctl>=2.0.0
  Downloading threadpoolctl-2.1.0-py3-none-any.whl (12 kB)
Installing collected packages: threadpoolctl, scipy, joblib, scikit-learn
Successfully installed joblib-1.0.0 scikit-learn-0.24.0 scipy-1.6.0 threadpoolctl-2.1.
0
```

4.2.2 붓꽃 데이터 불러오기 및 내용 확인하기

붓꽃 데이터는 Scikit-learn의 datasets 모듈에 포함되어 있다. 따라서 아래와 같이 붓꽃 데이터를 불러오고, load_iris 함수를 사용하여 iris 변수에 저장하였다.

```
from sklearn.datasets import load_iris
iris = load_iris()
```

load_iris가 반환한 iris 객체는 키와 값으로 구성되어 있으며, 총 5개의 키 ‘target_names', 'feature_names', 'DESCR', 'data', 'target'을 가진다. 다음의 명령을 통해 어떠한 키들이 있는지를 직접 확인할 수 있다.

```
print(iris.keys())
```

여기서 DESCR 키에는 데이터셋에 대한 간략한 설명이 들어 있으며, target_names 키는 예측하고자 하는 붓꽃 품종의 이름을 문자열 배열로 가지고 있다. 또한 feature_names 키는 각 특성을 설명하는 문자열 리스트이며, 실제 데이터는 target과 data 필드에 들어 있다.

data 필드의 행은 150개의 개개의 꽃이며, 열은 꽃잎의 길이와 폭, 꽃받침의 길이와 폭을 수치값으로 가지고 있는 Numpy 배열이다. 아래의 명령을 통해 data 필드의 크기를 확인할 수 있다.

```
print(iris['data'].shape)
```

target 배열도 붓꽃의 품종을 담은 Numpy 배열이다. 붓꽃의 종류는 0에서 2까지의 정수로 기록되어 있으며, 0은 setosa, 1은 versicolor, 2는 virginica를 의미한다. 숫자의 의미는 iris['target_names']에서 확인할 수 있다.

이제 다음의 코드를 실행시켜 붓꽃 데이터 내용을 확인해 보도록 한다.

소스코드

```
# 붓꽃 데이터를 불러옴
from sklearn.datasets import load_iris
iris = load_iris()
print('iris_dataset의 키\n', iris.keys())

#DESCR 키에는 데이터셋에 대한 간략한 설명이 들어 있음
print(iris['DESCR'][:193] + '\n...')

#target_names는 예측하고자 하는 붓꽃 품종명을 포함하고 있음
print('target 명', iris['target_names'])

#feature_names는 각 특성을 설명하는 문자열을 포함하고 있음
print('target 특성 ', iris['feature_names'])

#실제 데이터는 target과 data 필드에 들어 있음.
# data는 꽃받침(sepal)과 꽃잎(petal)의 길이와 폭을 가지고 있음
#data 배열의 행은 개개의 꽃, 열은 각 꽃에서 구한 4개의 측정값이다.
print('data의 크기 : ', iris['data'].shape)

# 이 배열은 150개의 붓꽃 데이터를 가지고 있다.
print('data의 첫 다섯 항 : \n', iris['data'][:5])

#target은 각 원소의 값이 붓꽃의 품종을 담고 있는 1차원 배열
# 붓꽃의 종류는 0에서 2까지의 정수로 기록( 0: setosa, 1: versicolor, 2 : virginica)
print('붓꽃의 품종 : \n', iris['target'])
```

실행결과

```
iris_dataset의 키 :
 dict_keys(['data', 'target', 'frame', 'target_names', 'DESCR', 'feature_names', 'filename'])
.. _iris_dataset:
Iris plants dataset
--------------------

**Data Set Characteristics:**

    :Number of Instances: 150 (50 in each of three classes)
    :Number of Attributes: 4 numeric, pre
...
target 명 ['setosa' 'versicolor' 'virginica']
feature : ['sepal length (cm)', 'sepal width (cm)', 'petal length (cm)', 'petal width (cm)']
data의 크기 :  (150, 4)
data의 첫 다섯 항 :
 [[5.1 3.5 1.4 0.2]
 [4.9 3.  1.4 0.2]
 [4.7 3.2 1.3 0.2]
 [4.6 3.1 1.5 0.2]
 [5.  3.6 1.4 0.2]]
붓꽃의 품종 :
 [0 0 0 0 0 0 0 0 0 0 0 0 0 0 0 0 0 0 0 0 0 0 0 0 0 0 0 0 0 0 0 0 0 0 0 0 0 0 0
 0 0 0 0 0 0 0 0 0 0 0 0 0 1 1 1 1 1 1 1 1 1 1 1 1 1 1 1 1 1 1 1 1 1 1 1 1 1
 1 1 1 1 1 1 1 1 1 1 1 1 1 1 1 1 1 1 1 1 1 1 1 1 1 2 2 2 2 2 2 2 2 2 2 2 2
 2 2 2 2 2 2 2 2 2 2 2 2 2 2 2 2 2 2 2 2 2 2 2 2 2 2 2 2 2 2 2 2 2 2 2 2 2 2
 2 2]
```

4.2.3 붓꽃 데이터 학습하기

이제 머신러닝 모델을 만들고 새로운 데이터의 품종을 예측해 보자. 먼저 불러온 150개의 붓꽃 데이터를 두 개의 그룹으로 나눈다. 그 중 하나는 머신러닝 모델을 만들 때 사용하는 훈련 세트(training set)이며, 나머지는 모델이 얼마나 잘 작동하는지 측정하기 위해 사용하는 테스트 세트(test set)이다.

Scikit-learn은 데이터 세트를 섞어서 나눠주는 train_test_split 함수를 제공하며, 전체 행 중 75%를 레이블 데이터와 함께 훈련 세트로 추출한다. 나머지 25%는 레이블 데이터와 함께 테스트 세트가 된다. 훈련 세트와 테스트 세트를 어느 정도

씩 나누는지는 상황에 따라 다르지만 전체의 25%를 테스트 세트로 사용하는 것은 일반적으로 좋은 선택이라 할 수 있다.

Scikit-learn에서 데이터는 대문자 X로 표시하고 레이블은 소문자 y로 표기한다. 이는 수학에서 함수의 입력을 x, 출력을 y로 나타내는 표준 공식 y=f(x)에서 유래된 것이며, 데이터는 2차원 배열(행렬)이므로 대문자 X를, 타깃(target)은 1차원 배열(벡터)이므로 소문자 y를 사용한다. 이 교재에서도 train_test_split의 반환값을 저장하기 위해 이 명명 규칙을 사용하도록 한다.

train_test_split 함수로 데이터를 나누기 전 유사 난수 생성기를 사용해 데이터 세트를 무작위로 섞는 과정이 필요하다. 만일 섞지 않은 상태로 데이터 세트 뒤쪽의 25%를 테스트 세트로 이용한다면 그 데이터의 레이블은 모두 2가 되기 때문이다. 즉, 세 클래스 중 하나만 포함한 테스트 세트를 사용하면 모델이 얼마나 잘 일반화되었는지 알 수가 없다. 따라서 테스트 세트가 세 클래스의 데이터를 모두 포함하도록 섞어 주어야 한다.

랜덤 함수를 여러 번 실행해도 결과가 똑같이 나오도록 유사 난수 생성기에 넣을 난수 초기값은 random_state 매개변수로 전달한다. 이렇게 하면 이 코드는 항상 같은 결과를 출력하게 된다.

train_test_split 함수의 반환값은 X_train, X_test, y_train, y_test이며 모두 NumPy 배열이다. 또한 X_train은 전체 데이터 세트의 75%를, X_test는 나머지 25%를 담고 있다.

소스코드

```
# 레이블된 150개의 붓꽃 데이터를 두 그룹으로 나눔
# 하나는 머신러닝 모델의 훈련 데이터
# 나머지는 모델이 얼마나 잘 동작하는지 측정하기 위한 테스트 데이터
# scikit-learn은 데이터를 섞어서 나눠주는 train_test_split 함수를 제공
# 전체의 75%는 훈련 데이터, 나머지 25%는 테스트 데이터로 분류
# X : 데이터, Y : 레이블

from sklearn.model_selection import train_test_split
X_train, X_test, Y_train, Y_test = train_test_split(iris['data'], iris['target'], random_state=0)

print('X_train 크기 : ', X_train.shape)
print('Y_train 크기 : ', Y_train.shape)
```

```
print('X_test 크기 : ', X_test.shape)
print('Y_test 크기 : ', Y_test.shape)
```

실행결과

```
X_train 크기 : (112, 4)
Y_train 크기 : (112,)
X_test 크기 : (38, 4)
Y_test 크기 : (38,)
```

4.2.4 붓꽃 데이터를 훈련하고 테스트하기

Scikit-learn은 다양한 분류 알고리즘을 제공하나 여기서는 k-최근접 이웃 알고리즘(knn)을 사용하여 학습해 보도록 한다. k-최근접 이웃 알고리즘은 훈련 데이터에서 새로운 데이터 포인트에 가장 가까운 k개의 이웃을 찾은 후, 이웃들의 클래스 중 빈도가 가장 높은 클래스를 예측 값으로 사용한다. 그리고 다음에 찾은 훈련 데이터의 레이블을 새 데이터 포인트의 레이블로 지정한다.

Scikit-learn의 모든 머신러닝 모델은 Estimator라는 파이썬 클래스로 각각 구현되어 있으며, k-최근접 이웃 분류 알고리즘은 neighbors 모듈 아래 KNeighborsClassifier 클래스에 구현되어 있다. 모델을 사용하기 위해서는 클래스로부터 객체를 만들어야 하며, 이때 모델에 필요한 매개변수를 넣어 준다. KNeighborsClassifier에서 가장 중요한 매개변수는 이웃의 개수이며, 여기서는 1로 지정하였다.

```
from sklearn.neighbors import KNeighborsClassifier
knn = KNeighborsClassifier(n_neighbors=1)
```

이제 훈련 데이터 세트로부터 모델을 만들기 위해 knn 객체의 fit 메서드를 사용한다. 이 메소드는 훈련 데이터인 X_train과 훈련 데이터의 레이블을 담고 있는 y_train을 매개변수로 받는다.

```
knn.fit(X_train, y_train)
```

이제 이 모델을 사용하여 정확한 레이블을 모르는 새로운 데이터에 대해 예측할 수 있다. 야생에서 꽃받침의 길이가 5cm, 폭이 2.9cm이고 꽃잎의 길이가 1cm, 폭이 0.2cm인 붓꽃을 보았다고 했을 때 이 붓꽃의 품종은 무엇일까? 먼저 아래와 같이 측정된 값을 NumPy 배열로 만든다.

```
X_new = np.array([[5, 2.9, 1, 0.2]])
```

그리고 knn 객체의 predict 메서드를 사용하여 붓꽃의 품종을 예측한다.

```
prediction = knn.predict(X_new)
```

아래의 코드는 붓꽃 데이터를 훈련하고 테스트하기 위한 전체 코드를 나타낸 것이다.

소스코드

```
from sklearn.neighbors import KNeighborsClassifier
knn = KNeighborsClassifier(n_neighbors = 1)

# 훈련 데이터셋으로부터 모델을 만들려면 knn 객체의 fit 메소드를 사용
# 이 메소드는 훈련 데이터 X_train과 훈련 데이터의 레이블을 담고 있는 # Y_train을 매개
변수로 사용
knn.fit(X_train, Y_train)

# 이제 이 모델을 사용하여 정확한 레이블을 모르는 새 데이터에 대해 예측을 만들 수 있음
# 이 붓꽃의 품종은 무엇일까요?

import numpy as np
X_new = np.array([[3, 1.5, 2, 0.3]])
print('X_new.shape : ', X_new.shape)

# 붓꽃 하나의 측정값은 2차원 배열의 첫 행으로 들어감
# scikit-learn은 항상 데이터가 2차원 배열일 것으로 예상
# 예측에는 knn 객체의 predict 메소드를 사용

prediction = knn.predict(X_new)
```

```
print('예측', prediction)
print('예측한 타겟의 이름 : ', iris['target_names'][prediction])
```

실행결과

```
X_new.shape :  (1, 4)
예측 [0]
예측한 타겟의 이름 :  ['setosa']
```

실행 결과 새로운 붓꽃이 setosa 품종을 의미하는 클래스 0으로 예측되었음을 알 수 있다. 그렇다면 이 모델의 결과를 어떻게 신뢰할 수 있을까?

4.2.5 모델 평가하기

테스트 데이터에 있는 붓꽃의 품종을 예측하고 실제 품종의 레이블과의 일치도를 비교함으로써 얼마나 많은 붓꽃 품종이 정확히 예측되었는지 정확도를 계산할 수 있다.

소스코드

```
Y_pred = knn.predict(X_test)
print('테스트 데이터에 대한 예측값 : \n', Y_pred)
print('테스트 데이터의 정확도 : ', format(np.mean(Y_pred==Y_test)))
```

실행결과

```
테스트 데이터에 대한 예측값 :
 [2 1 0 2 0 2 0 1 1 1 2 1 1 1 1 0 1 1 0 0 2 1 0 0 2 0 0 1 1 0 2 1 0 2 2 1 0
 2]
테스트 데이터의 정확도 : 0.9736842105263158
```

이 모델의 테스트 셋에 대한 정확도는 약 0.97로써, 97%의 품종을 정확히 맞췄다는 것을 의미한다.

4.3 Keras

Keras는 파이썬으로 구현된 쉽고 간결한 딥러닝 라이브러리이다. 비전문가라 할지라도 손쉽게 딥러닝 모델을 개발하고 활용할 수 있도록 직관적인 API를 제공하며, 이를 이용하여 다층퍼셉트론 모델, 컨볼루션 신경망 모델, 순환 신경망 모델 또는 이를 조합한 모델은 물론 다중 입력 또는 다중 출력 등 다양한 구성을 할 수 있다.

이 절에서는 Keras에서 제공하는 모델 중 Sequential 클래스(층을 순서대로 쌓아 올린 네트워크)를 사용하여 MNIST 데이터셋의 손글씨 데이터를 분류하고 예측하는 모델을 만들어 본다. Keras에는 MNIST 데이터셋이 numpy 배열 형태로 포함되어 있으므로 mnist_load_data() 메소드를 통해 불러올 수 있다.

다음은 MNIST 테스트 데이터셋의 샘플 이미지를 나타낸 것이다.

Sequential() 클래스는 완전연결(fully connected) 신경망 층인 dense 층 2개가 연속되어 있다. 마지막 두 번째 층은 10개의 확률 점수가 들어 있는 배열을 반환하는 softmax 층이다. 각 점수는 현재 숫자 이미지가 10개의 숫자 클래스 중 하나에 속할 확률을 의미한다.

categorical_crossentropy는 손실 함수로써, 가중치를 학습하기 위한 신호로 사용되며 훈련하는 동안 최소화된다. 입력 데이터의 numpy 배열을 모델의 fit() 메서드에 전달함으로써 학습 과정이 이루어진다.

소스코드

```
# 데이터셋, 모델 등 필요한 라이브러리 불러오기
from keras.datasets import mnist
from keras import models
from keras import layers
from keras.utils import to_categorical

# MNIST 데이터셋 불러오기(학습용, 테스트용 이미지와 라벨)
(train_images, train_labels), (test_images, test_labels) = mnist.load_data()

# 이미지 데이터 준비 (모델에 맞는 크기로 바꾸고 0과 1사이로 스케일링)
train_images = train_images.reshape((60000, 28 * 28))
train_images = train_images.astype('float32') / 255
test_images = test_images.reshape((10000, 28 * 28))
test_images = test_images.astype('float32') / 255

# 레이블을 범주형으로 인코딩
train_labels = to_categorical(train_labels)
test_labels = to_categorical(test_labels)

# 모델 정의 (여기에서는 Sequential 클래스 사용)
model = models.Sequential()
model.add(layers.Dense(512, activation='relu', input_shape=(28 * 28,)))
model.add(layers.Dense(10, activation='softmax'))

# 모델 컴파일(모델이 사용할 옵티마이저, 손실함수, 성능측정지표 지정)
model.compile(optimizer='rmsprop',
              loss='categorical_crossentropy',
              metrics=['accuracy'])

# fit() 메서드로 모델 훈련시키기
model.fit(train_images, train_labels, epochs=5, batch_size=128)

# 테스트 데이터로 정확도 측정하기
test_loss, test_acc = model.evaluate(test_images, test_labels)
print('test_acc: ', test_acc)
```

실행결과

```
Epoch 1/5
469/469 [================] - 4s 5ms/step - loss: 0.4298 - accuracy: 0.8713
```

```
Epoch 2/5
469/469 [=================] - 2s 5ms/step - loss: 0.1096 - accuracy: 0.9684
Epoch 3/5
469/469 [======= =========] - 2s 5ms/step - loss: 0.0687 - accuracy: 0.9793
Epoch 4/5
469/469 [=================] - 2s 4ms/step - loss: 0.0477 - accuracy: 0.9858
Epoch 5/5
469/469 [=================] - 2s 5ms/step - loss: 0.0362 - accuracy: 0.9893
313/313 [===== ===========] - 0s 651us/step - loss: 0.0642 - accuracy: 0.9810
test_acc:  0.9810000061988831
```

학습 결과 예측 정확도는 약 98%임을 알 수 있다.

4.4 난수 생성

4.4.1 시드 설정

이 절에서는 다양한 종류의 난수를 생성하는 방법을 알아본다. 컴퓨터는 시드(seed)를 바탕으로 난수를 생성한다. 시드는 난수 생성의 기반이 되는 설정 값으로써, 시드 값을 고정하면 동일한 난수 열을 생성할 수 있다. 따라서 동일한 난수 열을 사용하면 같은 결과를 재현할 수 있다. 시드를 직접 설정하지 않으면 컴퓨터의 현재 시간을 시드로 사용하기 때문에 매번 다른 난수가 출력된다. numpy.random.seed()에 정수 값을 전달하여 시드를 설정할 수 있다.

```
numpy.radom.seed(정수값)
```

아래의 예제는 시드를 생성하지 않은 경우와 생성한 경우 x, y에 각각 다섯 개의 난수를 저장하고 결과를 비교한 것이다.

소스코드

```
import numpy as np
x = np.random.randn(5)
y = np.random.randn(5)

print("시드를 설정하지 않은 경우")
print("X : ", x)
print("Y : ", y)

np.random.seed(0)  # 시드 설정
x = np.random.randn(5)

np.random.seed(0)  # 동일한 시드 설정
y = np.random.randn(5)

print("시드를 설정한 경우")
print("X : ", x)
print("Y : ", y)
```

실행결과

```
시드를 설정하지 않은 경우
X :  [ 0.299802    -3.05905645  0.11748397 -1.14200755  1.10438093]
Y :  [ 0.14884305  0.15651711 -0.92599163 -0.13482819 -1.63647437]
시드를 설정한 경우
X :  [1.76405235 0.40015721 0.97873798 2.2408932   1.86755799]
Y :  [1.76405235 0.40015721 0.97873798 2.2408932   1.86755799]
```

동일한 시드를 생성한 경우 x, y에 동일한 난수 열이 저장됨을 알 수 있다.

4.4.2 정규 분포에 따른 난수 생성

numpy.random.randn()으로 생성한 수치를 도시한 히스토그램은 정규 분포의 형태를 가진다. numpy.random.randn()에 정수를 전달하면 정규 분포를 따르는 난수를 전달한 수 만큼 반환한다.

numpy.radom.randn(정수값)

아래의 예는 시드 값이 0인 정규 분포를 따르는 10000개의 난수를 생성하여 히스토그램을 도시한 프로그램을 보인 것이다.

소스코드

```
import numpy as np
import matplotlib.pyplot as plt

np.random.seed(0)  # 시드 설정

x = np.random.randn(10000)
plt.hist(x, bins='auto')
plt.show()
```

실행결과

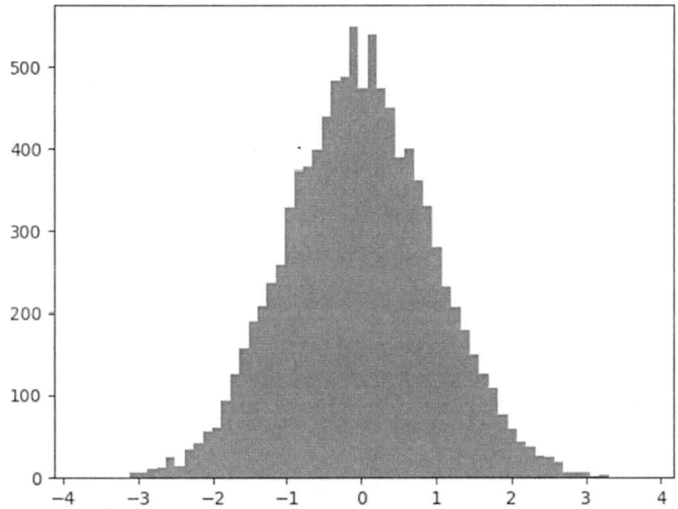

4.4.3 이항 분포에 따른 난수 생성

numpy.random.binomial()은 어떤 시도의 결과로 성공과 실패 중 하나를 반환한다. 예를 들어 동전을 던지면 앞면이나 뒷면 밖에 나오지 않는다. 그리고 실패와 성공의 확률은 0.5이다.

numpy.random.binomial()에 정수 n과 0 이상 1 이하의 실수 p를 전달하면 성공 확률 p의 조건으로 n 횟수만큼 시도한 후 성공한 횟수를 반환한다. 세 번째 인수로 'size=정수 값'을 전달하면 n과 p의 조건에서 이 실험을 몇 번 반복할지 정수 값만큼 설정할 수 있다. 예를 들어 동전을 100번 던질 때 앞면이 나오는 횟수를 출력하고자 한다면 다음과 같이 기술한다.

```
numpy.radom.binomial(100, 0.5)
```

아래의 예제는 성공 확률 0.5로 100번 시도했을 때 성공한 횟수를 구하는 실험을 10,000번 반복하여 변수 nums에 저장하고, 성공률의 평균을 구하는 프로그램이다.

소스코드

```
import numpy as np

np.random.seed(0)

nums = np.random.binomial(100, 0.5, size=10000)
print(nums)
prunt(nums.mean() / 100)
```

실행결과

```
[52 51 61 ... 57 53 52]
0.49832
```

4.4.4 리스트에서 무작위로 선택

다음과 같이 numpy.random.choice()에 리스트 형의 데이터 x와 정수 값 n을 전달하면 리스트 형의 데이터 중 랜덤하게 뽑은 결과를 전달한 정수 값 만큼 돌려 준다.

```
numpy.radom.choice(x, n)
```

아래의 예제는 리스트 x에서 무작위로 5개 선택한 결과를 변수 y에 대입하는 프로그램이다.

소스코드

```
import numpy as np
x = ['Apple', 'Orange', 'Banana', 'Pineapple', 'Kiwifruit', 'Strawberry']
np.random.seed(0)
y = np.random.choice(x, 5)
print(y)
```

실행결과

```
['Kiwifruit' 'Strawberry' 'Apple' 'Pineapple' 'Pineapple']
```

4.5 미세먼지 시각화

다음은 한국환경공단에서 미세먼지와 초미세먼지를 농도에 따라 4단계로 분류한 것이다.

초미세먼지

좋음	보통	나쁨	매우나쁨
0~	16~	36~	76~

미세먼지

좋음	보통	나쁨	매우나쁨
0~	31~	81~	151~

그리고 다음의 표는『2021년 2월 2일 10시』기준『서울시 강남구』의 초미세먼지와 미세먼지를 측정한 데이터이다.

시간	초미세먼지(PM2.5)	미세먼지(PM10)
1시	31	44
2시	25	32
3시	21	25
4시	16	22
5시	18	28
6시	16	24
7시	20	30
8시	20	30
9시	19	27
10시	14	18

이제 아래의 코드를 사용하여 미세먼지와 초미세먼지 정보를 시간대 별로 농도에 따라 막대 그래프로 나타내어 보자.

소스코드

```
import numpy as np
import matplotlib.pyplot as plt
from matplotlib import style

h = ['1h', '2h','3h','4h','5h','6h','7h','8h','9h','10h', '11h', '12h']
pm25 = np.array([31, 25, 21, 16, 18, 16, 20, 20, 19, 14])
pm10 = np.array([44, 32, 25, 22, 28, 24, 30, 30, 27, 18])

plt.figure(figsize=(10,10))
plt.subplot(2,1,1)

for i in range(12) :
    if pm25[i] < 16 :
        plt.bar(h[i], pm25[i], color='blue')
    elif 16<=pm25[i] < 36 :
        plt.bar(h[i], pm25[i], color='green')
    elif 36<=pm25[i] < 76 :
        plt.bar(h[i], pm25[i], color='orange')
    elif pm25[i] >=76 :
        plt.bar(h[i], pm25[i], color='red')
```

```
plt.title('pm25')
plt.subplot(2,1,2)

for i in range(12) :
    if pm10[i] < 31 :
        plt.bar(h[i], pm10[i], color='blue')
    elif  31<=pm10[i] < 81 :
        plt.bar(h[i], pm10[i], color='green')
    elif  81<=pm10[i] < 151 :
        plt.bar(h[i], pm10[i], color='orange')
    elif  pm10[i] >=151 :
        plt.bar(h[i], pm10[i], color='red')

plt.title('pm10')
plt.show()
```

실행결과

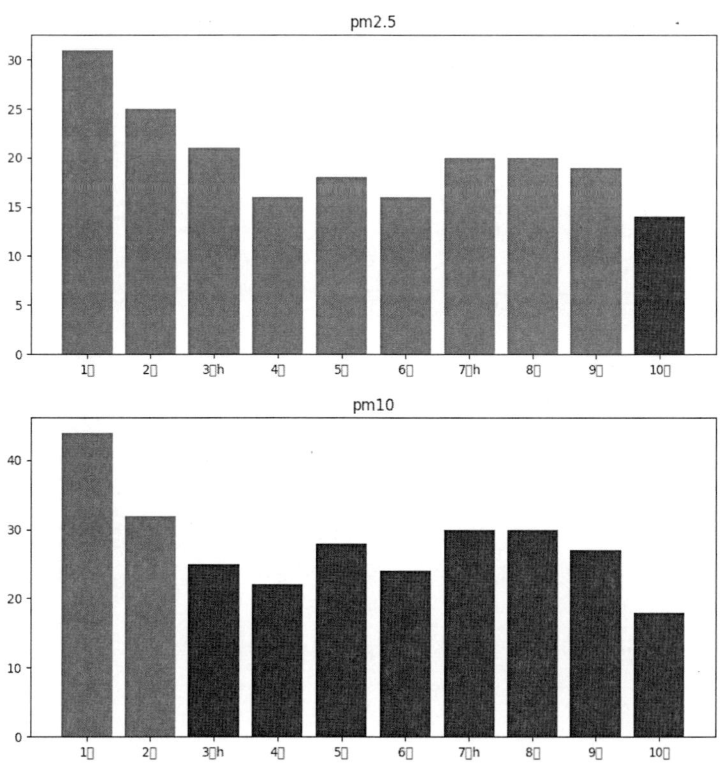

4.6 숫자 인식기 만들기

이 절에서는 scikit-learn을 사용하여 손으로 쓴 숫자(0~9) 이미지를 인식하는 간단한 머신러닝 프로그램을 작성해 본다.

scikit-learn 라이브러리에 포함된 숫자 데이터셋은 8×8 픽셀의 이미지로 구성되며, 각 이미지는 그레이 값을 가진다. 여기서는 첫 네 개의 이미지를 사용하기로 한다.

먼저 그래프와 그림을 그리기 위해 matplotlib를 import 하고, 데이터셋과 분류기, 성능 척도를 import 한다.

분류기를 적용하기 위해 8×8 크기의 이미지를 1차원으로 변형한다. 결과적으로 전체 데이터셋은 (n_sample, n_feature)의 형태를 가지게 된다. 여기서 n_sample은 이미지의 개수, n_features는 각 이미지에서 총 픽셀 수를 의미한다.

train_test_split() 함수를 이용하여 데이터셋을 학습용과 테스트용으로 나눈다. 자세한 설명은 프로그램에서 주석 처리하였으니 참고하기 바란다.

소스코드

```
import matplotlib.pyplot as plt
from sklearn import datasets, svm, metrics
# 학습용과 테스트용으로 나눔
from sklearn.model_selection import train_test_split

# 데이터셋을 읽어 옴
digits = datasets.load_digits()

# 첫 네 개의 숫자 이미지와 라벨을 출력
_, axes = plt.subplots(nrows=1, ncols=4, figsize=(10, 3))
for ax, image, label in zip(axes, digits.images, digits.target):
    ax.set_axis_off()
    ax.imshow(image, cmap=plt.cm.gray_r, interpolation='nearest')
    ax.set_title('Training: %i' % label)

# 학습을 위해 8×8 이미지를 1차원(64,)으로 변형
n_samples = len(digits.images)
data = digits.images.reshape((n_samples, -1))
```

```
# SVM 분류기 생성
clf = svm.SVC(gamma=0.001)

# 학습과 테스트를 위해 데이터셋을 50% 씩 나눔
X_train, X_test, y_train, y_test = train_test_split(
    data, digits.target, test_size=0.5, shuffle=False)

# 학습용 데이터셋의 학습
clf.fit(X_train, y_train)

# 테스트 데이터셋의 예측
predicted = clf.predict(X_test)

# 첫 4개의 테스트 이미지와 예측 값을 보여줌
_, axes = plt.subplots(nrows=1, ncols=4, figsize=(10, 3))
for ax, image, prediction in zip(axes, X_test, predicted):
    ax.set_axis_off()
    image = image.reshape(8, 8)
    ax.imshow(image, cmap=plt.cm.gray_r, interpolation='nearest')
    ax.set_title(f'Prediction: {prediction}')

# 분류기 성능(precision, recall, f1-score, accuracy 등)을 화면에 출력해 줌
print(f"Classification report for classifier {clf}:\n"
      f"{metrics.classification_report(y_test, predicted)}\n")

# 실제 숫자값과 예측된 숫자값의 confusion matrix를 출력
disp = metrics.plot_confusion_matrix(clf, X_test, y_test)
disp.figure_.suptitle("Confusion Matrix")
print(f"Confusion matrix:\n{disp.confusion_matrix}")
plt.show()
```

실행결과

```
Classification report for classifier SVC(gamma=0.001):
              precision    recall  f1-score   support

           0       1.00      0.99      0.99        88
           1       0.99      0.97      0.98        91
           2       0.99      0.99      0.99        86
           3       0.98      0.87      0.92        91
           4       0.99      0.96      0.97        92
```

```
            5       0.95      0.97      0.96        91
            6       0.99      0.99      0.99        91
            7       0.96      0.99      0.97        89
            8       0.94      1.00      0.97        88
            9       0.93      0.98      0.95        92

     accuracy                           0.97       899
    macro avg       0.97      0.97      0.97       899
 weighted avg       0.97      0.97      0.97       899

Confusion matrix:
[[87  0  0  0  1  0  0  0  0  0]
 [ 0 88  1  0  0  0  0  0  1  1]
 [ 0  0 85  1  0  0  0  0  0  0]
 [ 0  0  0 79  0  3  0  4  5  0]
 [ 0  0  0  0 88  0  0  0  0  4]
 [ 0  0  0  0  0 88  1  0  0  2]
 [ 0  1  0  0  0  0 90  0  0  0]
 [ 0  0  0  0  0  1  0 88  0  0]
 [ 0  0  0  0  0  0  0  0 88  0]
 [ 0  0  0  1  0  1  0  0  0 90]]
```

아래의 그림은 숫자 데이터셋의 첫 네 개 이미지에 대해 학습용 이미지와 예측된 이미지를 나타낸 것이다. 이때 이미지 위의 라벨은 예측 결과를 보인 것이다.

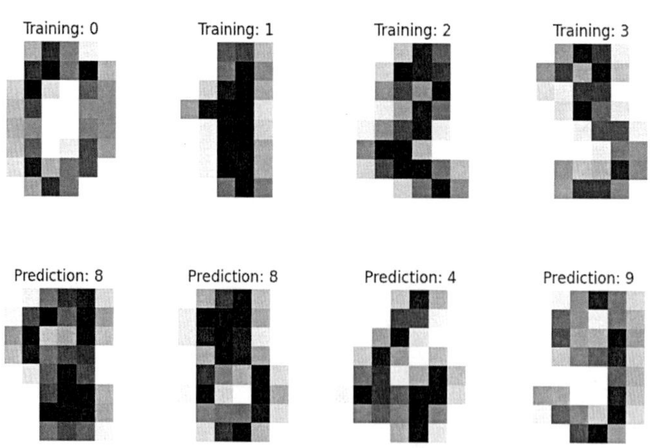

또한 confusion matrix는 실제 숫자가 정확하게 예측될 정확도를 나타낸 것이다.

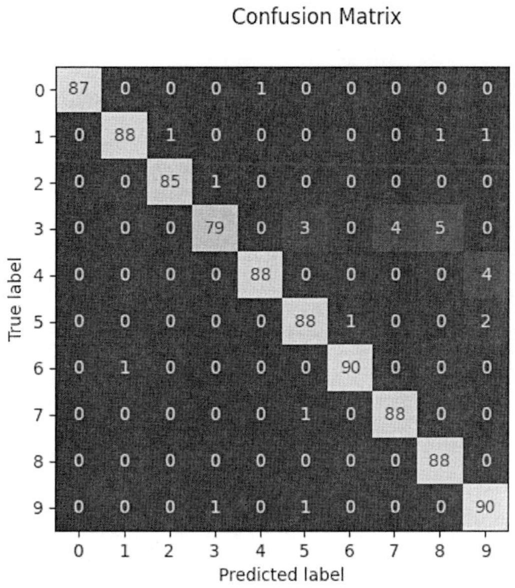

CHAPTER

05

퍼지 시스템

우리의 생활 속에서 수학이 적용되지 않는 사례는 거의 없다고 해도 과언이 아니다. 그만큼 수학은 모두 학문의 기초가 되는 학문이다. 그렇다면 전기밥솥, 보일러와 같이 늘 접하는 생활용품에 적용되는 수학은 무엇일까? 우리가 일상생활에서 접하는 많은 사물에 적용된 수학이 바로 퍼지이론이다. 이 장에서는 퍼지 이론의 개념과 연산 방법, 그리고 퍼지 논리 및 추론에 대해 설명하고, 파이썬에서 문자열 매칭을 위한 퍼지 함수의 사용에 대해 학습한다.

5.1 퍼지 이론이란?

퍼지(fuzzy)란 「애매하다」라는 의미를 지니며, "오늘 맑을 확률이 70% 이상이다", "저 분은 날씬하다", "날씨가 덥다"와 같은 불분명한 상황에서 문제를 판단하고 결정하는 과정을 수학적으로 접근하려는 이론이 바로 퍼지 이론이다.

퍼지 이론은 수학의 영역 가운데 집합을 이용한다. 보통 집합의 개념은 어떤 원소가 그 집합에 속하는지, 속하지 않는지의 여부가 분명하다. 그러나 일상생활에서는 그 집합의 원소를 결정하는 기준이 모호한 경우가 많다. 예를 들어 "물이 뜨겁다"라고 하는 것은 40, 50, ... , 70, 80도 중 어디서부터 어디까지인가를 결정하는 것이 애매하기 때문이다. 따라서 퍼지 이론은 퍼지 집합으로 어떤 원소가 그 집합에 속하는지를 나타낸다.

그러나 일반적인 집합으로는 퍼지 집합을 표현할 수 없으므로 퍼지 집합에서는 소속도를 사용한다. 소속도란 어떤 원소가 집합에 속한 정도를 나타낸다.

예를 들어 집합 A가 주어졌을 때 원소 $x \in A$가 집합 A에 완전히 속하는 경우를 1, 전혀 속하지 않는 경우를 0으로 나타낸다.

$$\mu_A(x) = \begin{cases} 1, & x \in A \\ 0, & x \notin A \end{cases} \tag{5.1}$$

소속도는 0과 1 사이의 실수로 표현되고, 퍼지 집합은 {입력값, 소속도}의 쌍으로 구성된다.

예를 들어 $A = \{1, 2, 3, 4, 5\}$, $\mu_A(1) = 0.4$, $\mu_A(2) = 0.7$, $\mu_A(3) = 0.1$, $\mu_A(4) = 0.6$, $\mu_A(5) = 0.2$이면 다음과 같이 순서쌍들의 나열로 표시할 수 있다.

$$A = \{(1, 0.4), (2, 0.7), (3, 0.1), (4, 0.6), (5, 0.2)\}$$

그러나 $\{x \in U | \mu_A(x) \neq 0\}$이 무한 집합일 경우에는 이와 같은 방법을 적용할 수 없다.

퍼지 이론에서는 모호한 상황을 표현할 때 구문식 표현을 사용하는 경우가 많다. "영희는 젊다"라고 할 때, '젊다'는 모호한 상태를 나타내는 구문식 표현에 해당한다. 즉 몇 살 정도면 젊다고 할 수 있을까 의문이 생기게 된다. 따라서 표 5.1과 같이 나이에 따른 '젊음'의 가능성, 즉 소속도를 미리 정의해 놓을 필요가 있다.

표 5.1 나이에 따른 '젊음'의 소속도

나이	젊음의 가능성
5	0
10	1
20	1
30	0.87
40	0.9
50	0.6
60	0.2
70	0
80	0

예를 들어 30세인 사람을 젊다고 할 수 있는 가능성은 0.87이므로, 소속도로 표현하면 $\mu_A(30) = 0.87$이다. 또한 70세 이상인 사람의 가능성은 0.0이므로 $\mu_B(70) = 0$다. 이와 같이 집합 {나이, 젊음의 가능성}을 퍼지 집합(fuzzy set)으로 표현하면 다음과 같다.

$$\{(30, 1), (70, 0)\}$$

이와 같이 소속도는 퍼지 이론에서 중요한 역할을 하며, 함수의 형태로 주어질 수도 있다. 소속 함수로 많이 사용되는 함수로는 그림 5.1과 같이 가우시안(Gaussian) 함수, 삼각형(Triangular) 함수, 사다리꼴(Trapezoidal) 함수 등이 있다.

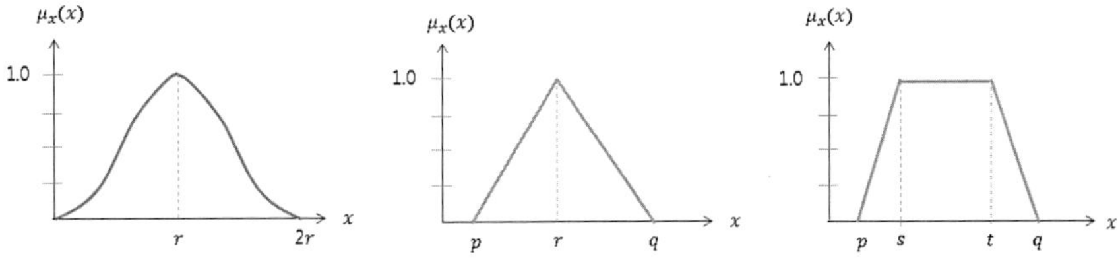

(a) 가우시안 함수 (b) 삼각형 함수 (c) 사다리꼴 함수

그림 5.1 소속 함수의 예

5.2 퍼지 집합의 연산

전통적인 집합 개념과 같이, 퍼지 집합에서도 교집합, 합집합, 여집합 등의 집합 연산을 정의할 수 있다. 다음과 같이 나이를 나타내는 전체 집합 X가 있다고 가정해 보자,

$$X = \{5, 15, 25, 35, 45, 55, 65, 75, 85\}$$

그리고 전체 집합 X에 대해 4개의 퍼지 집합 "유아", '성인', '젊음', '노인'을 정의해 보자. X의 각 원소가 4개의 퍼지 집합에 포함되는 가능성은 표 5.2와 같다.

표 5.2 나이에 따른 '유아', '젊음', '성인', '노인'의 가능성을 정의하는 퍼지 집합

원소(나이)	유아	젊음	성인	노인
5	0	0	0	0
15	0	0.2	0.1	0
25	0	1	0.9	0
35	0	0.8	1	0
45	0	0.4	1	0.1
55	0	0.1	1	0.2
65	0	0	1	0.6
75	0	0	1	1
85	0	0	1	1

예를 들어 15세가 '젊음'의 집합에 포함될 가능성은 0.2, 45세가 포함될 가능성은 0.4이다. 또한 25세가 '성인' 집합에 포함될 가능성은 0.9, 35세가 포함될 가능성은 1이다.

5.2.1 교집합

교집합은 원소가 두 집합 모두에 얼마만큼 속하는가를 구하는 연산이다. 두 개의 퍼지 집합 A, B의 교집합 $A \cap B$는 소속 함수의 값 중에서 최소 값을 선택한다.

$$\mu_{A \cap B}(x) = \min(\mu_A(x), \mu_B(x)) \tag{5.2}$$

교집합 $A \cap B$는 A, B의 부분집합이 된다. 예를 들어 표 5.2에서 '유아'과 '젊음'의 교집합을 구하면 다음과 같다.

'유아'∩'젊음'={(15, 0), (25, 0), (35, 0), (45, 0), (55, 0), (65, 0)}

또한 젊음과 성인의 교집합은 다음과 같다.

'젊음'∩'성인'= {(45, 0.4), (55, 0.1), (65, 0), (85, 0)}

5.2.2 합집합

합집합은 원소가 두 집합 어느 쪽이든 얼마만큼 속하는가를 구하는 연산이다. 두 개의 퍼지 집합 A, B의 합집합은 $A \cup B$로 표시하며, 원소 x의 소속도는 x가 A, B에 포함될 가능성 중에서 최대값을 선택한다.

$$\mu_{A \cup B}(x) = \max(\mu_A(x), \mu_B(x)) \tag{5.3}$$

따라서 A, B는 합집합 $A \cup B$의 부분 집합이 되며, 퍼지 집합 '젊음'과 '성인'의 합집합을 구하면 다음과 같다.

'젊음'∪'성인'={(15, 0.2), (25, 1), (35, 1), (45, 1), (55, 1), (65, 1), (75,1), (85, 1)}

또한 '젊음'과 '유아'의 합집합은 다음과 같다.

'젊음'∪'유아'= '젊음'

5.2.3 여집합

여집합은 원소들이 그 집합에 얼마만큼 속하지 않는가를 구하는 연산으로써, 전체 집합 A에 대한 여집합은 $\overline{A}$로 표시하고, 각 원소 x의 $\overline{A}$에 대한 소속도는 다음과 같이 계산된다.

$$\mu_{\overline{A}}(x) = 1 - \mu_A(x) \tag{5.4}$$

'성인'의 여집합을 나이와 소속도로 나타내면 다음과 같다.

{(5, 1), (15, 0.9), (25, 0.1)}

또한 '젊음'의 여집합은 다음과 같이 계산된다.

{(5, 1), (15, 0.8), (25, 0), (35, 0.2), (45, 0.6), (55, 0.9), (65, 1), (75, 1), (85,1)}

이 외에도 대표적인 퍼지 집합의 연산 법칙들을 정리하면 표 5.3과 같다.

표 5.3 퍼지 집합의 연산 법칙

교환법칙(commutativity)	$A \cap B = B \cap A$ $A \cup B = B \cup A$
결합법칙(Associativity)	$A \cap (B \cap C) = (A \cap B) \cap C$ $A \cup (B \cup C) = (A \cup B) \cup C$
분배법칙(Distributive)	$A \cap (B \cup C) = (A \cap B) \cup (A \cap C)$ $A \cup (B \cap C) = (A \cup B) \cap (A \cup C)$
멱등법칙(Idempotency)	$A \cap A = A$ $A \cup A = A$
대합법칙(Involution)	$\overline{\overline{A}} = A$
이행성(transitivity)	$(A \subset B) \cap (B \subset C) \Rightarrow A \subset C$
흡수법칙(Absorption)	$A \cap (A \cup B) = A$ $A \cup (A \cap B) = A$
항등법칙(Identity)	$A \cup \phi = A,\ A \cap X = A$ $A \cap \phi = \phi,\ A \cup X = X$
드모르간 법칙(De Morgan's law)	$\overline{(A \cap B)} = \overline{A} \cup \overline{B}$ $\overline{(A \cup B)} = \overline{A} \cap \overline{B}$

이 외에도 퍼지 이론은 빼셈, 곱셈, 나눗셈 등의 다양한 연산 방법을 제공하고 있다.

5.3 퍼지 논리

퍼지 논리는 모호한 판단이나 문장을 다루는 논리 체계이다. 퍼지 논리는 참과 거짓 사이에 무수한 중간값을 인정하여, 이론 상 무한히 많은 중간의 진리값을 인정할 뿐 아니라 진리값을 하나의 연속체로 만든다는 점이다. 즉 퍼지 논리는 모호한 것을 연속적인 것으로 만든다.

무수한 진리값을 허용하는 다치 논리, 우선 모호한 명제의 진리를 1과 0 사이의 무수한 실수로 세분한다. 그리고 '참이다' 라는 진리치도 역시 세분한다. 예를 들어 '약간 참이다', '상당히 참이다' 등 다양하게 나누어 각각의 명제에 해당하는 진리치에 다라 퍼지 진리치를 결정한다. 이로 인해 이치 논리로는 다룰 수 없는 연속적인 속성을 가진 자연 현상과 인간의 사고 및 언어를 논리적으로 다룰 수 있다.

퍼지 논리식은 고전 논리에서 사용하는 부정(¬), 논리곱(∧), 논리합(∨) 연산자를 사용하며 다음과 같이 정의된다.

- 부정 : $\bar{a} = 1 - a$
- 논리곱 : $a \wedge b = \min(a, b)$
- 논리합 : $a \vee b = \max(a, b)$
- 조건명제 : $a \Rightarrow b = \min(1, 1 - a + b)$

여기서 a, b는 구간 [0, 1] 사이의 값을 갖는 퍼지 논리식을 의미한다.

예를 들어 고전 논리에서 두 개의 명제 '3의 역수는 1/3이다'와 '3과 2의 합은 6이다'가 있다고 가정하자. 그리고 각 명제의 진리값을 x_1, x_2라 하면 두 명제의 진리값은 각각 1(참), 0(거짓)이다.

$$x_1=1,\ x_2=0$$

따라서 두 명제의 논리곱 및 논리합 연산 결과는 다음과 같다.

$$x_1 \wedge x_2 = 0,\ x_1 \vee x_2 = 1$$

이제 아래에 주어진 퍼지 명제에 대해 퍼지 연산자들을 적용해 보자.

명제 1 : 한국인의 얼굴은 노랗다 (a=0.8)
명제 2 : 서양인의 얼굴은 하얗다 (b=0.6)

따라서 다음과 같은 퍼지 논리식이 성립한다.

$\bar{a} = 1 - 0.8 = 0.2$
$a \wedge b = \min(0.8, 0.6) = 0.6$
$a \vee b = \max(0.8, 0.6) = 0.8$
$a \Rightarrow b = \min(1, 1 - 0.8 + 0.6) = \min(1, 0.8) = 0.8$

5.4 퍼지 규칙

5.4.1 퍼지 술어 논리식

술어 논리식(predicate logic)은 하나의 명제를 객체와 술어로 분리하여 표현한다. 일반적으로 고전 논리에서 다루는 술어 논리식은 다음과 같은 형식을 취한다.

"x는 사과이다"
"y는 여자이다"
"z는 자연수이다"

이때 객체 x, y, z의 특성을 나타내는 술어 '사과이다' 또는 '여자이다', '자연수이다'는 명확한 의미를 가지므로 퍼지 단어가 아니다. 따라서 이 술어들을 만족하는 객체를 표현하는 집합 사과(x)나 여자(y), 자연수(z)는 보통 집합이 된다.

반면 객체의 성질을 나타내는 술어가 퍼지 집합일 때는 퍼지 술어가 된다. 예를 들어 다음과 같은 세 개의 명제를 생각해 보자.

"x는 젊다"
"y는 비싸다"
"z는 크기가 작다"

객체 x, y, z의 술어 '젊다' 와 '비싸다', '크기가 작다'는 그 정도가 애매모호한 퍼지 단어(fuzzy word)이다. 따라서 이 술어들의 성질을 만족하는 객체들의 집합 젊음(x), 비쌈(y), 작음(z)는 퍼지 집합이 된다.

이와 같이 퍼지 지식은 퍼지 명제나 퍼지 술어로 표현하며, 퍼지 명제와 퍼지 술어는 퍼지 집합에 의해 표현된다.

5.4.2 퍼지 술어의 관계식

명제 "x는 젊다"에서 객체 x에 35세의 값이 주어지고, 35세가 젊음에 포함될 가능성이 0.8이라고 하면 $\mu_{젊음}(35) = 0.8$이 되고, 명제의 진리값도 0.8이 된다.

이와 같이 퍼지 명제는 객체 x와 술어 P에 대해 퍼지 집합 $P(x)$로 표현할 수 있으며, 소속 가능성은 $\mu_P(x)$와 같음을 알 수 있다.

따라서 퍼지 명제는 다음과 같이 관계(relation)로 표현할 수 있다.

$$R(x) = P$$

여기서 P는 퍼지 집합, $R(x)$는 P의 성질을 가지는 원소 x들의 퍼지 집합을 의미한다. 따라서 x에 대응되는 객체가 P의 성질을 가지면 이 명제가 성립되고, x가 P에 소속되는 정도가 $\mu_P(x)$이면 이 명제의 만족 정도도 $\mu_P(x)$가 된다.

예를 들어 다음의 퍼지 술어를 생각해 보자.

"x is 젊음"

이 퍼지 술어는 다음과 같은 관계로 표현할 수 있다.

$$R(x) = \text{젊음}$$

즉 퍼지 지식은 퍼지 명제나 퍼지 술어로 표현하며, 퍼지 명제와 퍼지 술어는 퍼지 집합에 의해 표현된다.

5.4.3 퍼지 규칙의 이용

퍼지 규칙은 다음과 같은 형태의 조건문으로 정의할 수 있다.

IF x가 A
THEN y는 B

이를 기호로 표시하면 다음과 같다.

$$A \Rightarrow B$$

예를 들어 다음과 같은 퍼지 명제가 있다고 하자.

퍼지 명제 A : 속도가 빠르다
퍼지 명제 B : 정지거리는 길다

이들 명제는 각각 퍼지 집합 '빠르다'와 '길다'를 포함하고 있기 때문에 퍼지 명제이다. 따라서 이를 퍼지 규칙으로 표현하면 다음과 같다.

IF 속도가 빠르다
THEN 정지거리는 길다

그리고 퍼지 규칙을 조건 명제로 나타내면 다음과 같다.

$$A \Rightarrow B$$

만일 퍼지 명제 A의 값이 0.4이고 B의 값이 0.2라 하면, 퍼지 규칙의 진리값은 다음과 같다.

$$\min(1, 1-0.4+0.2) = \min(1, 0.8) = 0.8$$

5.5 퍼지 추론

퍼지 추론은 퍼지 집합론을 이용해서 주어진 입력을 출력에 대응시키는 과정으로써, 규칙의 전건(규칙의 IF 부분)을 평가하는 단계와 후건(규칙의 THEN 부분)에 결과를 적용하는 단계로 이루어진다. 예를 들어 다음의 퍼지 규칙을 살펴보자.

```
IF      키가 크다
THEN    몸무게가 무겁다
```

이때 키와 몸무게에 따른 소속도는 그림 5.2와 같다고 가정한다.

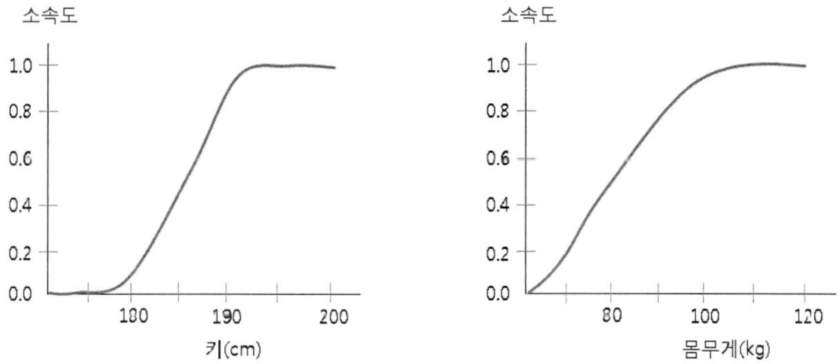

그림 5.2 키와 몸무게에 따른 소속도

이 모델은 사람의 키와 몸무게의 관계에 바탕을 두며, 그림 5.3과 같이 규칙 후건의 소속도는 전건의 소속도로부터 직접 추정할 수 있다.

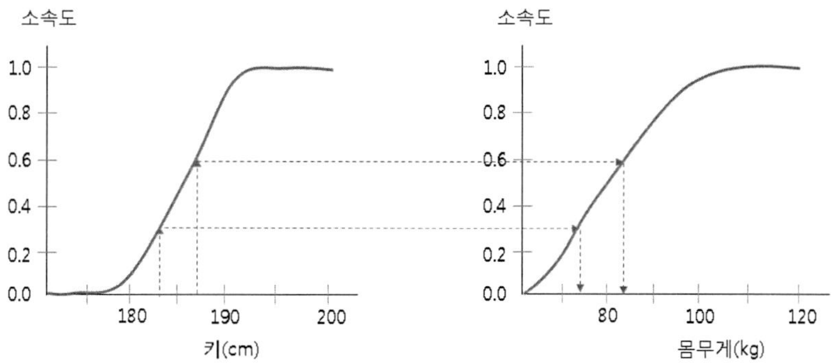

그림 5.3 키로부터 추정되는 몸무게

위의 예제와 같이 퍼지 규칙의 전건과 후건이 각각 하나의 항목으로 구성되는 경우도 있으나, and, or 등으로 연결된 여러 개의 항목으로 구성되는 경우도 있다. 다음은 전건이 세 개의 항목으로 구성된 예를 나타낸 것이다.

IF	프로젝트 수행 기간이 길다
AND	프로젝트 인력이 많다
AND	프로젝트 자금이 부족하다
THEN	위험도가 높다

전건이 여러 개의 항목으로 구성된 경우 전건의 모든 부분은 퍼지 집합 연산을 사용하여 동시에 계산되고 숫자 하나로 결정된다.

또한 다음과 같이 퍼지 규칙의 후건이 두 개인 경우를 살펴보자.

IF	기온이 높다
THEN	뜨거운 물은 줄어든다
	시원한 물은 늘어난다

후건이 여러 개인 경우에는 후건의 모든 문장들이 전건에 의해 똑같이 영향을 받는다. 따라서 전건에 의한 후건의 각 출력들로부터 분명한 하나의 해를 얻기 위해 모든 출력 퍼지 집합을 단일 출력 퍼지 집합으로 통합한다. 그리고 결과 퍼지 집합을 숫자 하나로 역퍼지화 한다. 가장 많이 사용되는 퍼지 추론으로는 맘다니형 추론과 라슨곱 추론이 있다.

5.5.1 맘다니 추론

맘다니(Mamdani) 퍼지 추론은 가장 흔히 사용되는 퍼지 추론 기법으로 1977년 런던 대학교의 맘다니 교수에 의해 제안되었다. 기본적인 맘다니 퍼지 연산은 다음과 같이 정의된다.

$$\phi[\mu_A(x), \mu_B(y)] \equiv \mu_A(x) \wedge \mu_B(y) \equiv \min(\mu_A(x), \mu_B(y)) \tag{5.5}$$

여기서 ϕ는 맘다니 연산자를 의미하며, 수식에서 알 수 있듯이 맘다니 추론은 소속 함수 $\mu_A(x)$와 $\mu_B(x)$에 대해 퍼지 교집합 연산, 즉 두 소속 함수의 값 중 최소값을 선택하는 연산이다. 다음의 예제를 통해 맘다니 추론에 대해 자세히 살펴보자.

퍼지 변수를 온도라고 가정하고, 아래와 같이 퍼지 규칙을 정의하자.

```
IF      온도가 높다
THEN    아이스크림 가게는 붐빈다
```

여기서 퍼지 명제는 전건 '온도가 높다'와 후건 '아이스크림 가게는 붐빈다'이다. 그리고 전건에서의 변수는 온도이고, 후건에서의 변수는 아이스크림 가게가 된다.

온도에 따른 3가지 소속도를 '차가움', '미지근', '뜨거움'으로 나누고, 각 소속 함수를 다음과 같이 가정한다.

$$\mu_{\text{차가움}}(x) = \begin{cases} 1 & , x < 20 \\ \dfrac{30-x}{10} & , 20 \le x \le 30 \\ 0 & , x > 30 \end{cases}$$

$$\mu_{\text{미지근}}(x) = \begin{cases} \dfrac{x-20}{10} & , 20 \le x \le 30 \\ \dfrac{30-x}{10} & , 30 < x < 40 \\ 0 & , 20 < x, x \ge 40 \end{cases}$$

$$\mu_{\text{뜨거움}}(x) = \begin{cases} 0 & , x < 30 \\ \dfrac{x-30}{10} & , 30 \le x \le 40 \\ 1 & , x > 40 \end{cases}$$

이와 같은 소속 함수를 그래프로 표현하면 그림 5.4와 같다.

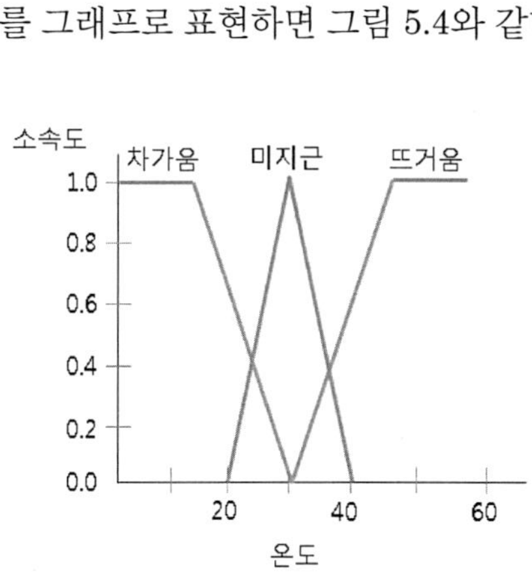

그림 5.4 온도에 따른 3가지 소속도

이제 후건의 변수 '아이스크림 가게'에 대해 소속도를 '한산하다'와 '붐빈다'로 정하고, 각각에 대한 소속 함수를 아래와 같이 가정한다.

$$\mu_{한산}(x) = \begin{cases} 1 & , x < 25 \\ \dfrac{50-x}{25} & , 25 \le x \le 50 \\ 0 & , x > 50 \end{cases}$$

$$\mu_{붐빔}(x) = \begin{cases} 0 & , x < 25 \\ \dfrac{x-25}{25} & , 25 \le x \le 50 \\ 1 & , x > 50 \end{cases}$$

주어진 소속 함수를 그래프로 표현하면 아래와 같다.

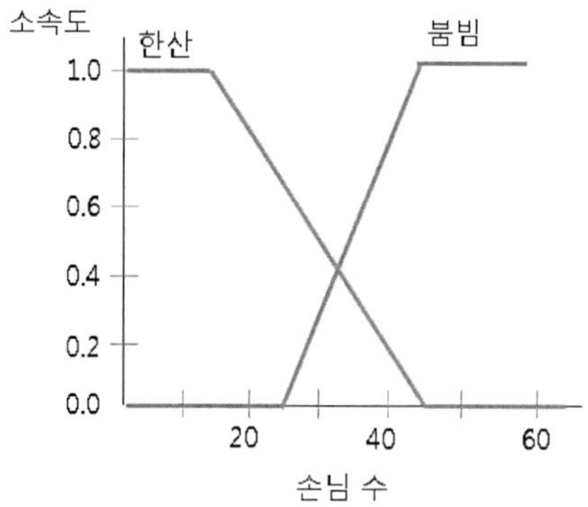

그림 5.5 손님 수에 따른 2가지 소속도

이제 맘다니 추론을 통해 각 함수들의 조건에 맞게 적용되어 새로운 소속 함수를 생성한다. 전건의 온도 변수가 35도라고 가정하면,

① 전건의 온도 변수가 35도라고 가정하면, 온도에 대한 각 소속 함수의 출력값은 다음과 같이 계산된다.

$$\mu_{뜨거움}(35) = 0.5,\ \mu_{미지근}(35) = 0.5,\ \mu_{차가움}(35) = 0$$

이 중에서 전건의 조건이 '온도가 높으면'이므로 소속도는 $\mu_{뜨거움}(35) = 0.5$ 이다.

② 전건의 출력값과 후건의 소속도 간에 맘다니 연산을 수행하면 아래와 같다.

$$\phi[\mu_{\text{뜨거움}}(35)=0.5, \mu_{\text{붐빔}}(\text{손님 수})] \equiv (\mu_{\text{뜨거움}}(35)=0.5) \wedge \mu_{\text{붐빔}}(\text{손님 수})$$
$$\equiv \min[0.5 \wedge \mu_{\text{붐빔}}(\text{손님 수})]$$

이를 그래프로 표현하면 다음과 같다.

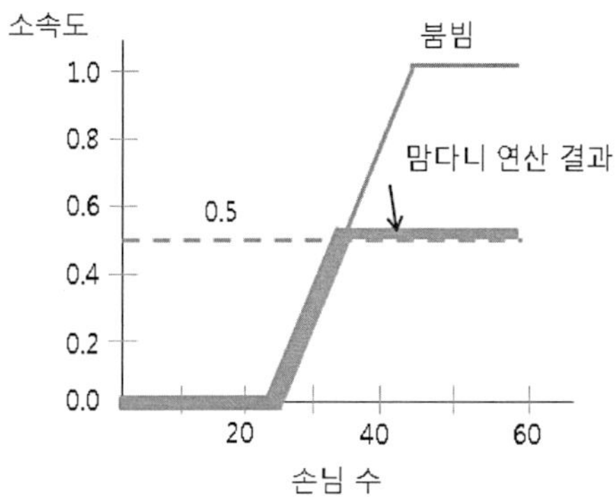

그림에서 보는 바와 같이 맘다니 연산으로 생성된 소속 함수는 소속 함수의 상단이 잘리기 때문에 클리핑(clipping)된 퍼지 집합은 어느 정도 정보를 잃게 된다. 그러나 클리핑은 덜 복잡하고 계산이 빠르며 역퍼지화 하기 쉬운 출력을 만들기 때문에 자주 사용된다.

③ 맘다니 연산으로 생성된 소속 함수는 역퍼지화 과정을 거쳐 하나의 스칼라 값으로 계산된다.

5.5.2 라슨 곱 추론

맘다니 추론은 전건부와 후건부의 결과 사이에서 최소값을 찾는 방법이지만, 라슨 곱(Larsen product) 추론은 전건부와 후건부의 결과에 대해 곱 연산을 수행한다. 기본적인 라슨 곱 퍼지 연산은 다음과 같이 정의된다.

$$\psi[\mu_A(x), \mu_B(y)] \equiv \mu_A(x) \cdot \mu_B(y) \tag{5.6}$$

여기서 Ψ는 라슨 곱 연산자를 의미한다. 이제 맘다니 추론에서 사용했던 퍼지 규칙에 대해 라슨 곱 추론 방법을 적용해 보자.

① 온도가 35도일 때 전건의 소속 함수값과 후건의 소속 함수의 값 사이에 곱연산을 수행하면 다음과 같다.

$$\psi[\mu_{뜨거움}(35), \mu_{붐빔}(손님수)] \equiv \mu_{뜨거움}(35) \cdot \mu_{붐빔}(손님수)$$
$$\equiv 0.5 \cdot \mu_{붐빔}(손님수)$$

이를 그래프로 표현하면 다음과 같다.

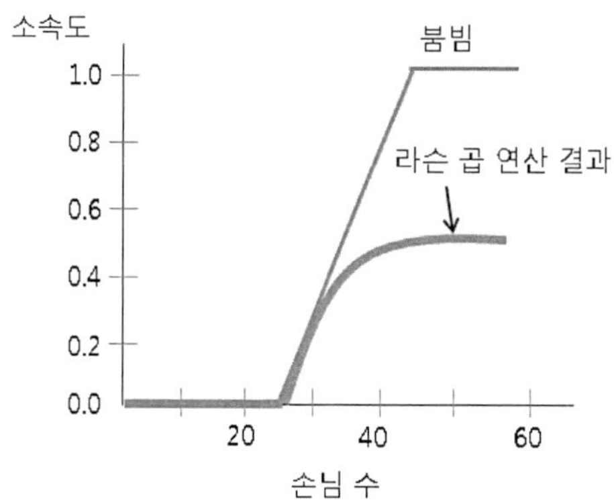

② 라슨 곱 연산으로 생성된 소속 함수는 역퍼지화 과정을 거쳐 하나의 스칼라 값으로 계산된다.

5.6 역퍼지화

역퍼지화(defuzzyfication)란 퍼지 추론에 의해 생성된 새로운 소속 함수의 출력값을 하나의 스칼라 값으로 변환하는 과정을 말한다. 역퍼지화 방법은 여러 가지가 있으나, 많이 사용되고 있는 최대 역퍼지화와 중심 역퍼지화 방법에 대해 살펴보기로 한다.

5.6.1 최대 역퍼지화

최대 역퍼지화는 생성된 소속 함수에서 가장 큰 값을 찾는 방법이다. 따라서 역퍼지화의 속도가 빠르고 소속 함수가 하나의 최대값만 가질 경우에는 매우 정확하다. 그러나 생성된 소속 함수가 지역적 최대값을 가지는 경우 정확도는 떨어진다.

그림 4.5는 최대 역퍼지화 방법을 그림으로 나타낸 것이다.

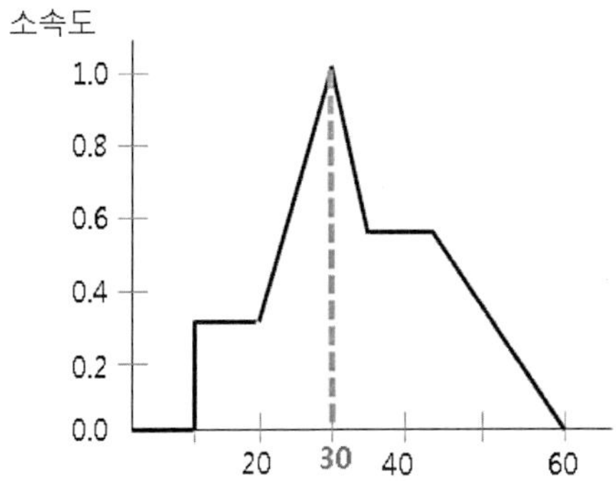

그림 5.6 최대 역퍼지화 방법

그림으로부터 역퍼지화된 출력값은 30임을 알 수 있다.

5.6.2 중심 역퍼지화

중심 역퍼지화(centroid defuzzification)는 가장 일반적으로 사용되는 역퍼지화 방법이며, 무게 중심(center of gravity) 구하기 또는 면적의 중심 구하기로 알려져 있다. 이 방법은 수직선이 통합된 집합을 무게가 같은 두 부분으로 가르는 지점을 찾는 것이며, 수학적으로 무게 중심은 다음과 같이 나타낼 수 있다.

$$COG = \frac{\sum_{x=a}^{b} \mu_A(x) \cdot x}{\sum_{x=a}^{b} \mu_A(x)} \tag{5.8}$$

예를 들어 그림 5.7으로부터 무게 중심을 구하면 다음과 같다.

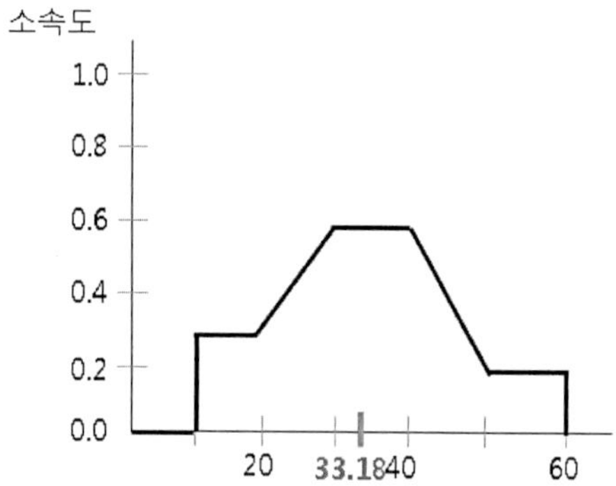

그림 5.7 중심 역퍼지화 방법

$$COG = \frac{(0.0)\cdot(0) + (0.3)\cdot(10) + (0.3)\cdot(20) + (0.6)\cdot(30) + (0.6)\cdot(40) + (0.2)\cdot(50) + (0.2)\cdot(60)}{0.0 + 0.3 + 0.3 + 0.6 + 0.6 + 0.2 + 0.2}$$
$$= 33.18$$

따라서 역퍼지화된 출력값은 33.18이다.

5.7 퍼지 이론의 응용

5.7.1 지하철에 담긴 퍼지 이론

지하철은 자동으로 정지하는 시스템이 작동된다. 지하철을 작동하는 컴퓨터가 "예" 또는 "아니오" 방식으로 운행한다면 갑자기 서거나 갑자기 빨라져서 위험한 경우가 발생할 수 있다. 그러나 퍼지 이론이 적용되면 서서히 멈추거나 출발할 수 있어 지하철을 훨씬 안전하고 편리하게 이용할 수 있게 된다. 이는 속도가 늘어나고 줄어드는 단계를 여러 단계로 나누어서 늘어나거나 줄어들 수 있도록 퍼지 이론을 적용했기 때문이다.

5.7.2 전기밥솥에 담긴 퍼지 이론

전기밥솥의 보온 기능 덕분에 우리는 항상 따뜻한 밥을 먹을 수 있게 되었다. 하지만 불과 10년 전만 해도 밥의 온도가 내려가면 자동으로 on이 되어 밥이 다시 데워지고, 일정 온도가 되면 off가 되어 더 이상 데워지지 않는 불편함이 있었다. 즉 on과 off의 두가지 방식으로 작동되는 전기밥솥을 사용했던 것이다. 당연히 밥이 차가웠다 뜨거웠다를 반복하니 맛이 떨어질 수 밖에 없었다. 하지만 퍼지 이론이 적용된 요즘 전기밥솥은 기존의 전기밥솥보다 좀 더 세밀하게 온도를 통제헤 주고 일정 온도를 유지해 주므로 더 맛좋은 밥을 먹을 수 있게 되었다.

5.8 퍼지 문자열 매칭

문자열 매칭은 주어진 패턴과 매칭되는 문자열을 찾는 과정으로써, 주로 표절 여부, 철자 오류 검사, 음성 인식, 자연어 번역, 유전 및 의료 공학에서의 DNA 분석 등에서 사용된다.

5.8.1 리벤슈타인 거리

일반적으로 두 문자열 사이의 유사 정도는 리벤슈테인 거리(Levenshtein Distance)를 사용히어 측정한다. 리벤슈테인 거리란 비교하려는 문자열을 기준으로 문자열을 몇 번 삽입, 삭제, 수정하여 동일하게 바꿀 수 있는가를 계산함으로써 유사도의 판단 기준으로 삼는 알고리즘이다.

예를 들어 “delegate”와 “delete”의 유사도를 구한다고 가정하자. 먼저 아래와 같이 크기 [문자수 + 1][문자수+1]의 2차원 행렬을 만들고, 문자열 “delegate”의 i번째까지의 문자와 문자열 “delete”의 j번째까지의 문자를 비교해서 삽입/삭제/변경의 횟수 중 최소가 되는 값을 선택해서 표를 나간다. 예를 들어 d와 {}의 경우 한 개를 추가해야 하기 때문에 1이다. 그리고 de와 {}는 2개를 추가해야 하므로 값이 2가 되는 것이다.

i/j	{}	d	e	l	e	t	e
{}	0	1	2	3	4	5	6
d	1						
e	2						
l	3						
e	4						
g	5						
a	6						
t	7						
e	8						

이제 문자열을 직접 비교해 보면서 표를 채워 보자. d와 d는 같은 문자이므로 0이고, d와 de는 1개를 지워야 하므로 1이다. 또한 d와 del은 2개를 지워야 하므로 2가 된다. 이와 같은 방법으로 4번째 줄까지 채워 보면 결과는 아래와 같다.

i/j	{}	d	e	l	e	t	e
{}	0	1	2	3	4	5	6
d	1	0	1	2	3	4	5
e	2	1	0	1	2	3	4
l	3	2	1	0	1	2	3
e	4						
g	5						
a	6						
t	7						
e	8						

남은 표를 채우기 위해 위와 동일한 방법을 진행해 보면 다음과 같다.

i/j	{}	d	e	l	e	t	e
{}	0	1	2	3	4	5	6
d	1	0	1	2	3	4	5
e	2	1	0	1	2	3	4
l	3	2	1	0	1	2	3
e	4	3	2	1	0	1	2
g	5	4	3	2	1	1	2
a	6	5	4	3	2	2	2
t	7	6	5	4	3	2	3
e	8	7	6	5	4	3	2

이때 우측 가장 하단에 위치한 숫자 2는 "delegate"가 문자열 "delete"와 서로 같아지기 위한 연산의 최소 횟수, 즉 리벤슈타인 거리가 2임을 의미하는 것이다.

5.8.2 파이썬에서 FuzzyWuzzy 패키지 이용하여 문자열 매칭하기

파이썬은 두 문자열 사이의 유사성 정도를 계산하기 위한 패키지로 FuzzyWuzzy 모듈을 제공한다. FuzzyWuzzy를 사용하려면 두 개의 라이브러리가 필요하므로 명령어 창에 다음과 같이 입력하여 fuzzywuzzy와 리벤슈타인 라이브러리를 설치한다.

```
pip install fuzzywuzzy
pip install python-Levenshtein
```

```
C:\Users\Administrator>pip install fuzzywuzzy
Requirement already satisfied: fuzzywuzzy in c:\users\administrator\appdata\local\prog
rams\python\python37-32\lib\site-packages (0.18.0)

C:\Users\Administrator>pip install python-Levenshtein
Collecting python-Levenshtein
  Downloading python-Levenshtein-0.12.1.tar.gz (50 kB)
     |████████████████████████████████| 50 kB 456 kB/s
Requirement already satisfied: setuptools in c:\users\administrator\appdata\local\prog
rams\python\python37-32\lib\site-packages (from python-Levenshtein) (51.1.2)
Using legacy 'setup.py install' for python-Levenshtein, since package 'wheel' is not i
nstalled.
Installing collected packages: python-Levenshtein
    Running setup.py install for python-Levenshtein ... done
Successfully installed python-Levenshtein-0.12.1
```

fuzzywuzzy 패키지에 의해 제공되는 퍼지 매칭 논리 중 가장 많이 이용되는 4가지 메소드는 ratio, partial ratio, token sort ratio, token set ratio가 있다. 다음은 각 메소드에 대한 예제와 설명이다.

```
from fuzzywuzzy import fuzz

print(fuzz.ratio('My name is Sreemanta','My name is Sreemanta ')) ⇒ 98%
print(fuzz.ratio('My name is Sreemanta','My name is Sreemanta')) ⇒ 100%
# fuzz.ratio()는 정확히 일치하는 것을 찾은 경우에만 100 %를 반환함을 알 수 있음

print(fuzz.partial_ratio('My name is Sreemanta','My name is Sreemanta Kesh')) ⇒ 100%
print(fuzz.partial_ratio('My name is Sreemanta','My name is Sreemanta        ')) ⇒ 100%
fuzz.partial_ratio('New York City','New York') ⇒ 100%
# 결과는 두 문자열이 정확히 일치하지 않으나 여전히 100 % 일치를 제공함을 알 수 있음.
이는 partial_ratio ()가 문자열 중 하나가 다른 문자열의 하위 문자열인지 확인하기 때문임

print(fuzz.token_sort_ratio('My name is Sreemanta','Sreemanta name is My   ')) ⇒ 100%
print(fuzz.token_sort_ratio('My name is Sreemanta','sreemanta name is My **  ')) ⇒ 100%
# 두 문자열이 여전히 100% 일치를 제공함을 알 수 있음. 이는 fuzz.token_sort_ratio()는 단어
의 순서는 중요하지 않고, 구두점도 무시하고 유사도를 계산하기 때문이다.

print(fuzz.token_set_ratio('My name is Sreemanta','Sreemanta name is My  Kesh ')) ⇒ 100%
# fuzz.token_sort_ratio()는 문자열의 동일한 반복 단어는 결과에 중요하지 않음을 알 수 있음.
```

CHAPTER

06

유전 알고리즘

유전 알고리즘(Genetic Algorithm)은 자연 세계의 진화 과정에 기초한 계산 모델로써 1975년 존 홀랜드(John Holland)에 의해 개발된 전역 최적화 기법의 하나이다. 진화의 핵심 원리인 자연 선택과 유전자의 개념을 이용하며, 주어진 문제에 대한 해답을 무작위로 생성한 후 이 해답 집단을 진화시켜 좋은 해답을 찾는다. 집적 회로 설계, 리보핵산(RNA) 구조 예측, 인공 신경망 학습 등 매우 다양한 분야의 최적화 및 탐색 문제에 적용되고 있다. 이 장에서는 유전 알고리즘의 원리를 살펴보고, 파이썬을 이용하여 함수의 최적 해를 구현해 본다.

6.1 유전 알고리즘이란?

유전 알고리즘(Genetic Algorithm)은 생물체가 환경에 적응하면서 진화해 가는 모습을 모방하여 최적 해를 찾아내는 검색 방법이다. 유전 알고리즘은 주어진 문제에 대한 가능한 해들을 고정된 길이의 문자열로 표현하고, 이들을 점차적으로 변형함으로써 점점 더 최적화된 해들을 만들어 낸다.

대부분의 전통적 최적화 방법은 지금까지 찾은 가장 좋은 한 개의 해를 이용하여 탐색해 나가는데 비해, 유전 알고리즘은 해집단을 이용하여 탐색하므로 지역 최적화(local optima)를 피해갈 수 있다. 또한 기울기 정보를 필요로 하지 않으므로, 함수에 연속이거나 미분 가능성 등의 제약을 받지 않아 연속적 변수와 불연속적 변수들이 함께 섞여 있는 문제를 해결하는데 적합하다.

그러나 유전 알고리즘에서 도출한 최적의 해는 다른 방법에 비해 좋다는 의미이지, 실제로 주어진 문제의 최적해임을 검증할 방법은 없다. 또한 현실 세계에 존재하는 문제 중 풀고자 하는 문제를 유전자형으로 바꾸는 과정이 간단하지는 않다. 개체 수, 선택 방법, 교차의 결정, 돌연변이 비율, 최적화 함수 등 결정해야 하는 변수가 많고, 그에 따른 결과의 차이가 매우 크다는 단점이 있다.

6.2 유전 알고리즘의 구성 요소

유전 알고리즘을 구현하기 위해서는 먼저 유전자를 정의해야 한다. **유전자**(gene)는 염색체(chromosome)를 구성하는 요소로써, 하나의 유전 정보를 나타낸다.

유전 알고리즘에서는 유전자를 주로 비트(0 또는 1)로 표현하며, **염색체**는 이러한 비트들로 이루어진 데이터로 나타낸다. 예를 들어 어떤 사람이 사각턱에 쌍꺼풀이 없는 등의 여러 가지 유전적 성향을 띤다고 할 때, 이 사람의 염색체는 다음과 같이 구성된다.

1 0 0 0 1 1 0 1 ...

여기서 첫 번째 비트 1은 사각턱이 있음을, 두 번째 비트 0은 쌍꺼풀이 없음을 의미한다.

해 집단은 복수개의 염색체로 이루어진 집합을 의미하며, 어떤 생명체의 개체수라고 볼 수 있다. 일반적으로 자연계에서는 번식이나 어떤 사건들로 인해 개체수가 늘거나 줄어들지만 유전 알고리즘에서는 그 수를 일정하게 유지한다.

적합도(fitness) 함수는 해 집단을 이루는 각각의 염색체들이 주어진 환경에서 얼마나 살아남기에 적합한가를 판단하기 위한 척도이다. 따라서 적합도 함수는 어떤 문제가 주어졌을 때 어떤 염색체가 그 문제를 가장 잘 풀기 위한 해인지를 판단해주며, 적합도가 높은 염색체를 선별할 수 있는 중요한 과정이다.

세대(generation)는 해 집단에 속해 있는 개체들이 자식을 낳아 다음의 해 집단으로 변화되는 과정이다. 우리가 원하는 목표를 달성하기 위해 몇 번의 알고리즘 연산을 수행하는가에 따라 수렴 속도가 빠른지 느린지가 판단된다.

6.3 유전 알고리즘의 연산

유전 알고리즘은 어떠한 문제에 적용하기 위해 다음과 같은 다섯가지의 연산이 필요하다.

6.3.1 초기 해집단 생성

유전 알고리즘에서 해 집단은 염색체 간의 상호 작용을 위해 매우 중요하다. 해 집단의 크기는 초기에 지정되어야 하며, 해 집단의 크기가 너무 작을 경우 염색체의 숫자도 적어져 유전 알고리즘의 장점을 제대로 활용할 수 없다. 반면 모집단의 크기가 너무 크면 한 세대에 너무 많은 연산이 필요하므로 유전 알고리즘의 속도가 저하될 수 있다. 따라서 설계자의 경험에 의한 적절한 해 집단의 크기 결정이 필요하다.

6.3.2 선택

선택 연산은 가장 핵심적인 연산으로써, 해집단에서 유전적으로 훌륭한 개체를 우선적으로 선택하기 위한 연산 과정이다. 이때 어떤 선택 방법을 쓰느냐에 따라 최적해로 다가가는 속도가 더디거나, 지역 최적해에 빠지는 경우가 발생할 수 있기 때문이다. 또한 우수한 해가 보유한 나쁜 인자가 전체 인구에 퍼지거나, 반대로 나쁜 해가 보유한 우수한 인자가 영구히 사장될 수도 있다. 따라서 어떤 해를 선택하는지는 유전 알고리즘의 성능을 위해 매우 중요한 요소라고 할 수 있다.

선택 과정에서 주로 사용되는 방법으로는 룰렛 휠 선택, 기댓값 선택, 토너먼트 선택, 순위 기반 선택, 엘리트 보존 방법 등이 있다.

룰렛 휠 선택(roulette wheel selection)은 적합도 비례 방법이라고도 하며, 각 유전자의 적합도에 따라 선택될 확률을 k배로 조정하는 방법이다. 그림 6.1과 같이 각각의 유전자가 룰렛 위에 적합도 만큼의 공간을 차지하고 있다고 가정하므로, 화살을 쏘았을 때 선택 확률은 룰렛 위에서 유전자가 차지하고 있는 공간에 비례하게 된다. 즉 적합도가 클수록 넓은 영역, 즉 높은 확률로 선택될 수 있도록 한다. 1번이 가장 적합도가 낮은 해이고, 4번이 가장 높은 해이다.

이 방법은 확률에 기반 하므로 우수한 개체라도 선택되지 않을 가능성이 있으며, 열등한 개체라도 선택될 가능성이 있다. 그러나 모집단 내의 개체수가 적을 경우, 선택되는 개체의 분포에 다양하지 않다는 한계가 있다.

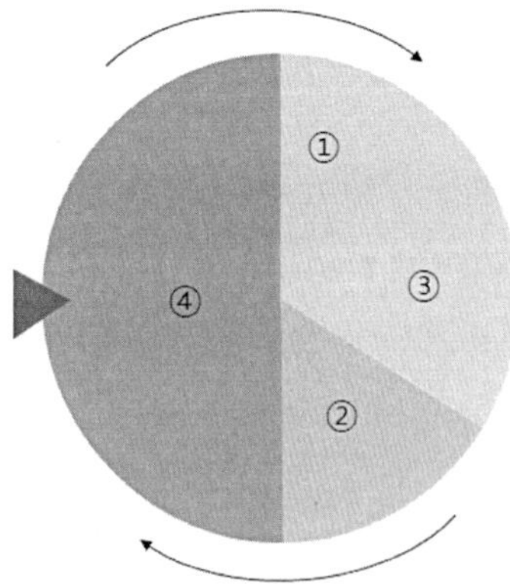

그림 6.1 룰렛 휠 선택의 예

기댓값 선택(expectation-value selection)은 적합도에 대한 각 개체의 기댓값을 구하고, 그 값에 따라 확률적인 재생 개수를 구하여 선택하는 방법이다. 기댓값 선택의 경우, 한번 선택된 개체가 반복해서 선택될 가능성이 있기 때문에 한번 선택된 개체 수는 기댓값을 곱해서 다시 뽑힐 확률을 최소화 시킨다. 표 6.1은 기댓값 선택의 예를 보인 것이다.

표 6.1 기댓값 선택의 예

적합도	기대값	재생수
3	0.3	0
19	1.9	2
8	0.8	1
13	1.3	1
1	0.1	0
9	0.9	1
1.7	0.17	0
10	1	1
29	2.9	3
6.3	0.63	1

앞에서 설명한 룰렛 휠 선택 방법은 확률에 따라 개체의 선택 여부가 결정되므로, 우수한 개체가 많이 선택된다는 장점도 있지만 특정 개체들만 선택될 가능성도 있다.

순위기반 선택 방법(ranking selection)은 이러한 룰렛 휠 방법의 문제점을 보완하여 적합도에 따라 순위를 매기고, 그 순위에 따라 확률을 결정하는 방법이다.

표 6.2 순위기반 선택의 예

적합도	순위	재생수
3	8	0
19	2	2
8	6	1
13	3	2
1	10	0
9	5	1
1.7	9	0
10	4	1
29	1	2
6.3	7	1

토너먼트 선택(tournament selection)은 개체 군 중에서의 임의의 개체들을 선택해서 비교한 후, 그 중에 적합도가 더 높은 개체를 다음 세대에 남기는 선택 방법이다. 이와 같이 선택된 개체를 또 다른 개체와 계속 비교한 다음, 그 중에서 적합도가 높은 개체를 남기게 되는 방식이 토너먼트 방식과 유사하여 토너먼트 선택 방법이라 한다.

엘리트 보존 방법(elitist preserving selection)은 확률에 따라 개체를 선택하게 될 때, 우수한 개체가 소실되는 것을 막기 위해 가장 좋은 해를 보존하여 다음 세대에 넘기는 선택 방법이다. 보통 다른 방법과 함께 사용된다.

6.3.3 교차

실제 생명체의 염색체가 재조합되는 과정에서 부모 염색체의 일부분이 특정 위치를 기준으로 서로 바뀌어 결합되는 경우가 있는데, 이러한 현상을 교차(crossover)라고 한다.

유전 알고리즘의 교차 연산은 부모 해의 유전자들을 서로 교차시켜서 자식 해를 만들어낸다. 교차 연산의 실제 수행 방법은 비트 단위 교차에서부터 블록 단위 교차까지 다양한 방법으로 구현할 수 있으며, 교차를 한 번만 수행할지 전 영역에 대해서 교차시킬지 또한 결정할 수 있다. 만일 모든 해에 대해 교차 연산을 수행할 경우 우수한 해가 다른 해와의 교차를 통해 우수성을 잃어버림으로써 세대의 최고 우수해가 보존되지 않는 상황이 발생할 수도 있다. 이러한 경우를 방지하기 위해 교차를 확률적으로 수행하여 우수한 해가 변형되지 않고 그대로 다음 세대에 전해질 확률을 부여하는 방법이 사용되기도 한다.

표 6.3은 대표적인 몇 가지 교차 연산을 나타낸 것이다.

표 6.3 교차 연산자

연산	설명
단일점 교차	부모 염색체 개의 교배(교배점은 랜덤)
이중점 교차	정보 유지를 위해 많이 사용하는 방법

단일점 교차(one–point crossover)는 가장 많이 사용되는 교차 연산으로써, 하나의 단일점을 기준으로 이후의 부모 비트들을 서로 교환하는 것이다. 그림 6.2는 세 번째 비트를 단일 점으로 하고 두 개의 부모의 하위 비트들을 바꾼 것을 보인 것이다.

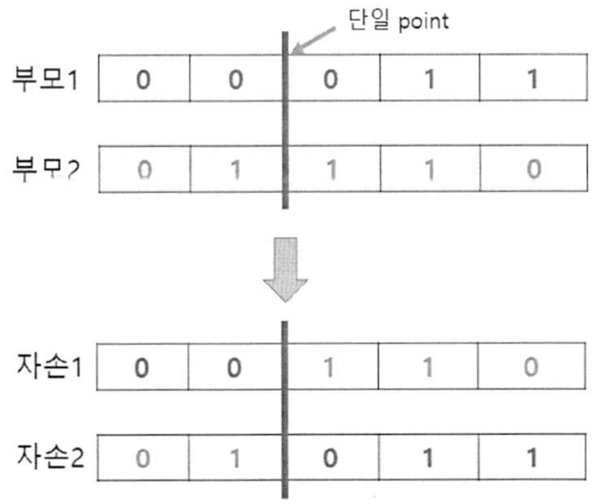

그림 6.2 단일점 교차 연산의 예

이중점 교차(two point crossover)는 그림 6.3과 같이 두 개의 점을 사이에 위치한 두 부모 비트들을 교환하는 것이다.

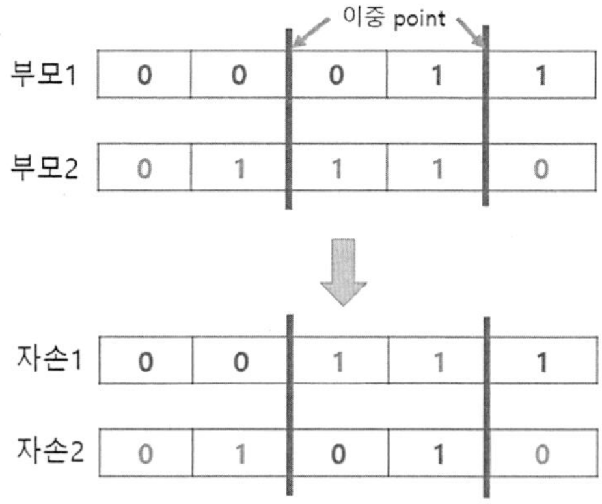

그림 6.3 이중점 교차 연산의 예

기준점의 개수가 n개 일 때의 교차 연산을 n점 교차라고 하며, 이 외에도 균등 교차, 싸이클 교차, PMX 교차 등 다양한 교차 연산들이 존재한다.

6.3.4 변이

생명체는 유전자의 교차 뿐만 아니라 하나의 유전자가 직접적으로 변이를 일으켜 주어진 환경에서 살아남을 확률 역시 존재한다.

변이(mutation) 연산은 일정한 확률로 유전자 내의 염색체 순서 또는 값을 임의로 변화시키는 조작이다. 변이를 너무 큰 확률로 설정하면 적합도가 떨어지는 경우도 발생하나 오히려 적합도가 높아지는 경우도 발생한다. 초기에는 품질이 좋지 않은 해가 많으므로 변이의 강도를 높이는게 좋으며, 후반에 가서는 품질 향상에 변이가 큰 영향을 미치지 않으므로 강도를 낮춰 준다. 변이는 개체 군의 다양성을 유지하여 지역 최적해에 빠질 위험을 배제한다. 그러나 변이의 확률이 높아지면 수렴성이 떨어져 수행 시간이 많이 걸리게 된다.

일반적으로 0부터 1 사이의 실수 난수를 생성하여 미리 정한 임계값 미만의 수가 나오면 해당 염색체를 임의로 변형시킨다. 임계값은 0.015, 0.0015 등의 값이 사용된다.

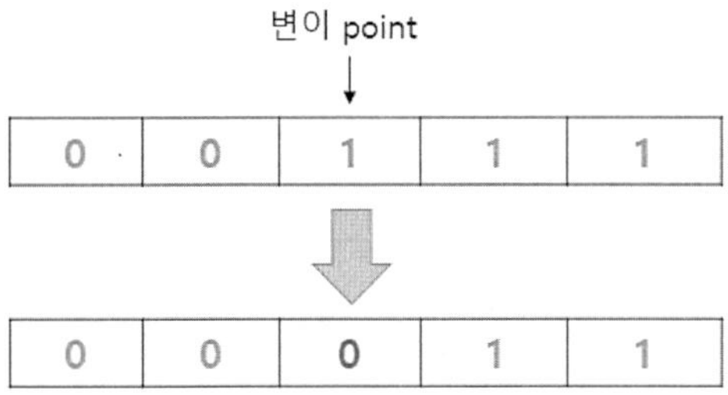

6.3.5 대치

교차와 변이 등을 거쳐서 만들어진 새로운 해를 해집단에 추가하고, 기존 해 중 열등한 해를 가려내어 제외시키는 연산이다. 가장 품질이 나쁜 해를 대치하는 방법, 새로운 해의 부모 해 중에서 새로운 해와 가장 비슷한 해를 대치시키는 방법 등이 있다.

6.4 유전 알고리즘의 순서

기본적인 유전 알고리즘은 그림 6.5와 같이 나타낼 수 있다. 유전 알고리즘의 주요 단계는 다음과 같다.

단계 1 : 문제의 해를 고정된 길이의 염색체로 나타내고, 해집단의 크기 N, 교차율 p_c, 변이율 p_m을 정한다. 보통 교차율은 0.7, 변이율은 0.001로 설정한다.

단계 2 : 각 염색체의 성능을 의미하는 적합도 함수를 정의한다.

단계 3 : N개의 염색체로 이루어진 초기 해집단을 임의로 생성한다.

단계 4 : 염색체 각각의 적합도를 계산한다.

단계 5 : 현재 해 집단에서 부모 염색체(두 개의 염색체)를 선택한다. 이때 부모 염색체는 적합도에 따라 확률적으로 선택한다. 적합도가 높은 염색체는 적합도가 낮은 염색체보다 선택될 확률이 높다.

단계 6 : 유전 연산자인 교차와 변이를 적용하여 두 개의 자식 염색체를 만든다.

단계 7 : 만들어진 자식 염색체를 새로운 해 집단에 넣는다.

단계 8 : 새로운 해 집단의 크기가 초기 해 집단 크기인 N이 될 때까지 단계 5를 반복한다.

단계 9 : 초기 해 집단을 새로운 해 집으로 교체한다.

단계 10 : 단계 4로 가서 종료 조건을 만족할 때까지 이 과정을 반복한다.

유전 알고리즘의 주요 단계를 순서도로 나타내면 그림 6.4와 같다.

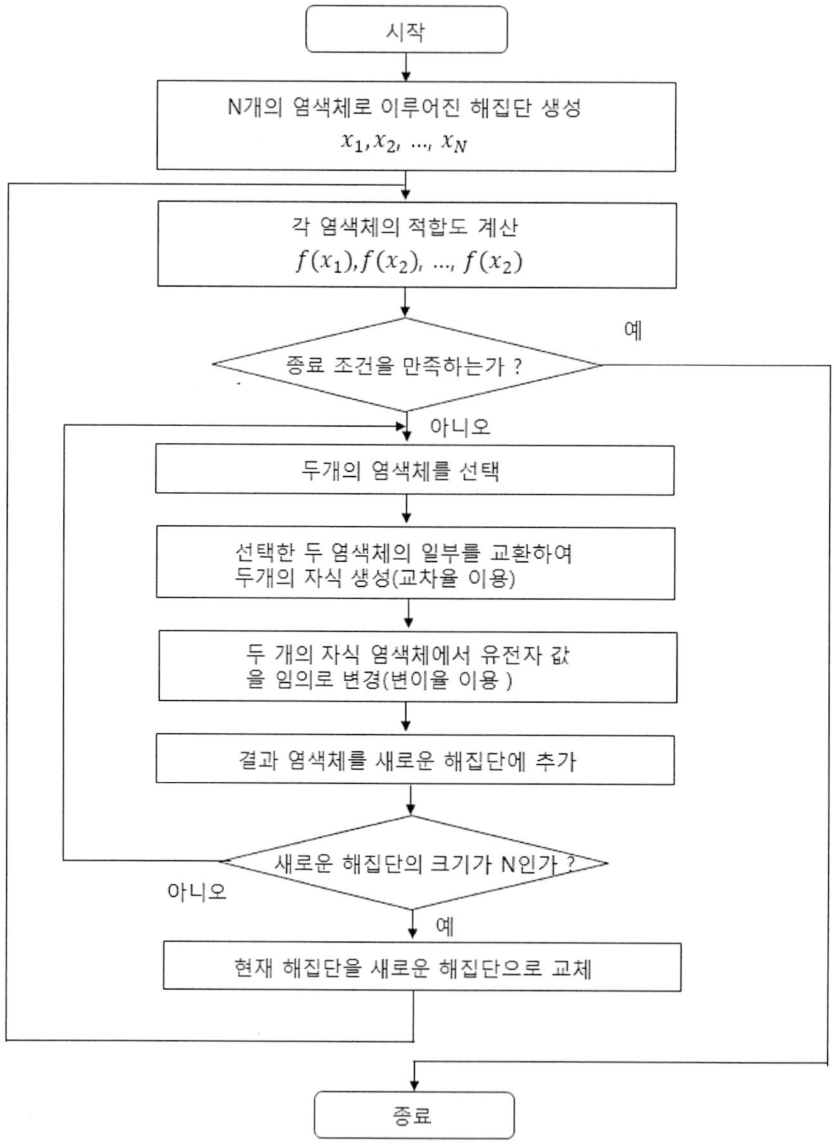

그림 6.4 기본적인 유전 알고리즘

그림 6.4에서 보는 바와 같이 유전 알고리즘은 반복 과정이다. 하나의 반복을 세대라 한다. 단순한 유전 알고리즘에서는 세대수가 보통 50~500 또는 그 이상일 수 있다. 세대 전체를 하나의 실행이라 한다. 실행이 끝날 때까지 적합도가 높은 염색체를 한 개 이상 찾게 된다.

6.5 유전 알고리즘을 이용하여 함수의 최적 해 찾기

아래의 예제는 주어진 함수 $f(x) = 2x_1 + 3x_2$와 가장 가까운 계수 a, b를 찾기 위해 유전 알고리즘을 구현한 것이다. 여기서는 한 개의 염색체 당 두 개의 유전자를 선택하고, 최적의 부모를 선택하기 위한 적합도 함수로써 mean squared error(MSE)를 사용하기로 한다.

따라서 선택된 부모는 작은 MSE 값을 가지며, 선택된 부모로부터 교차 및 변이를 사용하여 자식을 생성한다.

소스코드

```
iimport numpy as np

np.set_printoptions(formatter={'float': '{: 0.3f}'.format})
np.random.seed(1)

# 데이터 생성
def generate_data(x_range):
    # 함수 식 :  '2*x1+3*x2'
    x_range = range(-x_range,x_range)
    x = np.vstack((np.array(x_range),np.array(x_range)*2)).T
    y = [2*i[0]+3*i[1] for i in x]
    return x,np.array(y)

# 적합도 계산
def cal_pop_fitness(equation_inputs, pop):
     fitness = np.sum(pop*equation_inputs, axis=1)
     return fitness
```

```
# 최적의 부모 선택
def select_best_parents(total_population,top_parents):
    arr = []
    for i in total_population:
        pred_y = cal_pop_fitness(i,X)
        mse = (np.square(y-pred_y)).mean(axis=None) # Mean squared error
        # 염색체에 mse 추가
        row = np.append(i,mse).tolist()
        arr.append(row)
    arr = np.array(arr)
    # mse에 따라 염색체 정렬
    arr = arr[arr[:,2].argsort()]
    error = arr[:,2]
    arr = arr[:,0:2]
    return arr[0:top_parents,:],error[0:top_parents]

# 교차
def crossover(sub_population):
    children = []
    for i in range(population_size):
        # 부모를 랜덤하게 선택
        parent1 = np.random.randint(0,sub_population.shape[0])
        parent2 = np.random.randint(0,sub_population.shape[0])
        # 부모1의 첫 유전자와 부모 2의 두 번째 유전자로부터 자식 생성
        child = [sub_population[parent1][0],sub_population[parent2][1]]
        children.append(child)
    return np.array(children)

def mutation(population):
    for i,row in enumerate(population):
        if np.random.rand() < mutation_rate:
            # 랜덤 변이
            population[i][np.random.randint(genes)] = np.random.uniform(low = -4.0,
high = 4.0)
    return population

if __name__ == "__main__":
    # Generate input ouptut data
    X,y = generate_data(150)
```

```
    genes = X.shape[1] # 염색체 내 총 유전자
    population_size = 50 # 모집단 수
    top_parents = int(0.25*population_size)
    mutation_rate = 0.1 # 변이율
    generations = 1000 # 세대 수

    total_population = np.random.uniform(low = -4.0, high = 4.0, size = (population_
size,genes))

    for i in range(generations):
        select_best_parents(total_population,top_parents)
        new_population = crossover(sub_population)
        new_population = mutation(new_population)
        print("Best Parameters: ",np.round(sub_population[0],3),"Best MSE: ", round
(mse[0],3))

        total_population = new_population

    x_range=range(-10,10)
    x1 = np.array(x_range)
    x2 = np.array(x_range)*2
    formula='2*x1+3*x2'
    y1=eval(formula)

    # 유전 알고리즘에 의한 예측
    a = 1.943
    b = 3.029
    formula = 'a*x1+b*x2'
    y2=eval(formula)

    print("\nMSE between  Real and predicted Forumulas : ",(np.square(y1-y2)).
mean(axis=None))
```

실행결과

```
[[-2.91900058 -0.26886362 -2.15691503 -0.1599801  -1.61902569  2.63083101]
 [ 3.32277474  2.3793669  -0.02573361 -3.2817887   1.77336606 -1.39660359]
 [ 2.95251945 -2.37626936 -0.8182631  -1.72337678 -3.61895904 -0.99078552]
 [ 1.62717185 -0.90991849 –1.20023895 -3.30525847  0.55219375  3.96055439]
 [ 1.83320387 -1.91870825 -2.68462168  3.92816502 -2.47518838  1.04598445]
 [-0.90507829 -0.43372262 -1.61054694 -3.79136046 -3.28275033 -0.28272908]
```

```
[-3.27952507 -1.59049787 -2.23126374 -3.68699776 -0.62592491 -3.16589797]
[ 0.25405293 -3.70474 7      3.91991438 -1.39599613 -0.03028729 -0.20915191]]
```

```
Best Parameters:  [ 3.911   1.985] Best MSE:  105.25
Best Parameters:  [ 2.406   2.677] Best MSE:  432.127
Best Parameters:  [ 2.406   2.677] Best MSE:  432.127
Best Parameters:  [ 2.406   2.677] Best MSE:  432.127
Best Parameters:  [ 2.006   3.157] Best MSE:  768.994
Best Parameters:  [ 2.006   3.157] Best MSE:  768.994
Best Parameters:  [ 2.006   3.157] Best MSE:  768.994
Best Parameters:  [ 2.006   3.157] Best MSE:  768.994
Best Parameters:  [ 2.006   2.963] Best MSE:  33.373
⋮
Best Parameters:  [ 1.943   3.029] Best MSE:  0.004
Best Parameters:  [ 1.943   3.029] Best MSE:  0.004
Best Parameters:  [ 1.943   3.029] Best MSE:  0.004
Best Parameters:  [ 1.943   3.029] Best MSE:  0.004
Best Parameters:  [ 1.943   3.029] Best MSE:  0.004
Best Parameters:  [ 1.943   3.029] Best MSE:  0.004

MSE between  Real and predicted Forumulas :  3.349999999997494e-05
```

CHAPTER

07

머신러닝

머신러닝은 인공지능을 구현하기 위해 빼 놓을 수 없는 기술 중에 하나이며, 우리의 일상생활에서 뗄 레야 뗄 수 없는 존재가 되었다. 네이버의 검색 페이지에는 머신러닝 기술이 들어가지 않은 곳을 찾아보기 힘들 정도이다. 자동 완성, 음성 인식, 연관 검색어, 이미지 검색, 문장 요약 등 다양한 영역에서 수많은 머신러닝 기술이 사용되고 있다.

이 장에서는 머신러닝의 전반적인 개념과 원리에 대해 살펴보고, 파이썬 등을 통해 구현해 본다.

7.1 머신러닝이란?

머신러닝(Machine Learning)은 기계학습이라고도 불리며, 기계가 데이터로부터 스스로 학습하여 실행할 수 있는 분야를 의미한다.

그림 7.1에서 보는 바와 같이 일반적인 프로그래밍은 프로그램을 작성하고 프로그램과 함께 데이터를 입력하면 사전에 기대했던 출력이 나오는 방식이다. 반면 머신러닝은 데이터와 함께 그 데이터가 입력되었을 때 나오는 출력(정답 또는 레이블)을 입력하면 학습을 통해 예측 모델인 프로그램을 만들어 낸다.

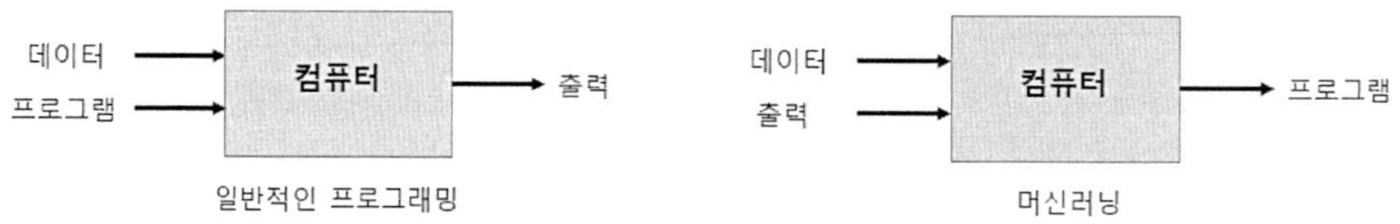

그림 7.1 일반적인 프로그래밍과 머신러닝의 비교

머신러닝의 주된 목적은 데이터의 알려진 속성들을 학습하여 예측 모델을 만드는데 있으며, 그림 7.2와 같이 학습 방법에 따라 크게 세 가지로 분류할 수 있다.

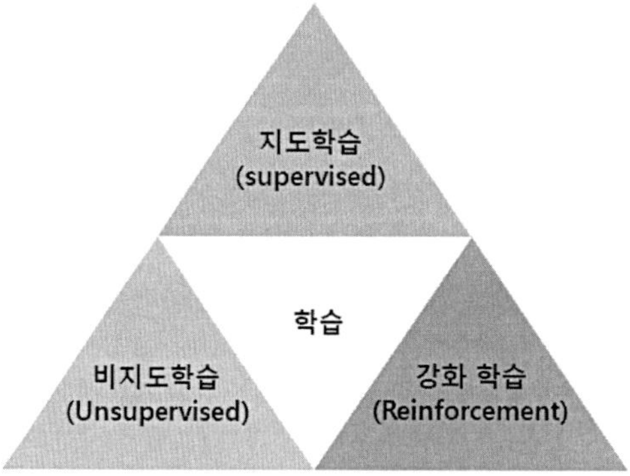

그림 7.2 머신러닝의 분류

7.2 지도 학습

지도 학습(supervised learning)은 이미 정답을 알고 있는 데이터를 학습하여 새로운 데이터에 대해 결과를 예측하는 방법을 말한다. 그림 7.3과 같이 다양한 공룡 이미지와 공룡이 아닌 이미지들을 학습해서 모델을 만든 후, 이 모델을 통해 이전에 접해보지 못한 새로운 이미지가 공룡인지 아닌지를 예측하는 것이다.

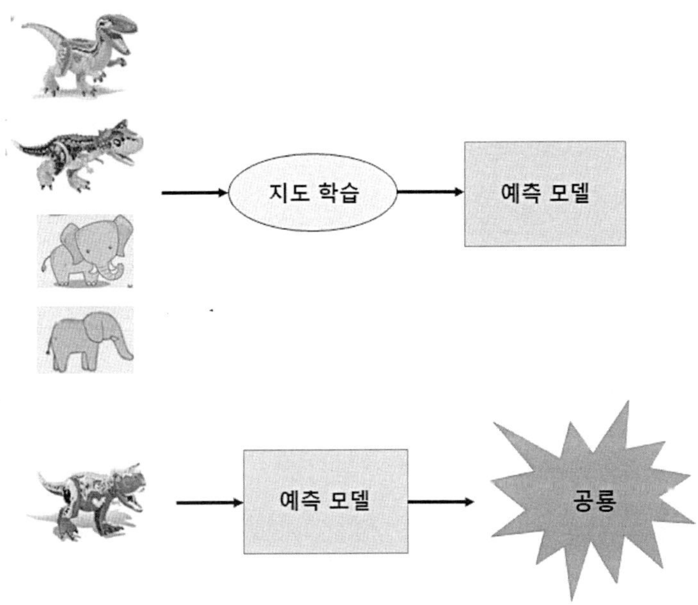

그림 7.3 지도 학습의 예

지도 학습의 주된 목적은 예측이며, 다양한 데이터를 학습할수록 정확도가 높아진다. 알파고(AlphaGo)가 수많은 인간의 기보를 학습하여 승리하는 방법을 배운 것과 같이 대부분의 경우 학습 데이터가 많을수록 성능도 좋아지는 경향이 있다.

지도 학습은 종류에 따라 회귀분석(regression)과 분류(classification)로 나뉜다.

7.2.1 회귀 분석

회귀(regression)는 학습 데이터를 이용하여 연속적인 실수 값을 예측하는 기법이다. 센서 값에 따른 두께 예측, 가계 소득과 지출 관계, 공부 시간과 시험 성적 등의 관계 예측이 대표적인 예이다. 회귀는 비교적 간단하면서도 현재 데이터 분석이나 연구에 많이 활용되고 있다.

회귀는 학습 데이터인 입출력 쌍 (x_i, y_i)의 관계를 가장 잘 표현하는 함수 f를 찾고, 이 함수를 사용하여 새로운 입력에 대한 예측 값을 결정한다. 이때 입출력 함수 f를 1차식으로 표현하는 것을 **선형 회귀 분석(linear regression)**이라 한다.

선형 회귀는 그림 7.4와 같이 학습 데이터의 입출력 관계를 직선 $f(x) = ax + b$의 직선 식으로 표현하는 것이다.

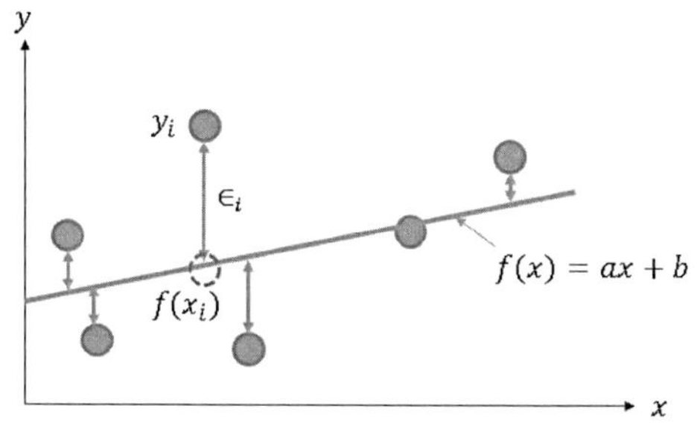

그림 7.4 선형 회귀 분석

이때 입출력 쌍 (x_i, y_i)에 가장 적합한 직선식 $f(x)$의 기울기 a와 절편 b를 예측하기 위해 실제 출력 y와 회귀 분석에 의한 예측값 $f(x)$의 차이가 최소가 되도록 한다.

실제 값 y와 예측 값 $f(x)$ 간의 오차가 최소화 되도록 하기 위해 오차의 제곱합을 목적 함수로 사용할 때, 최적의 회귀 함수는 다음과 같이 정의된다.

$$\min \sum_{i=1}^{N} e_i^2 = \min \sum_{i=1}^{N} (y_i - f(x_i))^2 = \min \sum_{i=1}^{N} (y_i - (ax_i + b))^2 \tag{7.1}$$

식 (7.1)로부터 계수 a, b를 구하면 다음과 같다.

$$a = \frac{\sum_{i=1}^{n} (x_i - \overline{x})(y_i - \overline{y})}{\sum_{i=1}^{n} (x_i - \overline{x})^2} \tag{7.2}$$

$$b = \overline{y} - a\overline{x} \tag{7.3}$$

여기서 $\bar{x}, \bar{y}$는 각각 학습 데이터 x_i와 y_i의 평균을 의미한다.

그러나 입출력 데이터들이 비선형 관계를 가진다면 선형 회귀 분석만으로 표현하기 힘든 경우가 있다. 이때 입력과 출력의 관계를 다항식으로 표현하는 다항 회귀 분석(polynomial regression) 또는 지수(exponential) 함수, 로지스틱(logistic) 함수 등으로 표현하는 비선형 회귀 함수를 이용한다.

다항 회귀 분석은 선형 회귀에 비해 계산은 복잡하지만 정확도가 높다. 그렇다고 복잡도가 높은 함수가 항상 좋은 것은 아니다. 따라서 입력과 출력의 관계를 정확히 추정하려면 주어진 문제의 성격에 적당한 복잡도의 함수를 사용하여 회귀 분석을 하는 것이 바람직하다.

특히 로지스틱 회귀는 이진 분류(binary classification) 문제에 적용되는 회귀 기법으로 입출력 쌍 (x_i, y_i)에서 출력 y_i는 0 또는 1의 값을 가진다. 예를 들어 약물 치료에 대한 환자의 반응을 예측하고자 할 때, 약물 치료 적용 후 환자가 살아남은 경우는 1, 살아남지 못한 경우를 0으로 표현할 수 있다. 따라서 로지스틱 회귀를 통해 환자의 반응을 예측할 수 있다.

로지스틱 회귀는 다음과 같은 로지스틱 함수가 사용된다.

$$f(x) = \frac{1}{1 + e^{-\beta x}} \tag{7.4}$$

여기서 βx는 파라메타 β와 입력 x의 선형 결합을 표현한 것이다.

로지스틱 함수는 그림 7.5와 같이 0과 1 사이의 값을 가지며, 1에 가까우면 입력 x를 클래스 1로, 0에 가까우면 클래스 0으로 판단한다.

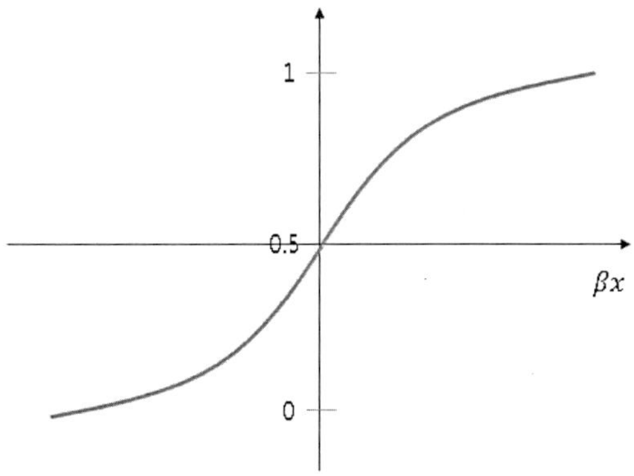

그림 7.5 로지스틱 함수

로지스틱 회귀 모델의 학습은 일반적으로 아래의 목적 함수 $J(\beta)$를 사용한다.

$$J(\beta) = \frac{1}{m}\sum c(f(x_i), y_i) \tag{7.5}$$

$$c(f(x_i), y_i) = \begin{cases} -\log f(x_i) & \text{if } y_i = 1 \\ -\log(1 - f(x_i)) & \text{if } y_i = 0 \end{cases}$$

목적 함수 $J(\beta)$의 의미는 실제값 y_i과 예측값 $f(x_i)$이 같으면 작아지고, 다르면 값이 커지도록 가중치 β를 조정하는 것이다. 학습 시 $J(\beta)$를 최소화하는 로지스틱 모델의 파라메타를 찾기 위해 아래와 같은 경사 하강법(gradient descent method)을 사용한다.

$$\beta = \beta - \alpha \frac{\partial}{\partial \beta} J(\beta) \tag{7.6}$$

7.2.2 분류

분류(classification)는 입력에 대응하는 출력을 분석하여 이산적인 값으로 나눌 때 사용한다. 예들 들면, 그림 7.6과 같이 특정 종양의 크기에 대해 그 종양이 악성인지 양성인지를 진단하는 경우이다.

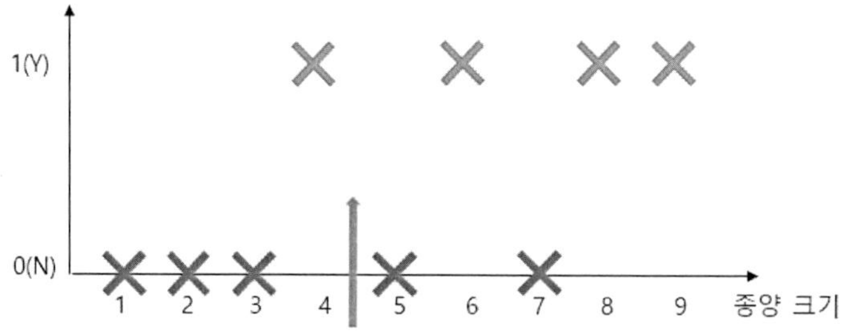

그림 7.6 이진 분류 문제의 예

분류는 출력이 반드시 0과 1의 두 가지일 필요는 없으며, 0, 1, 2, 3, 4 등과 같이 이산적인 출력을 내는 것 또한 분류 문제에 해당된다.

그림 7.6의 분류 문제에서 단순히 종양의 크기만으로 진단을 내리는 것은 위험하며, 같은 크기의 종양이라고 하더라도 나이가 많으면 더 위험할 수 있다. 따라서

그림 7.7과 같이 종양의 크기와 나이에 따라 양성과 악성을 판별한다고 할 때, 학습 알고리즘은 하나의 직선을 그어 양성과 악성을 구분하여 특정 위치의 종양은 양성일 확률이 높음을 판단할 것이다. 실제 문제에서는 두 가지 이상의 특징들이 주어질 것이며, 무한한 특징을 다룰 수 있다는 것은 학습 알고리즘의 흥미로운 점이다.

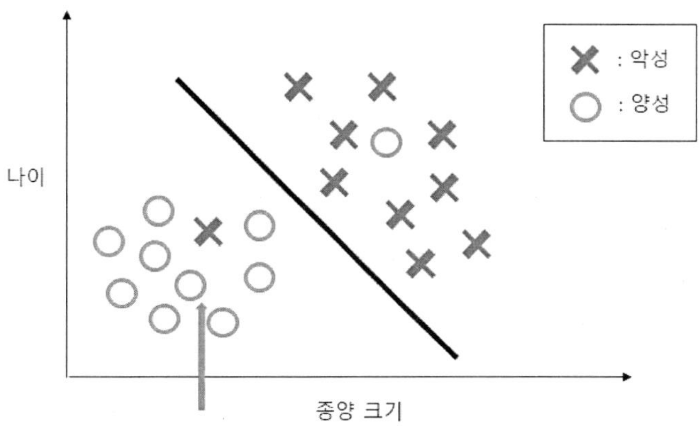

그림 7.7 이진 분류 문제의 예

7.3 비지도 학습

입력과 정답까지 알려주는 지도 학습과는 달리 **비지도 학습**(unsupervised learning)은 정답이 존재하지 않는 데이터들을 학습하는 방식이다. 즉 여러 문제를 학습함으로써 해당 데이터의 패턴과 특성 및 구조를 스스로 파악하고, 이를 통해 새로운 데이터에서 일정한 규칙성을 찾는 것이다.

비지도 학습은 결과에 대한 사전 지식은 없지만 해당 결과 데이터를 통해 유의미한 지식을 얻고자 할 때 사용되며, 사람도 제대로 알 수 없는 본질적인 문제나 데이터에 숨겨진 특징이나 구조 등을 연구할 때 많이 활용된다.

머신러닝에서 비지도 학습을 위한 모델로는 군집화(clustering)가 대표적이다. 군집화는 특정 질병에 대한 군집 분석을 통해 질병의 분포 면적과 확산 경로 등을 파악하는 역학 조사 등에서 활용되고 있으며, 홍보 분야에서는 고객을 세분화할 때 활용하고 있다. 또한 통계 분야에서도 다양한 군집화 알고리즘과 방법론을 사용하여 데이터 분석에 활용해 가고 있는 추세이다.

7.3.1 군집화

데이터가 흩어져 있을 때 정답이 없다 하더라도 데이터간의 거리에 따라 대략 두 세 개의 군집으로 나눌 수 있다. 이와 같이 데이터만 가지고 군집을 학습하는 것을 **군집화**(clustering)라 한다.

군집화는 학습 데이터들의 특징을 분석하여 서로 동일하거나 유사한 특징을 가진 데이터끼리 그룹화 함으로써 정답이 없는 학습 데이터를 군집으로 분류한다. 또한 새로운 데이터가 입력되면 지도 학습의 분류 모델과 같이 학습한 군집을 이용하여 해당 데이터가 어떤 군집에 속하는지를 분석한다.

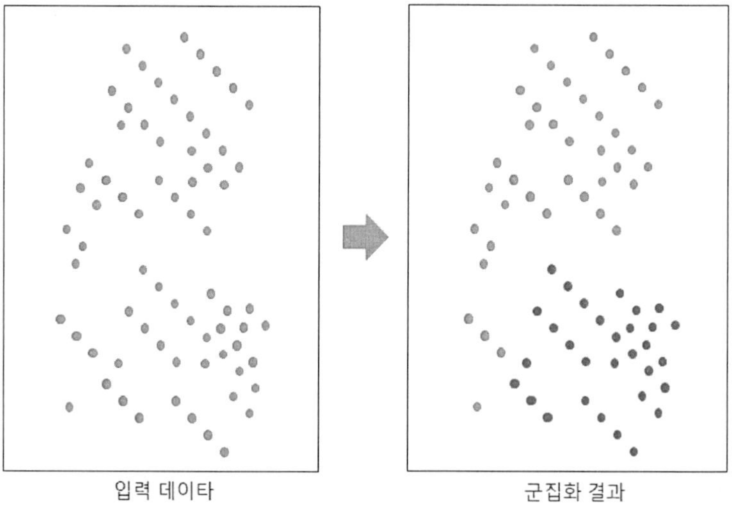

그림 7.8 군집화의 예

비지도 학습에 사용되는 데이터는 정답이 없으므로, 지도 학습과는 달리 정확도를 평가할 수 없다. 즉 정답이 없는 데이터들로부터 최적의 군집 모양과 개수를 파악하기란 매우 어렵다.

따라서 군집 결과가 어느 정도 타당한지는 군집 간의 거리, 군집의 지름, 군집의 분산도 등을 종합적으로 고려하여 평가할 수 있다. 일반적으로 군집 간 분산(inter-clustering variation)이 최대가 되고, 군집 내 분산(inter-clustering variation)이 최소가 될 때 최적의 군집 모양과 개수로 판단되고 있다.

군집화는 사용하는 알고리즘에 따라 크게 분할 기법과 계층적 기법이 있다. **분할 기법**(partitioning methods)의 군집화는 각 그룹은 적어도 하나의 데이터를 가지고 있어야 하며, 각 데이터는 정확히 하나의 그룹에 속해야 한다는 규칙을 사용하여 데이터 집합을 작은 그룹으로 분할하는 방식이다. 이러한 분할 기법의 군집화에는 K-means, K-medoids, DBSCAN 등의 기법이 있다.

K-means 알고리즘은 가장 단순하고 빠른 대표적인 군집 분석 알고리즘의 하나이다. 이 방법은 군집의 개수를 K개로 설정하고, 데이터들의 특성에 따라 랜덤하게 정한 K개의 중심 값과 각 개별 데이터간의 거리를 측정한 후 가장 가까운 군집에 할당한다. 즉 군집 내 유사성은 높게, 군집 간 유사성은 낮게 함으로써 좋은 분류가 이루어지도록 한다.

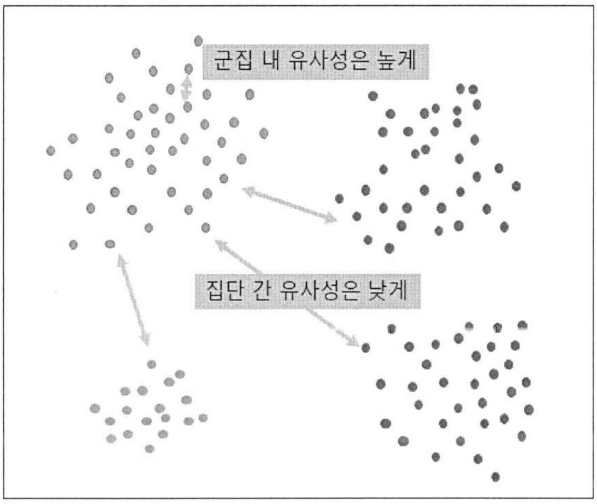

그림 7.9 K-means 알고리즘의 개념

K-means 알고리즘은 기본적으로 거리 기반 분류이며, K개의 중심 값과 각 개별 데이터간의 거리는 식 (7.7)을 사용하여 계산한다.

$$D = \sum_{k=1}^{K} \sum_{i=1}^{C_k} d(x_i, \mu_k) \tag{7.7}$$

여기서 K는 미리 설정한 군집 개수, C_k는 k번째 군집에 속하는 데이터 집합, μ_k는 k번째 군집의 중심 위치를 의미한다. 또한 d는 x_i와 중심점 μ_k 사이의 거리로써, 주로 식 (7.8)과 같이 유클리디안 거리(Eucleadian distance)를 사용한다.

$$d(x_i, \mu_k) = \| x_i - \mu_k \|^2 \tag{7.8}$$

모든 데이터들이 군집화되면 군집 내 데이터들의 평균점을 군집의 중심으로 재설정하며, 이러한 과정은 허용 오차를 만족할 때까지 반복한다. 그림 7.10은 K-means 알고리즘을 단계별로 나타낸 것이다.

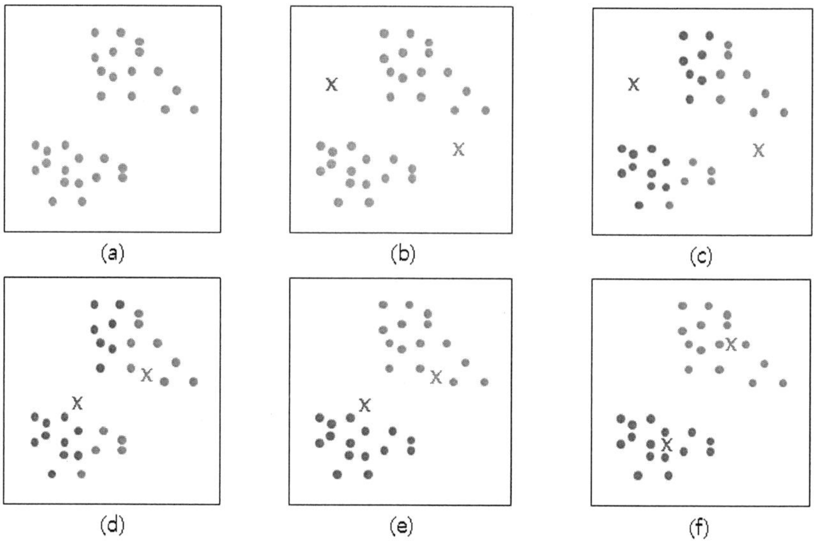

그림 7.10 K-means 알고리즘 (a) 학습 데이터 (b) 중심점 설정 (c) 중심점과 각 데이터 간의 거리를 측정하여 가장 가까운 군집에 할당 (d) 군집 내 데이터들의 평균값으로 중심점 재설정 (e) (c)의 과정을 반복 (f) 허용 오차 만족 시 중지

K-means 알고리즘은 간단하고 빠른 속도의 장점을 가지는 반면, 군집의 개수를 미리 정해야 하고, 중심점의 첫 위치를 랜덤하게 선택함으로써 중심점과 데이터들 간의 거리가 국부적 최소화에 빠질 수 있다는 문제점을 가진다. 이러한 문제점을 보완하기 위해 초기 중심점을 최대한 멀리 떨어지도록 설정하는 K-means++ 알고리즘이 사용된다.

계층적 기법(hierachical methods)의 군집화는 트리 모형을 이용하여 계층적으로 유사한 군집과 통합하여 군집화를 수행하는 방법이다. 처음에 N개의 군집으로부터 시작하여 점차 군집의 개수를 줄여 나가는 방식이며, K-means 알고리즘과는 달리 군집의 수를 사전에 설정하지 않고 학습을 수행한다.

계층적 군집 분석을 위해서는 모든 데이터 간의 거리나 유사도가 미리 계산되어야 하며, 군집간 거리는 정의에 따라 최단 연결법, 최장 연결법, 평균 연결법 등이 있다.

최단 연결법은 데이터들의 거리 행렬로부터 최단 거리의 쌍을 찾아 하나의 군집으로 병합하는 방법이다. 따라서 두 개의 군집 C_1과 C_2의 거리는 두 군집간의 최단 거리로 정의한다.

$$d(C_1, C_2) = \min\{d(x, y) : x \in C_1, y \in C_2\} \tag{7.9}$$

또한 (UV)로 병합된 군집과 군집 W와의 거리는 다음과 같이 계산한다.

$$d((UV), W) = \min\{d_{UW}, d_{VW}\} \tag{7.10}$$

예를 들어 데이터 수가 5개이고, 데이터간 거리 행렬이 그림 7.11과 같다고 가정하자.

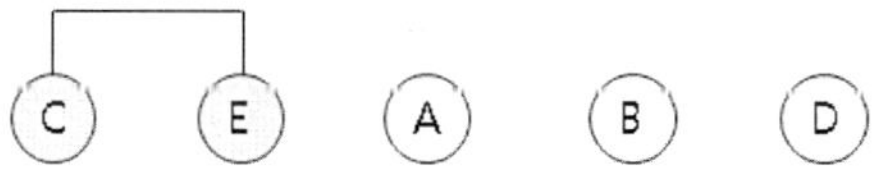

	A	B	C	D	E
A	0				
B	9	0			
C	3	7	0		
D	6	5	9	0	
E	11	10	2	8	0

그림 7.11 데이터간 거리 행렬

거리가 가장 가까운 데이터는 거리 값이 2인 E와 C이므로, 먼저 E와 C를 하나의 군집 (CE)로 묶는다.

$$d_{CE} = 2$$

이제 군집 (CE)와 나머지 A, B, D와의 거리를 계산한다.

$$d\{(CE)A\} = \min\{d_{CA}, d_{EA}\} = \min\{3, 11\} = 3$$
$$d\{(CE)B\} = \min\{d_{CB}, d_{EB}\} = \min\{7, 10\} = 7$$
$$d\{(CE)D\} = \min\{d_{CD}, d_{ED}\} = \min\{9, 8\} = 8$$

여기서 군집 (CE)와 A의 거리가 가장 가까우므로 같은 군집 $(CE(A))$으로 묶고, 나머지 3개의 군집간의 거리 행렬을 다시 표현하면 다음과 같다.

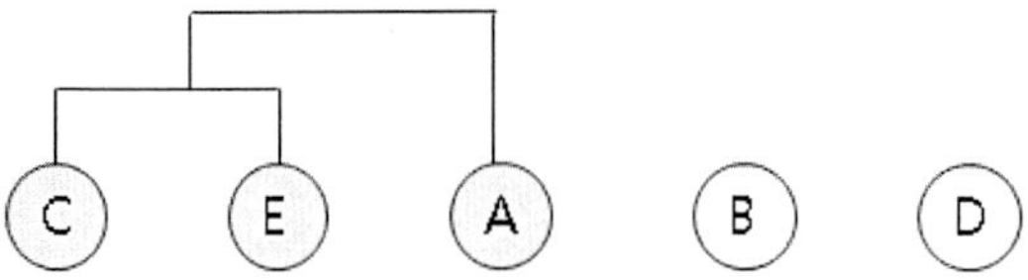

	CE	A	B	D
CE	0			
A	3	0		
B	7	9	0	
D	8	6	5	0

동일한 방법으로 군집 $(A(CE))$와 나머지 B, D와의 거리를 구하고, 거리 행렬을 계산하면 다음과 같다.

$$d\{(ACE)B\} = \min\{d_{AB}, d_{B(CE)}\} = \min\{9, 7\} = 7$$
$$d\{(ACE)D\} = \min\{d_{AD}, d_{D(CE)}\} = \min\{6, 8\} = 6$$

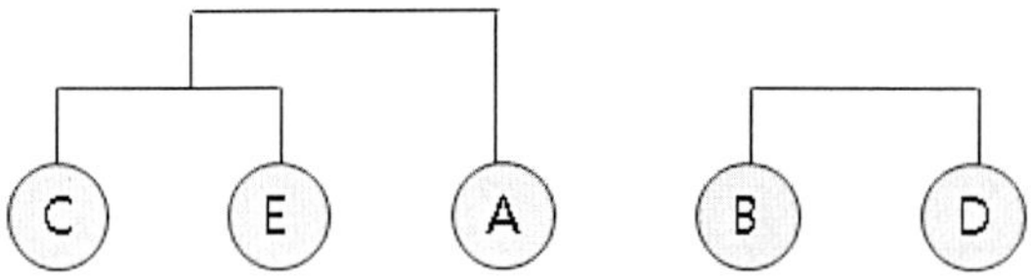

	ACE	B	D
ACE	0		
B	7	0	
D	6	5	0

위의 거리 행렬로부터 B와 D가 가장 가까우므로 군집 (BD)로 묶을 수 있다. 이제 군집 (ACE)와 (BD)의 거리를 계산한다.

$$d\{(ACE)(BD)\} = \min\{d_{(ACE)B}, d_{(ACE)D}\} = \min\{7, 6\} = 6$$

따라서 최종적으로 군집의 형태를 트리 형태로 나타내면 다음과 같다.

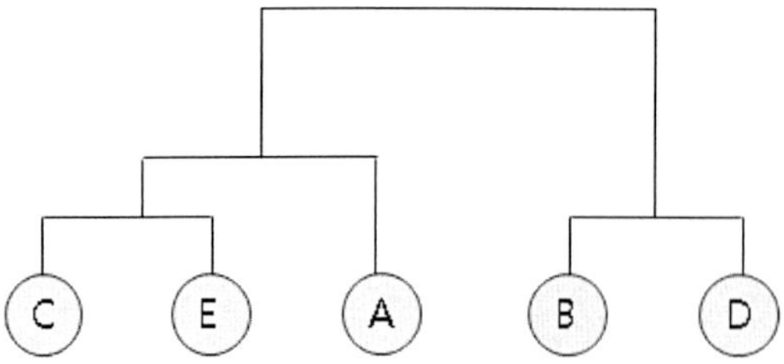

	ACE	BD
ACE	0	
BD	6	0

이때 두 개의 군집을 원한다면 (ACE)와 (BD), 세 개의 군집을 원한다면 (ACE), (B), (D), 네 개의 군집을 원한다면 (A), (CE), (B), (D)로 군집화 할 수 있다.

최장 연결법은 먼저 거리 행렬로부터 최단 거리의 쌍을 찾고 하나의 군집으로 병합한다. 이때 (UV)로 묶인 군집과 군집 W와의 최장 거리는 다음과 같이 계산한다.

$$d\{(UV)W\} = \max\{d_{UW}, d_{VW}\} \tag{7.11}$$

이제 앞의 예를 이용하여 최장 연결법으로 군집화 해보자.

먼저 가장 가까운 쌍은 거리가 2인 C, E이므로 하나의 군집 (CE)으로 묶는다.

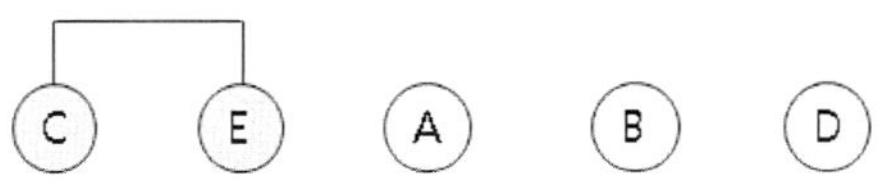

	A	B	C	D	E
A	0				
B	9	0			
C	3	7	0		
D	6	5	9	0	
E	11	10	2	8	0

이제 군집 (CE)와 나머지 A, B, D와의 최장 거리를 계산한다.

$$d\{(CE)A\} = \max\{d_{CA}, d_{EA}\} = \max\{3, 11\} = 11$$
$$d\{(CE)B\} = \max\{d_{CB}, d_{EB}\} = \max\{7, 10\} = 10$$
$$d\{(CE)D\} = \max\{d_{CD}, d_{ED}\} = \max\{9, 8\} = 9$$

그리고 거리 행렬을 재구성하면 다음과 같다.

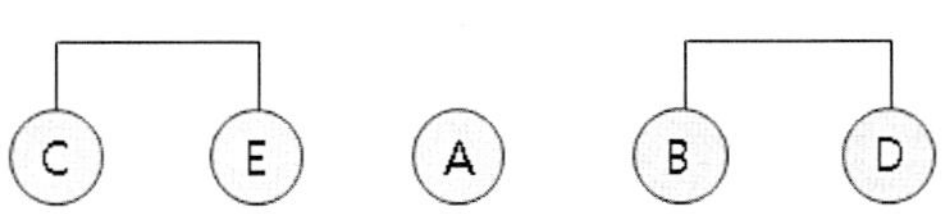

	CE	A	B	D
CE	0			
A	11	0		
B	10	9	0	
D	9	6	5	0

위의 거리 행렬로부터 B와 D가 가장 가까우므로 군집 (BD)으로 묶는다.

군집 (CE)와 군집 (BD), 그리고 A와의 거리를 계산하여 거리 행렬을 구한다.

$$d\{(CE)A\} = \max\{d_{CA}, d_{EA}\} = \max\{3, 11\} = 11$$
$$d\{(CE)(BD)\} = \max\{d_{(CE)B}, d_{(CE)D}\} = \max\{10, 9\} = 10$$
$$d\{(BD)A\} = \max\{d_{AB}, d_{AD}\} = \max\{9, 6\} = 9$$

이 거리 행렬로부터 A와 군집 (BD)가 가장 가까우므로 군집 $(A(BD))$를 하나의 군집으로 묶는다.

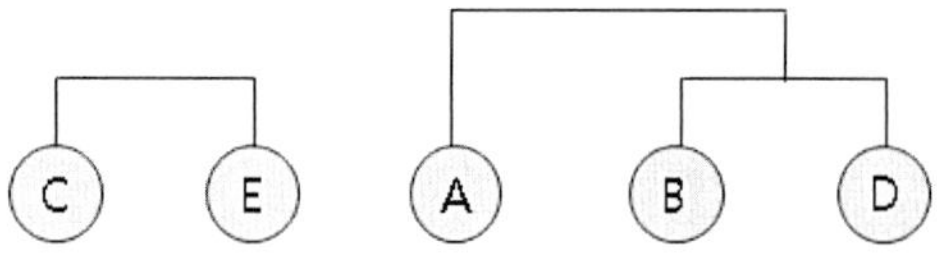

	CE	A	BD
CE	0		
A	11	0	
BD	10	9	0

마지막으로 군집 (CE)와 $(A(BD))$의 거리를 구하면 다음과 같다.

$$d\{(CE)(A(BD))\} = \max\{d_{(CE)A}, d_{(CE)(BD)}\} = \max\{11, 10\} = 11$$

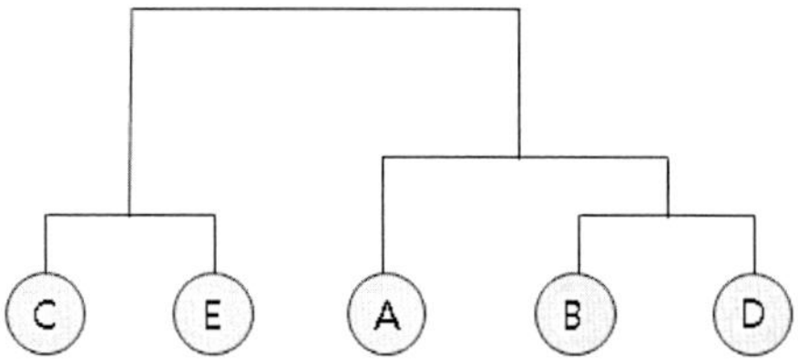

	CE	A(BD)
CE	0	
A(BD)	11	0

따라서 두 개의 군집을 원하면 (ABD)와 (CE), 세 개의 군집을 원하면 (CE), A, (BD), 네 개의 군집을 원하면 (A), (B), (D), (CE)으로 군집화 할 수 있다.

평균 연결법은 두 군집 C_1과 C_2의 거리를 군집에 속한 모든 데이터들 간의 거리의 평균으로 정의한다.

$$d(C_1, C_2) = \frac{1}{n_1 n_2} \sum_{i=1}^{n_1} \sum_{j=1}^{n_2} d_{ij} \tag{7.12}$$

여기서 n_1, n_2는 각각 C_1, C_2에 속한 데이터의 수를 의미한다.

위의 예에 대해 평균 연결법을 사용하여 군집화 해보자. 먼저 가장 가까운 거리를 가진 C, E를 하나의 군집 (CE)으로 묶는다.

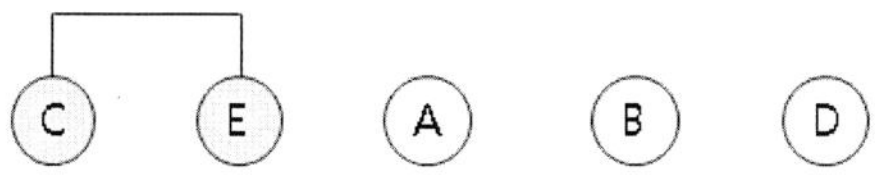

	A	B	C	D	E
A	0				
B	9	0			
C	3	7	0		
D	6	5	9	0	
E	11	10	2	8	0

군집 (CE)와 나머지 A, B, D와의 거리를 계산한다.

$$d\{(CE)A\} = \frac{1}{2 \cdot 1}\{d_{CA}, d_{EA}\} = \frac{1}{2}(3+11) = 7$$

$$d\{(CE)B\} = \frac{1}{2 \cdot 1}(d_{CB} + d_{EB}) = \frac{1}{2 \cdot 1}(7 + 10) = 8.5$$

$$d\{(CE)D\} = \frac{1}{2 \cdot 1}(d_{CD} + d_{ED}) = \frac{1}{2 \cdot 1}(9+8) = 8.5$$

그리고 거리 행렬을 재구성하면 다음과 같다.

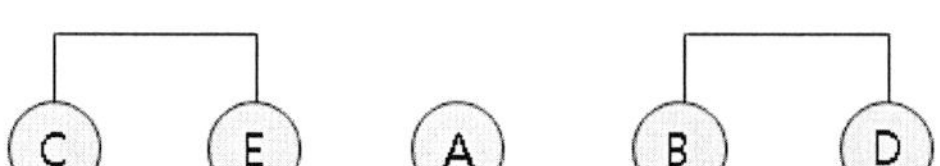

	CE	A	B	D
CE	0			
A	7	0		
B	8.5	9	0	
D	8.5	6	5	0

재구성된 거리 행렬로부터 B와 D가 가장 가까우므로 군집 (BD)로 묶는다.

이제 군집 (CE)와 (BD), 그리고 A와의 거리를 계산하여 거리 행렬을 구한다.

$$d\{(CE)(BD)\} = \frac{1}{2 \cdot 2}(d_{CB} + d_{EB} + d_{CE} + d_{ED}) = \frac{1}{4}(7+10+9+8) = 8.5$$

$$d\{(CE)A\} = \frac{1}{2 \cdot 1}\{d_{CA}, d_{EA}\} = \frac{1}{2}(3+11) = 7$$

$$d\{(BD)A\} = \frac{1}{2 \cdot 1}(d_{BA} + d_{DA}) = \frac{1}{2}(9+6) = 7.5$$

이 거리 행렬로부터 A와 군집 (CE)가 가장 가까우므로 군집 $(A(CE))$를 하나의 군집으로 묶는다.

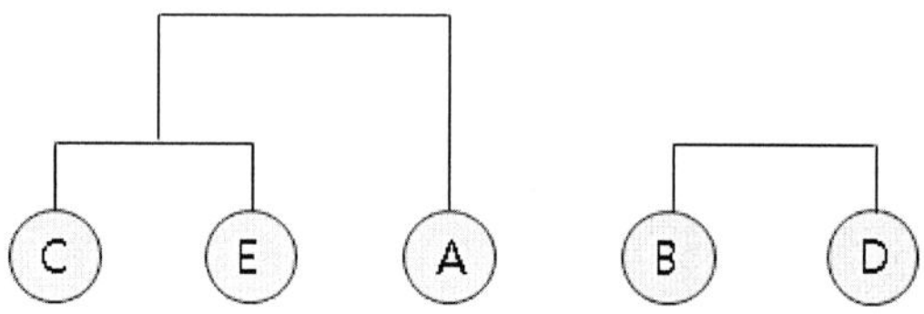

	CE	A	BD
CE	0		
A	7	0	
BD	8.5	7.5	0

이제 군집 $(A(CE))$와 (BD)와의 거리는 다음과 같다.

$$\begin{aligned} d\{(A(CE))(BD)\} &= \frac{1}{3 \cdot 2}(d_{AB} + d_{AD} + d_{CB} + d_{CD} + d_{EB} + d_{ED}) \\ &= \frac{1}{6}(9+6+7+9+10+8) \\ &= 8.17 \end{aligned}$$

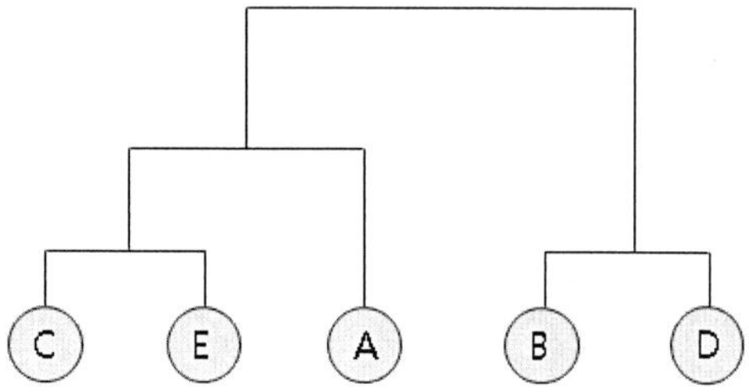

	BD	A(CE)
BD	0	
A(CE)	8.17	0

따라서 두 개의 군집을 원하면 (ACE)와 (BD), 세 개의 군집을 원하면 (BD), A, (CE), 네 개의 군집을 원하면 (A), (B), (D), (CE)으로 형성할 수 있다.

7.4 강화 학습

강화 학습(reinforcement learning)은 학습 데이터를 미리 준비할 필요가 없는 학습 방법이다. 학습을 수행할 주체인 에이전트(agent)를 생성하고 에이전트가 활동하게 될 환경(environment)을 구성한 다음 에이전트의 행동(action)을 관찰한다. 만일 에이전트의 행동에 대해 좋지 못한 결과가 나오면 벌칙(penalty)을 주고, 좋은 결과에 대해서는 적절한 보상(reward)을 주면서 행동 패턴을 점점 더 좋은 방향으로 개선시켜 나간다. 이때 시간이 지나면서 가장 큰 보상을 얻기 위해 정책(policy)이라는 최상의 전략을 스스로 학습한다. 정책은 주어진 상황에서 에이전트가 어떤 행동을 선택하는데 사용되는 규칙이다.

그림 7.12는 강화 학습의 과정을 나타낸 것이다.

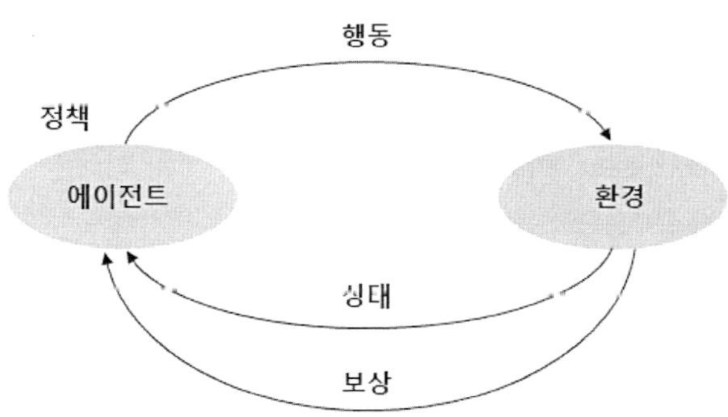

그림 7.2 강화 학습의 개요

강화 학습은 주로 인공지능과 관련된 게임이나 자율 주행 자동차 분야 등에서 활용되고 있다. 몇 년 전 화두가 된 알파고는 바둑에서 높은 점수를 받는 방향으로 학습하였고, 자율 주행 자동차는 안전이나 최단 시간 이동 등 보상을 향해 학습해 나간다.

7.5 파이썬으로 선형 회귀 분석하기

7.5.1 파이썬 패키지 가져오기와 matplotlib 출력 옵션 설정

먼저 선형 회귀 분석을 위해 필요한 모듈과 패키지를 가져오는 작업을 한다. sklearn의 패키지 중 linear_model 모듈과 numpy 패키지를 np라는 이름으로 가져온다. numpy는 행렬, 벡터 등의 수학 연산을 위한 자료구조와 함수를 제공하는 패키지이다.

또한 csv 파일 또는 데이터베이스에서 데이터를 읽고 쓰며 추가할 수 있는 패키지인 pandas 패키지를 pd라는 이름으로 가져온다. matplotlib 패키지는 막대 그래프, 히스토그램, 산점도 등 다양한 그림을 그리는데 사용되는 시각화 패키지이다.

그리고 matplotlib 패키지에서 제공하는 스타일 중 하나인 "ggplot"을 사용한다. 다음은 파이썬 패키지 가져오기와 matplotlib 출력 옵션 설정에 대한 내용이다.

```
from sklearn import linear_model
import numpy as np
import pandas as pd
import matplotlib
import matplotlib.pyplot as plt
matplotlib.style.use('ggplot')
```

7.5.2 데이터 생성

회귀 분석을 위해 필요한 데이터를 생성한다. data 변수 안에 딕셔너리 형태의 x, y, 키 이름을 가진 데이터를 생성한다. 그리고 data 변수 안에 저장된 데이터를 pandas.DataFrame 함수를 통해 2차원의 수정 가능한 테이블 형태의 구조로 변경한 후 data 변수에 저장한다. 다음은 데이터 생성을 위한 코드이다.

```
data = {'x' : [13, 19, 16, 14, 15, 14],
        'y' : [40, 83, 62, 48, 58, 43]}
data = pd.DataFrame(data)
print(data)
```

data의 출력 결과 아래의 형태를 가진다.

```
   x  y
0 13 40
1 19 83
2 16 62
3 14 48
4 15 58
5 14 43
```

7.5.3 산포도 출력

생성된 x, y 데이터의 분포를 확인하기 위해 산포도를 출력한다. pandas에서 제공하는 plot 메소드로 시각화하기 위해 몇 가지 파라미터들에 대해 알아보도록 하자.

```
data.plot(kind = "scatter", x = 'x', y = 'y', figsize = (5, 5), color = "black")
```

kind 파라미터는 기본 선 이외의 'hist', 'bar', 'pie' 등 여러 가지 스타일을 입력해서 사용 가능 하도록 하는 파라미터이다. 산포도를 그리기 위해 kind 파라미터에 'scatter'를 입력한다. 다음으로 x, y 파라미터는 한 열을 다른 열에 대해 그리기 위해 사용한다. x는 x축을, y는 y축을 의미한다. figsize는 그림 창의 크기를 나타내며, color는 산포도의 색상을 의미한다.

생성된 데이터에 대해 위의 명령어를 실행했을 때 아래의 산포도가 그려진다.

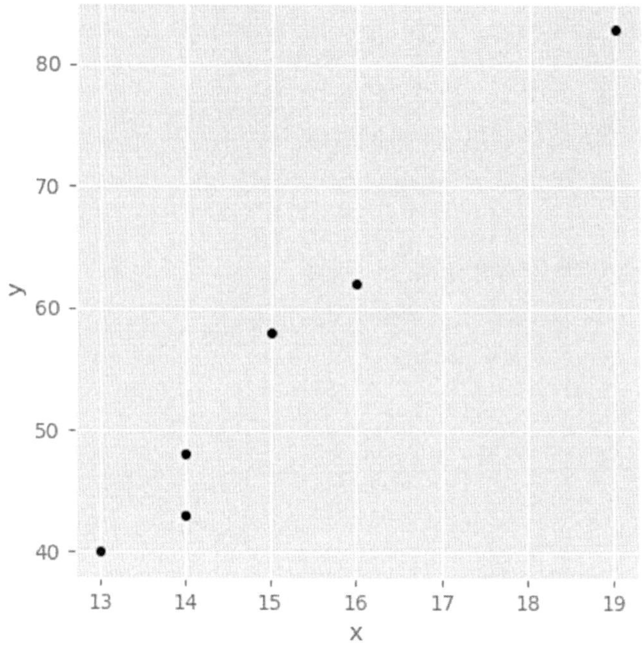

7.5.4 데이터 학습

선형 회귀 모델을 만들어 데이터를 학습하기 위해 linear_model.Linear Regression() 함수를 사용하여 선형회귀모델을 만들고 linear_regression 변수 안에 저장한다.

```
linear_regression = linear_model.LinearRegression()
```

이제 모델의 학습을 위해 linear_regression.fit() 함수를 사용한다. 학습을 위해 X의 값은 반드시 2차원 형태로, y의 값은 기존 형태로 입력하면 된다. 즉 X의 값에는 data 변수에 있는 "x" 데이터를, y에는 "y" 데이터를 입력한다.

```
linear_regression.fit(X=pd.DataFrame(data["x"]), y = data["y"])
```

학습된 선형 회귀 모델에 "x" 값에 대한 y의 값을 예측하기 위해 linear_regression.predict() 함수를 사용한다. 이때 예측된 y의 값은 prediction 변수에 저장된다.

```
prediction = linear_regression.predict(X = pd.DataFrame(data["x"]))
```

linear_regression.intercopt_를 통해 선형 회귀 모델의 계수 a를 출력한다. intercept_는 sklearn 패키지 linear_model 모듈에서 제공해 주는 함수이다. 마찬가지로 linear_regression.coef_를 통해 선형 회귀 모델의 계수 b를 출력한다. coef_는 sklearn 패키지 linear_model 모듈에서 제공해 주는 함수이다.

```
print('a value = ', linear_regression.intercept_)
print('b balue = ', linear_regression.coef_)
```

위에서 생성한 데이터에 대한 선형 회귀 모델의 계수는 아래와 같다.

a value = -55.48175182481753

b balue = [7.32846715]

7.5.5 적합도 검증

이제 적합도 검증 중 잔차를 계산해 본다. 잔차는 실제 값 "y"에서 예측 값 y를 뺀 오차 값을 의미한다. 잔차에 대해 pandas.DataFrame.decribe() 함수를 사용하여 전체 개수, 평균, 표준편차, 최댓값, 최솟값, 백분위 수를 출력한다.

```
residuals = data["y"] - prediction
residuals.describe()
```

다음은 적합도 검증 방법 중 결정 계수를 구해 본다.

residuals에 저장된 잔차 값을 제곱한 값을 numpy.sum 함수를 이용해 더해준 후 SSE 변수에 저장한다.

"y"에 저장된 실제 y값에서 numpy.mean 함수를 이용해 "y"를 평균한 값을 빼고 제곱한 값을 numpy.sum 함수를 이용해 더해준 후 SST 변수에 저장한다.

SSE와 SST는 결정 계수 값을 구하기 위해 사용된다. 출력 된 결정 계수 R_squared

의 값은 0.9753156179610034로 약 97.5%이며, 이는 x 값이 y 값에 많은 영향을 주는 것을 의미한다. 다음은 적합도 검증 중 결정 계수에 대한 내용이다.

```
SSE = (residuals**2).sum()
SST = ((data["y"]-data["y"].mean())**2).sum()
R_squared = 1 - (SSE/SST)
print('R_squared = ', R_squared)
```

R_squared = 0.9753156179610034

7.5.6 예측하여 그리기

plot 함수를 사용하여 산포도를 그리고, 예측 값을 이용해 산포도에 선형 회귀선을 그려 본다.

```
data.plot(kind = "scatter", x = "x", y = "y", figsize = (5, 5), color = "black")
plt.plot(data["x"],prediction,color="blue")
```

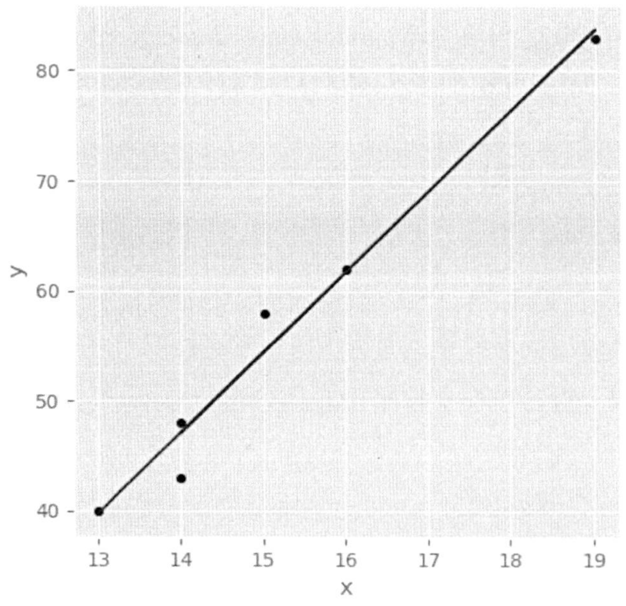

7.5.7 성능 평가

마지막으로 생성된 회귀 분석 모델에 대해 성능 평가를 수행한다. 여기서는 sklearn 패키지에서 제공하는 MSE를 구하기 위한 모듈 mean_squared_error를 사용한다.

sklearn 패키지에서 제공하는 mean_squared_error 모듈을 이용해 평균제곱 오차 값을 구한다. 해당 모듈에 파라미터 값은 학습한 모델을 통해 나온 예측 값 prediction 변수와 실제 값이 저장된 "y" 값을 입력한다. 다음은 성능 평가에 대한 내용이다.

```
from sklearn.metrics import mean_squared_error
print('Mean_Squared_Error = ', mean_squared_error(prediction, data['y']))
```

Mean_Squared_Error = 5.172749391727503

MSE 결과를 통해 오차가 작음을 확인할 수 있다.

7.6 로지스틱 회귀 분석을 이용한 데이터 분류

7.6.1 로지스틱 회귀 분석

로지스틱 회귀 분석은 독립 변수 X와 종속 변수 Y 간의 관계를 이용하여 예측 모델을 생성한다는 점에서 선형 회귀 분석과 비슷하나, 종속 변수의 결과가 범주형으로 분류 분석에 해당된다. 예를 들어 연봉, 야근 횟수, 복지 만족도, 업무 적합도가 퇴사에 미치는 영향에 대해 연구하고자 할 때, 연봉, 야근 횟수, 복지 만족도, 업무 적합도는 연속형 자료에 해당하고, 퇴사 한다 안한다는 범주형 자료에 해당한다.

로지스틱 모형은 독립 변수의 값에 관계없이 종속 변수의 값이 항상 0 - 1 사이에 있도록 한다.

7.6.2 sklearn 유방암 데이터셋 불러 오기

sklearn에서 제공하는 유방암 데이터를 사용하여 종양 반응이 악성인지 양성인지 분류하고, p-value를 통해 유의미한 독립 변수를 찾아본다. 먼저 데이터를 불러오고 작업하기 편리하게 가공한다.

```
import pandas as pd
from sklearn import datasets

if __name__ == '__main__':
    breast_cancer = datasets.load_breast_cancer()
    print('종양 반응 :', breast_cancer.target_names)
    print('target : [malignant:악성, benign: 양성]')
    print('데이터 수 :', len(breast_cancer.data))
    print('데이터 열 이름 :', breast_cancer.feature_names)
    print('data 예시 : ', breast_cancer.data[0])

    #데이터 가공
    data                    =                    pd.DataFrame(breast_cancer.data,
columns=breast_cancer.feature_names)
    sy = pd.Series(breast_cancer.target, dtype='category')
    data['class'] = sy
    print(data.tail())
```

```
종양 반응 : ['malignant' 'benign']
target : [malignant:악성, benign: 양성]
데이터 수 : 569
데이터 열 이름 : ['mean radius' 'mean texture' 'mean perimeter' 'mean area'
 'mean smoothness' 'mean compactness' 'mean concavity'
 'mean concave points' 'mean symmetry' 'mean fractal dimension'
 'radius error' 'texture error' 'perimeter error' 'area error'
 'smoothness error' 'compactness error' 'concavity error'
 'concave points error' 'symmetry error' 'fractal dimension error'
 'worst radius' 'worst texture' 'worst perimeter' 'worst area'
 'worst smoothness' 'worst compactness' 'worst concavity'
 'worst concave points' 'worst symmetry' 'worst fractal dimension']
data 예시 :  [1.799e+01 1.038e+01 1.228e+02 1.001e+03 1.184e-01 2.776e-01 3.001e-01
```

```
1.471e-01 2.419e-01 7.871e-02 1.095e+00 9.053e-01 8.589e+00 1.534e+02
6.399e-03 4.904e-02 5.373e-02 1.587e-02 3.003e-02 6.193e-03 2.538e+01
1.733e+01 1.846e+02 2.019e+03 1.622e-01 6.656e-01 7.119e-01 2.654e-01
4.601e-01 1.189e-01]
    mean radius  mean texture ... worst fractal dimension  class
564      21.56       22.39 ...             0.07115     0
565      20.13       28.25 ...             0.06637     0
566      16.60       28.08 ...             0.07820     0
567      20.60       29.33 ...             0.12400     0
568       7.76       24.54 ...             0.07039     1

[5 rows x 31 columns]
```

7.6.3 학습 데이터와 예측 데이터로 분류

불러온 데이터 셋은 학습과 예측 데이터로 분리한다.

```
from sklearn.model_selection import train_test_split

# x(독립변수) y(종속 변수) 분리
    x = data.loc[:, 'mean radius':'worst fractal dimension']
    y = data['class']

    x_train, x_test, y_train, y_test = train_test_split(x, y, test_size=0.25,
random_state=0)
    print(len(x_train))
    print(len(x_test))
    print(len(y_train))
    print(len(y_test))
```

```
426
143
426
143
```

7.6.4 학습 데이터와 예측 데이터로 분류

학습 데이터로 학습을 진행하고, 각 독립 변수에서 p-value 값으로 유의미한 데이터를 찾는다.

```
from sklearn.linear_model import LogisticRegression
from sklearn import metrics
import statsmodels.api as sm

log_reg = LogisticRegression()
log_reg.fit(x_train, y_train)

x2 = sm.add_constant(x)
model = sm.OLS(y, x2)
result = model.fit()
print(result.summary())

y_pred = log_reg.predict(x_test)
print(y_pred)
print(list(y_test))
print('정확도 :', metrics.accuracy_score(y_test, y_pred))
```

```
OLS Regression Results
==============================================================
Dep. Variable:              class   R-squared:             0.774
Model:                        OLS   Adj. R-squared:        0.762
Method:             Least Squares   F-statistic:           61.53
Date:            Mon, 08 Feb 2021   Prob (F-statistic):    6.05e-153
Time:                    00:53:18   Log-Likelihood:        29.650
No. Observations:             569   AIC:                   2.699
Df Residuals:                 538   BIC:                   137.4
Df Model:                      30
Covariance Type:        nonrobust
==============================================================
             coef    std err      t     P>|t|    [0.025    0.975]
--------------------------------------------------------------------
const       3.0218    0.428    7.060    0.000    2.181     3.863
```

```
mean radius          0.2178    0.174    1.255    0.210   -0.123     0.559
mean texture        -0.0045    0.008   -0.572    0.567   -0.020     0.011
mean perimeter      -0.0237    0.025   -0.946    0.345   -0.073     0.026
mean area           -0.0003    0.001   -0.605    0.545   -0.001     0.001
mean smoothness     -0.0847    2.017   -0.042    0.967   -4.047     3.878
mean compactness     4.2220    1.334    3.166    0.002    1.602     6.842
mean concavity      -1.3980    1.046   -1.337    0.182   -3.452     0.656
mean concave points -2.1418    1.979   -1.082    0.280   -6.030     1.746
mean symmetry       -0.1027    0.743   -0.138    0.890   -1.562     1.356
mean fractal dimension -0.0333  5.572  -0.006    0.995  -10.979    10.913
radius error        -0.4350    0.310   -1.401    0.162   -1.045     0.175
texture error        0.0068    0.037    0.183    0.855   -0.066     0.079
perimeter error      0.0225    0.041    0.548    0.584   -0.058     0.103
area error           0.0009    0.001    0.660    0.509   -0.002     0.004
smoothness error   -15.8543    6.625   -2.393    0.017  -28.868    -2.841
compactness error   -0.0649    2.169   -0.030    0.976   -4.327     4.197
concavity error      3.5655    1.301    2.741    0.006    1.010     6.121
concave points error -10.5680  5.452   -1.938    0.053  -21.278     0.142
symmetry error      -1.6973    2.728   -0.622    0.534   -7.055     3.661
fractal dimension error 7.1464 11.676   0.612    0.541  -15.791    30.083
worst radius        -0.1952    0.058   -3.367    0.001   -0.309    -0.081
worst texture       -0.0072    0.007   -1.030    0.303   -0.021     0.006
worst perimeter      0.0024    0.006    0.410    0.682   -0.009     0.014
worst area           0.0010    0.000    3.163    0.002    0.000     0.002
worst smoothness    -0.5429    1.435   -0.378    0.705   -3.361     2.275
worst compactness   -0.0672    0.383   -0.175    0.861   -0.820     0.685
worst concavity     -0.3812    0.269   -1.419    0.156   -0.909     0.146
worst concave points -0.4643   0.914   -0.508    0.612   -2.260     1.332
worst symmetry      -0.5568    0.494   -1.126    0.260   -1.528     0.414
worst fractal dimension -4.3035 2.383  -1.806    0.072   -8.985     0.378
==============================================================================
Omnibus:                 32.654   Durbin-Watson:               1.794
Prob(Omnibus):            0.000   Jarque-Bera (JB):           36.690
Skew:                    -0.603   Prob(JB):                 1.08e-08
Kurtosis:                 3.302   Cond. No.                 1.54e+06
==============================================================================

Warnings:
```

[1] Standard Errors assume that the covariance matrix of the errors is correctly specified.
[2] The condition number is large, 1.54e+06. This might indicate that there are strong multicollinearity or other numerical problems.
[0 1 1 1 1 1 1 1 1 1 1 1 1 0 1 0 1 0 0 0 0 0 1 1 0 1 1 0 1 0 1 0 1 0 1
 0 1 0 0 1 0 1 0 0 1 1 1 0 0 0 0 1 1 1 1 1 1 0 0 0 1 1 0 1 0 0 0 1 0 0 1 1
 0 1 1 1 1 1 0 0 0 1 0 1 1 1 0 0 1 0 0 0 1 1 0 1 1 1 1 1 1 1 0 1 0 1 0 0 1
 0 0 1 1 1 1 1 1 1 1 1 0 1 0 1 0 1 1 1 0 1 1 1 1 1 1 0 0 1 1 1 0]
[0, 1, 1, 1, 1, 1, 1, 1, 1, 1, 1, 1, 1, 1, 1, 0, 1, 0, 0, 0, 0, 0, 1, 1, 0, 1, 1, 0, 1, 0, 1, 0, 1, 0, 1, 0, 1, 0, 1, 0, 0, 1, 0, 1, 1, 0, 1, 1, 1, 0, 0, 0, 0, 1, 1, 1, 1, 1, 1, 0, 0, 0, 1, 1, 0, 1, 0, 0, 0, 1, 1, 0, 1, 0, 0, 1, 1, 1, 1, 1, 0, 0, 0, 1, 0, 1, 1, 1, 0, 0, 1, 0, 1, 0, 1, 1, 0, 1, 1, 1, 1, 1, 1, 1, 0, 1, 0, 1, 0, 0, 1, 0, 0, 1, 1, 1, 1, 1, 1, 1, 1, 1, 0, 1, 0, 1, 1, 1, 1, 1, 0, 1, 1, 1, 1, 1, 1, 0, 0, 1, 1, 1, 0]
정확도 : 0.958041958041958

p-value 값은 정규성 검증을 위해 사용되는 수치이다. P값은 아무런 관련이 없는데 유의미하게 나올 확률을 뜻한다. 즉 P 값이 0.01이면, 관련이 없는데 유의미하게 나올 확률이 1%로 합리적인 변수로 판단할 수 있다. 눈으로 확인하기 쉽도록 위의 요약 내용에서 P값이 0.05 이하인 변수 5개로만 학습을 시킨 모델과, P값이 1에 가까운 변수들로 학습을 시켜 정확도를 비교해 본다.

7.6.5 p값 < 0.05 학습 모델

기존에 모든 독립 변수를 학습시켰다면, 이번에는 p값이 0.05보다 작은 변수들만 학습시켜 히트맵과 정확도를 확인한다.

```
import numpy as np
import matplotlib.pyplot as plt
import seaborn as sns

# x(독립변수) y(종속 변수) 분리
    x = data[['mean compactness','smoothness error', 'compactness error', 'worst radius', 'worst area']]
    y = data['class']
```

```
    x_train, x_test, y_train, y_test = train_test_split(x, y, test_size=0.25, random_
state=0)

    log_reg = LogisticRegression()
    log_reg.fit(x_train, y_train)

    x2 = sm.add_constant(x)
    model = sm.OLS(y, x2)
    result = model.fit()
    print(result.summary())

    y_pred = log_reg.predict(x_test)

    print('정확도 :', metrics.accuracy_score(y_test, y_pred))
    cnf_metrix = metrics.confusion_matrix(y_test, y_pred)

    class_names = ['malignant', 'benign']
    fig, ax = plt.subplots()
    tick_marks = np.arange(len(class_names))
    plt.xticks(tick_marks, class_names)
    plt.yticks(tick_marks, class_names)

    # 히트맵 생성
    sns.heatmap(pd.DataFrame(cnf_metrix), annot=True, cmap='YlGnBu', fmt='g')
    ax.xaxis.set_label_position("top")
    plt.tight_layout()
    plt.title("Confusion matrix", y=1.1)
    plt.ylabel("Actual label")
    plt.xlabel("Predict label")
    plt.show()
```

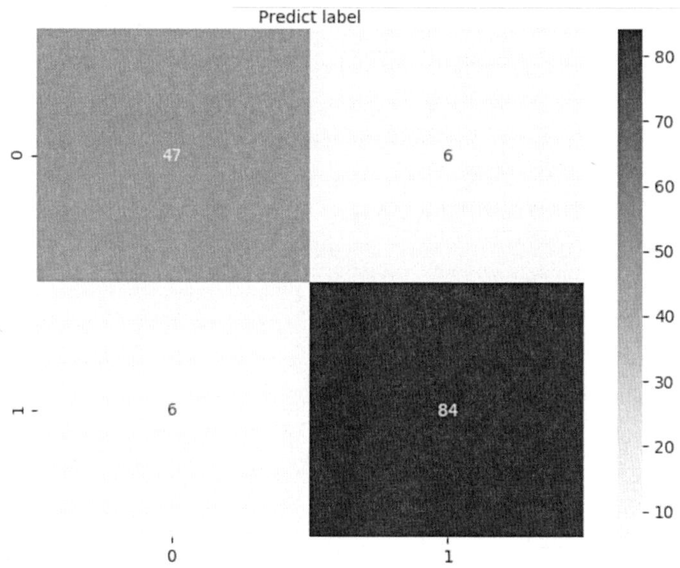

예측 데이터 143개중 12개의 오차가 발생하여 91.6%의 정확도를 가짐을 알 수 있다.

7.6.6 p값이 1에 가까운 변수 학습 모델

이번에는 p값이 1에 가까운 변수들로만 학습을 진행시켜 히트맵과 정확도를 확인한다.

```
import numpy as np
import matplotlib.pyplot as plt
import seaborn as sns

# x(독립변수) y(종속 변수) 분리
  x = data[['mean texture', 'mean smoothness','mean symmetry', 'mean fractal
dimension', 'texture error']]
  y = data['class']

  x_train, x_test, y_train, y_test = train_test_split(x, y, test_size=0.25, random_
state=0)

  log_reg = LogisticRegression()
  log_reg.fit(x_train, y_train)
```

```
x2 = sm.add_constant(x)
model = sm.OLS(y, x2)
result = model.fit()

y_pred = log_reg.predict(x_test)
print('정확도 :', metrics.accuracy_score(y_test, y_pred))
cnf_metrix = metrics.confusion_matrix(y_test, y_pred)

class_names = ['malignant', 'benign']
fig, ax = plt.subplots()
tick_marks = np.arange(len(class_names))
plt.xticks(tick_marks, class_names)
plt.yticks(tick_marks, class_names)

# 히트맵 생성
sns.heatmap(pd.DataFrame(cnf_metrix),annot=True,cmap='YlGnBu', fmt='g')
ax.xaxis.set_label_position("top")
plt.tight_layout()
plt.title("Confusion matrix", y=1.1)
plt.ylabel("Actual label")
plt.xlabel("Predict label")
plt.show()
```

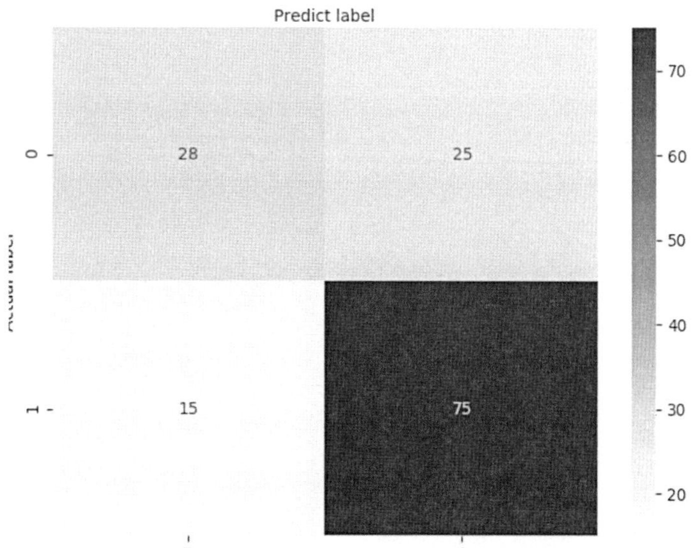

예측 데이터 143개중 40개의 오차가 발생하여 약 72%의 정확도를 얻을 수 있다. 이와 같이 p값의 차이에 따라 결과가 거의 20% 정도의 차이가 나는 것을 확인 할 수 있다.

7.7 Scikit-learn으로 K-means 군집화 구현하기

7.7.1 데이터 생성

먼저 K-means 군집화에 필요한 패키지와 라이브러리를 가져온다.

pandas, numpy 뿐만 아니라 수학 관련 문제를 해결할 수 있는 math 모듈을 가져온다. 그리고 matplotlib, 과학 기술 계산을 위한 파이썬 라이브러리인 scipy, matplotlib을 기반으로 다양한 색상 테마와 통계용 차트 등의 기능을 추가한 시각화 패키지 seaborn을 가져오며, 이때 Set2의 색상 팔레트를 이용한다.

```
from sklearn.datasets import make_blobs
import pandas as pd
import numpy as np
import math
import scipy as sp
import seaborn as sns
import matplotlib.pyplot as plt

sns.set_palette("Set2")
```

Scikit-Learn은 머신러닝을 위한 파이썬 패키지이며, 클러스터링을 할 수 있는 가상의 데이터셋을 만들어주는 함수들을 제공한다. 그 중 하나인 make_blobs()를 사용하여 200개의 점들의 x, y좌표 데이터셋을 만든다. make_blobs()의 옵션 n_samples은 표본 데이터의 수, centers는 생성할 군집 수, n_features는 독립 변수의 수, random_state는 난수 발생 seed를 의미한다.

```
x, y = make_blobs(n_samples=100, centers=4, n_features=2, random_state=3)
points = pd.DataFrame(x, y).reset_index(drop=True)
points.columns = ["x", "y"]
points.head()
```

7.7.2 K-means 군집화

단계 1. k값 정하기

K-means 군집화란 주어진 데이터셋을 k개의 중심점을 기준으로 그룹 짓는 방법이다. 따라서 중심점을 몇 개로 할 것인지를 미리 결정해야 한다.

먼저 앞에서 생성한 200개의 데이터셋을 산포도로 그린 후, 데이터의 분포를 살펴 본다.

```
sns.scatterplot(x="x", y="y", data=points, palette="Set2")
```

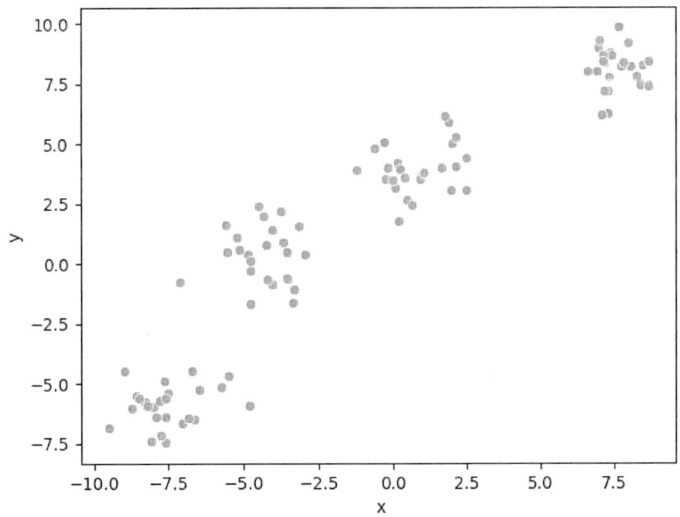

생성된 데이터의 분포는 대략 4개의 군집으로 나눌 수 있음을 알 수 있다. 따라서 k=4로 설정하기로 한다.

단계 2. 중심점 구하기

이제 각 군집의 중심점을 구한다. 2차원 데이터의 경우 군집의 중심점은 각 군집의 x 좌표의 평균과 y 좌표의 평균이 된다. 그러나 아직 군집이 생성되지 않아 군집의 중심점을 구할 수 없으므로 아래와 같이 전체 데이터 중 랜덤한 k개의 데이터를 중심점으로 사용한다.

```
centroids = points.sample(4, random_state=1)
```

계산된 중심점을 출력해 보면 다음과 같다.

```
           x         y
80 -8.842286  1.786914
84  4.510561 -9.305970
33  5.883975 -8.372845
81 -8.831594  1.690414
```

위와 같이 전체 데이터 중에서 4개를 랜덤하게 골라 첫 번째 중심점으로 삼았다.

단계 3. 각 중심점으로부터의 거리를 구하여 가까운 중심점의 군집으로 할당하기

4개의 군집들의 중심점과 각 데이터들의 유클리드 거리를 계산한다. 그리고 거리 값을 비교하여 가장 최소의 값을 가진 중심점의 군집으로 해당 데이터를 할당한다.

```
# 각 데이터에 대하여, 각 중심점과의 유클리드 거리 계산
distance = sp.spatial.distance.cdist(points, centroids, "euclidean")

# 가장 거리가 가까운 중심점의 군집으로 할당
cluster_num = np.argmin(distance, axis=1)

# 결과 확인
result = points.copy()
result["cluster"] = np.array(cluster_num)
result.head()
```

각 데이터들의 군집 번호와 함께 군집 별로 다른 색으로 표현되도록 scatter plot으로 그려보면 아래와 같다.

```
sns.scatterplot(x="x", y="y", hue="cluster", data=result, palette="Set2");
```

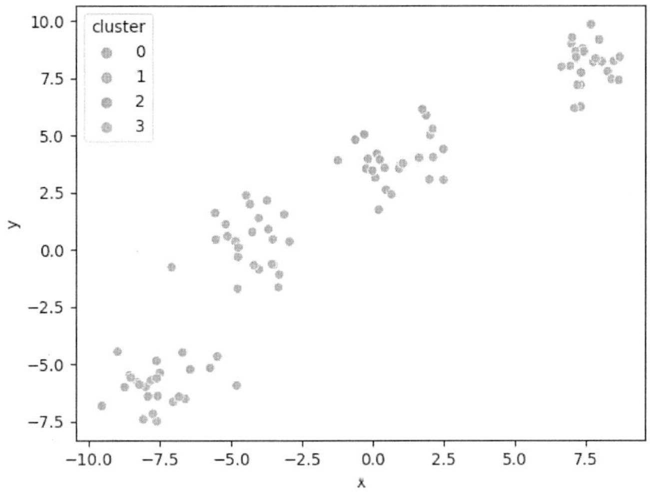

군집의 결과 아직까지는 분류가 잘 안되었음을 알 수 있다.

단계 4. 변경된 cluster에 대해서 중심점 구하기

이제 각 군집 내 데이터들의 평균을 구하여 중심점을 계산한다.

```
centroids_new = result.groupby("cluster").mean()
```

단계 5. 각 중심점으로부터의 거리를 구하여 가까운 중심점의 군집으로 할당하기

새로 구한 중심점에 대해, 단계 3의 과정을 반복하고, 결과를 산포도로 그려보면 아래와 같다.

```
distance = sp.spatial.distance.cdist(points, centroids_new, "euclidean")
cluster_num = np.argmin(distance, axis=1)
result = points.copy()
```

```
result["cluster"] = np.array(cluster_num)
result.head()
sns.scatterplot(x="x", y="y", hue="cluster", data=result, palette="Set2");
```

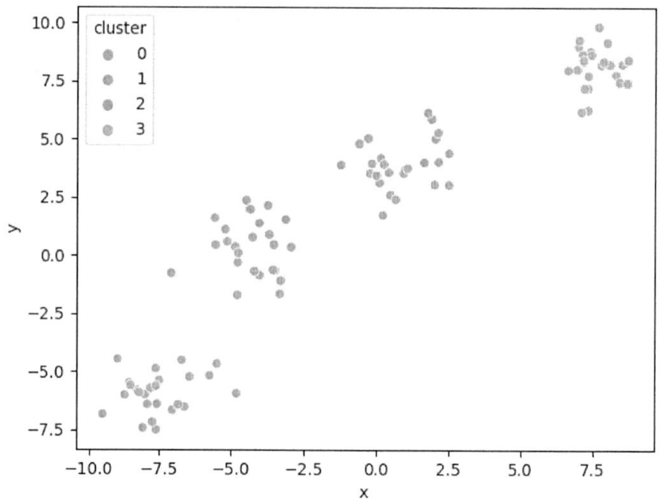

결과 군집 결과가 이전에 비해 조금 향상되었음을 알 수 있다.

단계 6. 단계 4, 5 반복하기

이와 같은 방법으로 군집의 변화가 없을 때까지 단계 4와 단계 5를 반복한다. 아래는 세 번째 실행 결과를 보인 것이다.

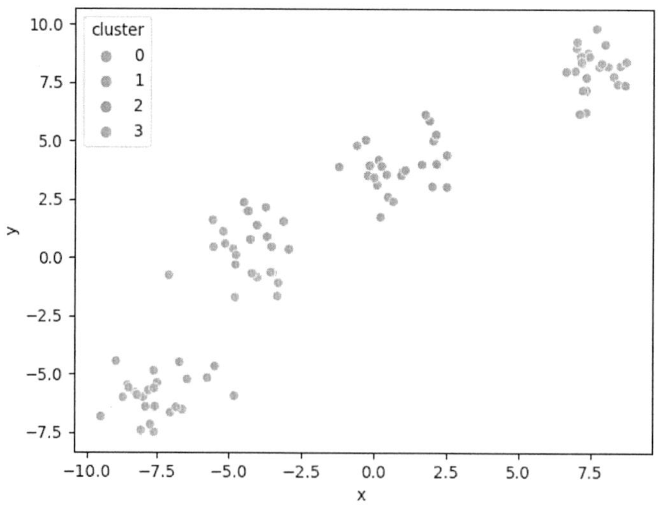

다음은 네 번째 실행 결과이며, 세 번째 실행 결과와는 큰 차이는 없음을 알 수 있다.

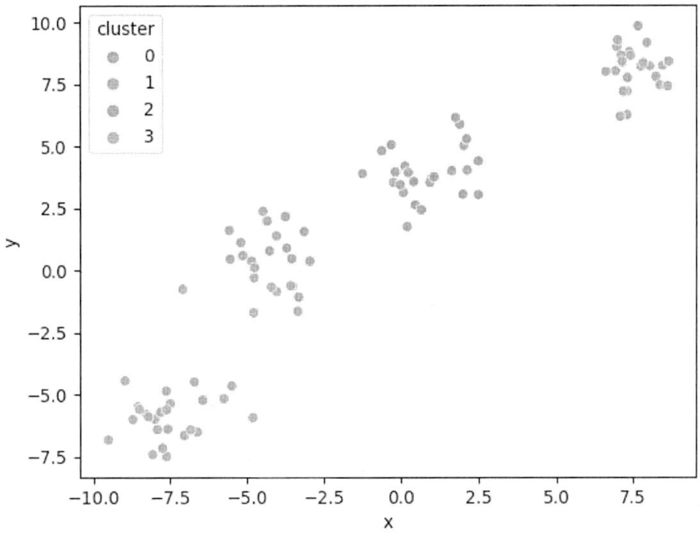

아래는 다섯 번째 실행 결과를 보인 것으로, 네 개의 군집으로 적절하게 분류됨을 확인할 수 있다.

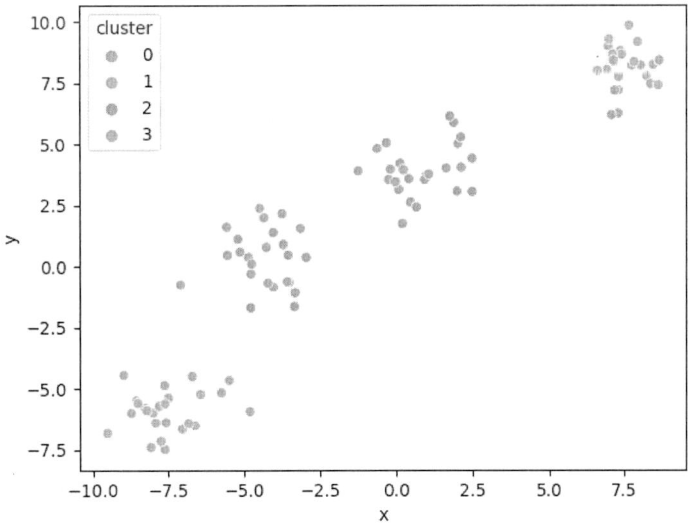

CHAPTER

08

딥러닝

딥러닝의 등장으로 인해 머신러닝의 실용성은 강화되었고, 인공지능의 영역은 확장되었다. 딥러닝은 컴퓨터 시스템을 통해 지원 가능한 모든 방식으로 작업을 세분화한다. 운전자 없는 자동차, 더 나은 예방 의학, 더 정확한 영화 추천 등 딥러닝 기반의 기술들은 우리 일상에서 이미 사용되고 있거나 실용화를 앞두고 있다. 딥러닝은 공상 과학에서 등장했던 일반 인공지능을 실현할 수 있는 잠재력을 지닌 인공 지능의 현재이며 미래로 평가받고 있다. 이 장에서는 딥러닝의 개념과 핵심 알고리즘에 대해 살펴보고, Keras를 사용하여 딥러닝을 구현해 본다.

8.1 인공지능, 머신러닝, 딥러닝의 관계

머신러닝과 딥러닝은 인공지능의 한 분야이며, 딥러닝은 머신러닝의 다양한 모델 중 하나이다. 따라서 인공지능과 머신러닝 그리고 딥러닝은 서로 독립적인 관계가 아니라 그림 8.1과 같이 포함 관계를 가진다.

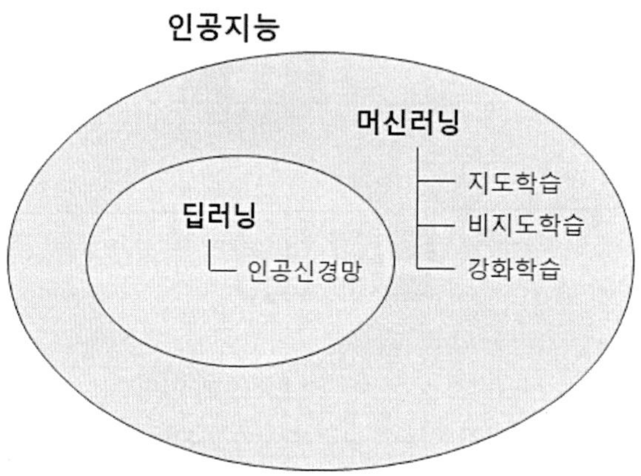

그림 8.1 인공지능, 머신러닝, 딥러닝의 관계

즉 딥러닝은 머신러닝에 포함되고, 머신러닝은 인공지능이라는 거대한 범주 안에 속한다.

머신러닝의 경우 먼저 컴퓨터에게 다양한 정보를 가르치고 그 학습한 결과에 따라 새로운 것을 예측한다. 이때 데이터의 특징을 추출하여 기계에 입력하는 특징 추출(feature extraction) 과정이 필요하다.

반면 **딥러닝(Deep Learning)**은 마치 사람처럼 스스로 학습할 수 있도록 인공 신경망을 기반으로 구축한 기술이다. 수많은 데이터 속에서 패턴을 발견하고 사물을 구분하는 인간 두뇌의 정보처리 방식을 모방하여 컴퓨터가 사물을 분별하도록 기계를 학습시킨다. 따라서 딥러닝 기술을 적용하면 의사 결정을 위한 데이터 추출 및 결과 도출을 컴퓨터가 스스로 인지, 추론, 판단할 수 있게 된다.

음성 인식 및 이미지 인식과 사진 분석 등에서 광범위하게 활용되며, 딥러닝 기술에 기반한 컴퓨터 프로그램 중 가장 잘 알려져 있는 예로는 구글 알파고가 있다.

8.2 인공 신경망

인공 신경망(Artificial Network)은 인간의 두뇌를 구성하는 신경 세포 즉, 뉴런(neuron)의 형태와 동작 원리를 모방하여 만든 모델이다.

인간의 두뇌는 1000억 개가 넘는 뉴런이 100조 개 이상의 시냅스를 통해 연결되어 있다. 각각의 뉴런은 수상돌기(dendrite)를 통해 다른 뉴런으로부터 신호를 입력받아 축색돌기(axon)를 통해 다른 뉴런으로 신호를 내보내며, 출력 신호는 입력된 신호가 합해져 임계값을 초과할 때 발생한다. 그림 8.2는 생물학적 신경망의 구조를 나타낸 것이다.

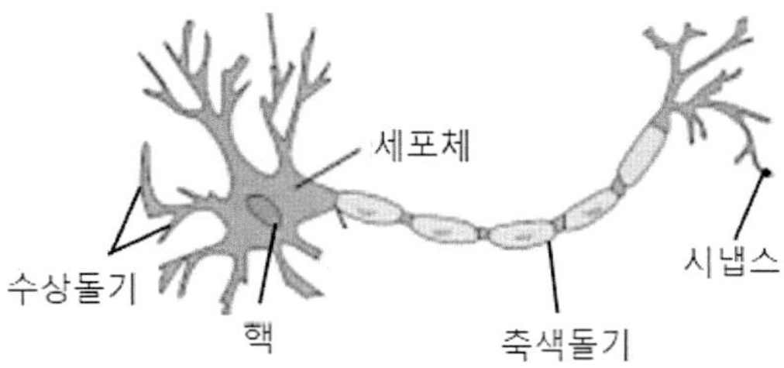

그림 8.2 신경망의 구조

인공 신경망은 그림 8.3과 같이 데이터가 입력되면 입력 층에서 각각의 입력 변수 x의 값을 가진 노드들이 가중치 w와 결합하여 새로운 노드를 생성하게 되는 원리로 학습이 진행된다. 이때 입력 변수 x와 가중치 w가 결합한 값에 편향 값을 뜻하는 바이어스(bias)가 더해지며 이를 수식으로 나타내면 다음과 같다.

$$f = w_1x_1 + w_2x_2 + \cdots + w_nx_n + bias \tag{8.1}$$

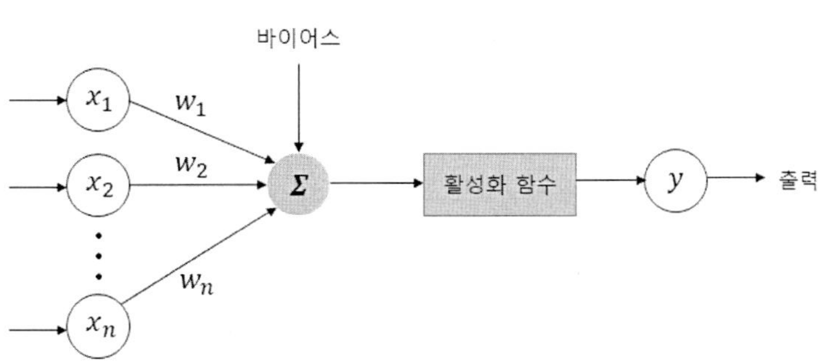

그림 8.3 인공 신경망의 구조

뉴런은 상호 연결되어 있으므로 전기 입력을 받아 또 다른 전기 신호를 발생시킨다. 그러나 입력을 받았을 때 즉시 반응하는 것이 아니라 입력 값이 어떤 임계값(threshold)에 도달해야 출력을 발생한다. 따라서 출력 y는 다음과 같이 나타낼 수 있다.

$$y = sign\left[\sum_{i=1}^{n} w_i x_i - \theta\right] \tag{8.2}$$

여기서 θ는 임계값, sign 함수는 활성화 함수(activation function)를 의미한다. 활성화 함수는 입력 신호를 받아 특정 임계값을 초과하는 경우 출력 신호를 생성해 준다.

활성화 함수의 종류는 다양하며, 가장 일반적인 활성화 함수로는 그림 8.4와 같이 계단 함수, 부호 함수, 선형 함수, 시그모이드 함수가 있다.

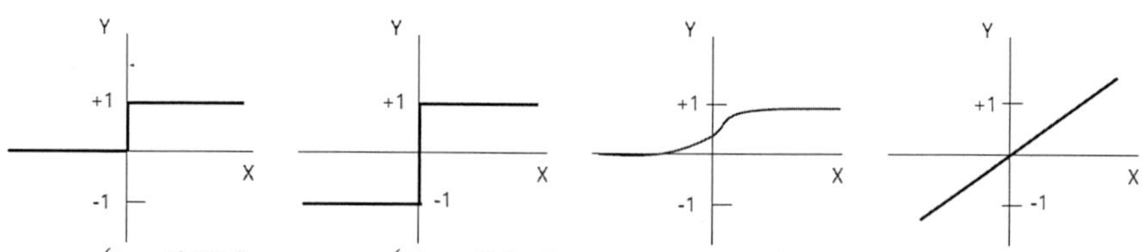

$Y^{step} = \begin{cases} 1, & if\ X \geq 0 \\ 0, & if\ X < 0 \end{cases}$ $Y^{sign} = \begin{cases} +1, & if\ X \geq 0 \\ -1 & if\ X < 0 \end{cases}$ $Y^{sigmoid} = \frac{1}{1+e^{-X}}$ $Y^{linear} = X$

그림 8.4 대표적인 활성화 함수의 예

계단(step) 및 부호(sign) 함수는 분류 및 패턴 인식 작업에서 주로 사용되며, 시그모이드(sigmoid) 함수는 역전파 신경망, 선형 함수는 선형 근사에 주로 사용된다.

위에서 설명한 생물학적 신경망과 인공 신경망 사이의 유사성을 요약하면 다음과 같다.

생물학적 신경망	인공 신경망
세포체	뉴런
수상돌기	입력
축색돌기	출력
시냅스	가중치

인공 신경망은 기존의 데이터를 기반으로 학습하기 때문에 과거의 통계학적인 분석 방법에 비해 수학적으로 해결이 어려운 복잡한 문제에 대해 분석이 용이하고 분석 시간도 비교적 짧다. 또한 뉴런을 충분히 많이 연결해 놓는 것만으로 인간이 인지하기 어려운 매우 복잡한 패턴까지도 스스로 학습할 수 있다.

8.3 퍼셉트론

1958년 프랭크 로젠블랫은 간단한 인공 신경망을 학습하기 위해 퍼셉트론을 소개했다. **퍼셉트론(Perceptron)**은 신경망의 가장 간단한 형태로써 단일 뉴런으로 구성된다.

그림 8.5는 세 개의 신호를 입력으로 하는 퍼셉트론을 보인 것이며, 가중치를 갖는 층이 한 층이므로 단층 퍼셉트론이라고도 한다.

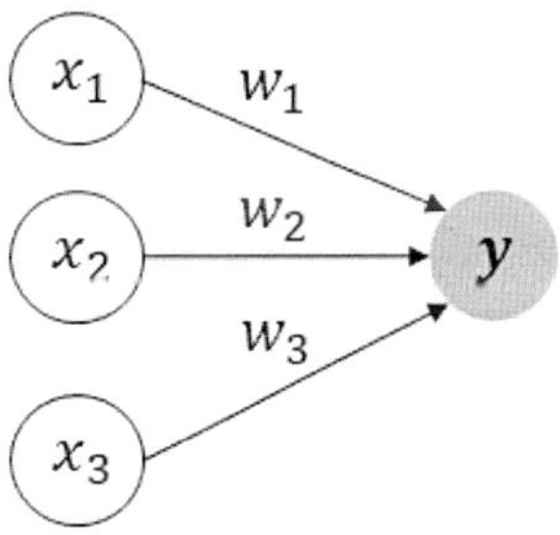

그림 8.5 퍼셉트론

여기서 원을 뉴런 또는 노드라고도 하며, 입력 신호가 뉴런에 보내질 때 각각의 고유 가중치 w_1, w_2가 곱해진 총합이 θ을 넘으면 1을 출력한다. 이를 수식으로 표현하면 다음과 같다.

$$y = \begin{cases} 0, & w_1x_1 + w_2x_2 \le \theta \\ 1, & w_1x_1 + w_2x_2 > \theta \end{cases} \tag{8.3}$$

임계값 θ를 $-b$로 치환하여 식 (8.3)을 다시 쓰면 다음과 같다.

$$y = \begin{cases} 0, & w_1x_1 + w_2x_2 + b \le 0 \\ 1, & w_1x_1 + w_2x_2 + b > 0 \end{cases} \tag{8.4}$$

여기에서 b는 바이어스에 해당한다. 식에서 알 수 있는 것과 같이 퍼셉트론은 1차 선형 함수로부터 n차원 공간을 두 개의 결정 영역으로 분류한다. 이때 임계값 θ, 즉 바이어스 b는 결정 경계를 옮기는 데 이용된다.

그러나 이러한 선형 함수를 이용한 분류자는 직선형 영역만 표현할 수 있다. 따라서 데이터들의 차이가 확연히 구분되지 못한다면 두 가지의 종류조차도 분류하지 못하는 경우가 발생할 수 있다.

예를 들어 그림 8.6과 같이 퍼셉트론은 AND, NAND, OR 논리 회로는 한 개의 선형 분류자로 분류할 수 있으나, XOR(배타적 논리합)의 경우 데이터를 분류하지 못한다. 즉 두 개의 선형 분류자를 이용해서 데이터를 나누거나, 곡선으로 나눌 수 있기 때문에 XOR는 비선형 분류에 해당한다.

입력		출력			
A	B	A AND B	A OR B	A NAND B	A XOR B
0	0	0	0	1	0
0	1	0	1	1	1
1	0	0	1	1	1
1	1	1	1	0	0

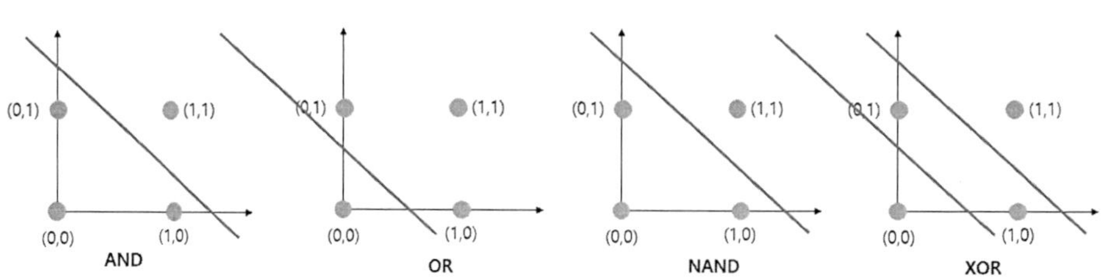

그림 8.6 논리 회로(AND, OR, NAND, XOR)의 분류

퍼셉트론은 가중치와 바이어스의 초기값을 랜덤하게 설정하고, 목표 값과 예측 값 간의 차이가 기준 값에 도달할 때까지 계속해서 가중치와 바이어스 값을 업데이트하며 학습해 나간다. 목표 값과 예측 값의 오타는 다음과 같이 평균 제곱 오차

(MSE, mean squared error)를 이용하여 구한다.

$$MSE = \frac{1}{N}\sum_{i=1}^{N}(y_i - \hat{y_i})^2 \tag{8.5}$$

여기서 N은 데이터 수, y_i와 $\hat{y_i}$는 각각 i번째 데이터의 목표 값과 예측 값을 의미한다.

최적의 가중치와 바이어스를 찾기 위해 사용되는 방법으로 경사 하강법(Gradient Descent method)이 있다.

이는 식 (8.5)의 평균 제곱 오차, 즉 비용 함수 값이 최소가 되도록 하는 가중치와 바이어스를 찾기 위해, 먼저 임의의 가중치를 설정하고 비용 함수를 가중치에 대해 편미분 한 것에 학습률(learning rate) α를 곱한 것을 초기 설정된 가중치에서 빼 준다.

$$w := w - \alpha\frac{\partial}{\partial w}MSE \tag{8.6}$$

이때 학습률을 적절한 값으로 사용자가 설정해야 한다. 학습률이 너무 작으면 최적의 가중치를 찾아가는데 너무 오래 걸릴 가능성이 크고, 너무 크면 최적의 지점을 건너 뛰어 버리고 발산할 수도 있다.

비용 함수를 가중치에 대해 편미분하면 현재 가중치에서 접선의 기울기와 같다. 그림 8.7은 비용 함수를 나타낸 것이며, 접선의 기울기를 양이라고 가정하였다.

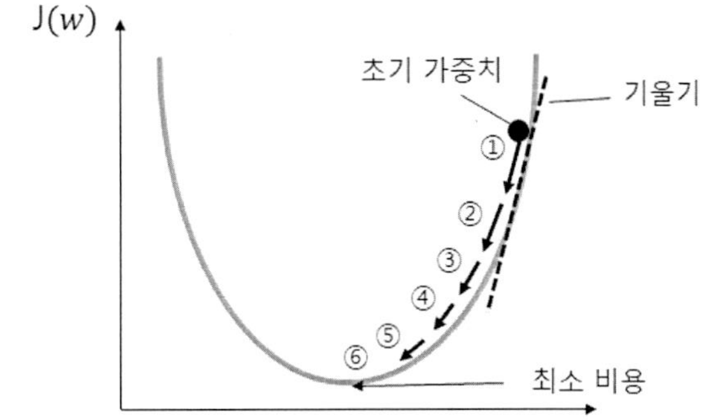

그림 8.7 경사 하강법

학습률은 양수인 실수이므로 원래의 가중치 값에서 어떤 크기의 음수만큼 빼 주게 된다. 따라서 가중치 값이 작아지게 되고, 왼쪽으로 이동하는 결과를 얻게 된다. 이와 같이 업데이트된 가중치에 대해 식 (8.6)의 과정을 반복하면 최적의 가중치를 찾을 수 있게 된다.

이와 같이 접선의 기울기(경사)가 감소하기 때문에 경사 하강법이라 부르며, 접선의 기울기의 절대 값이 0이 될 때 최적의 가중치 값을 얻게 된다.

최적의 바이어스 b를 찾는 과정도 이와 동일하다.

$$b := b - \alpha \frac{\partial}{\partial b} MSE \tag{8.7}$$

그림 8.8의 기온이 높아질수록 붕어팡 판매량이 줄어드는 경우를 예를 들어보자.

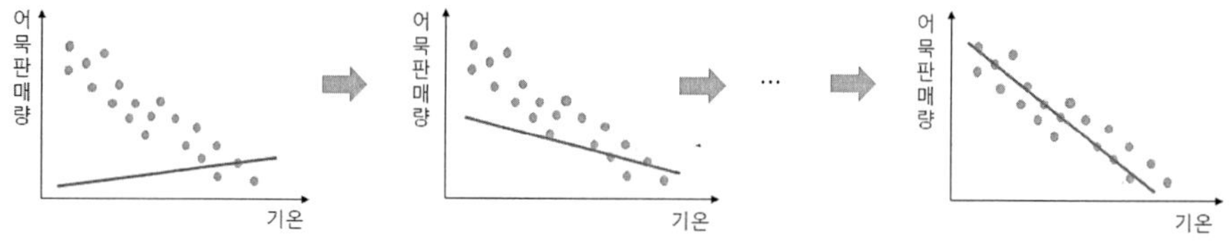

그림 8.8 경사하강법의 예

초기 값으로 설정된 가중치 w와 바이어스 b를 갖는 1차 선형 함수식은 데이터를 제대로 반영하지 못한다. 그러나 식 (8.6)과 (8.7)의 과정을 반복하는 과정에서 w와 b의 값이 최적 값에 가까워지면서 점점 나은 결과를 얻을 수 있음을 알 수 있다.

8.4 다층 퍼셉트론

앞 절에서 살펴본 바와 같이 단층 퍼셉트론은 입력과 출력만 존재하므로, 선형 분류만 가능하다는 문제점이 있었다. 다층 퍼셉트론은 비선형 분류를 가능하도록 하기 위해 은닉층(hidden layer)이라 불리는 한 개의 층을 추가한 신경망이다. 은닉층이 2개 이상인 신경망을 심층 신경망(Deep Neural Network, DNN)이라 한다.

그림 8.9는 은닉층이 한 개 추가된 다층 퍼셉트론을 나타낸 것이다.

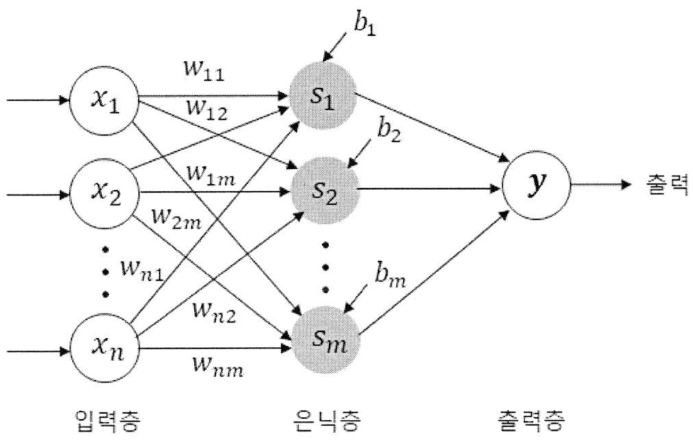

그림 8.9 다층 퍼셉트론

XOR는 기존의 AND, NAND, OR를 조합하여 만들 수 있기 때문에 퍼셉트론에서 층을 계속 추가하면서 만들 수 있다. 이와 같이 층을 여러 겹으로 쌓아가면서 선형 분류만으로 풀기 못했던 문제를 비선형적으로 풀 수 있게 된다.

그러나 다층 퍼셉트론은 출력 층의 목표 값을 알 수 있는 반면 은닉 층의 목표 값이 존재하지 않아 학습을 시킬 방법이 없다. 이러한 다층 퍼셉트론이 문제를 해결하기 위해 사용되는 방법이 오차 역전파 알고리즘이다.

오차 역전파(back propagation)란 오차를 역방향으로 전파하는 방법으로 경사하상법을 이용해 오차를 줄이는 방향으로 바로 앞 은닉층의 가중치를 수정해 간다.

경사 하강법을 이용한 오차 역전파 알고리즘을 이해하기 위해 그림 8.10의 간단한 다층 퍼셉트론을 가정해 보자.

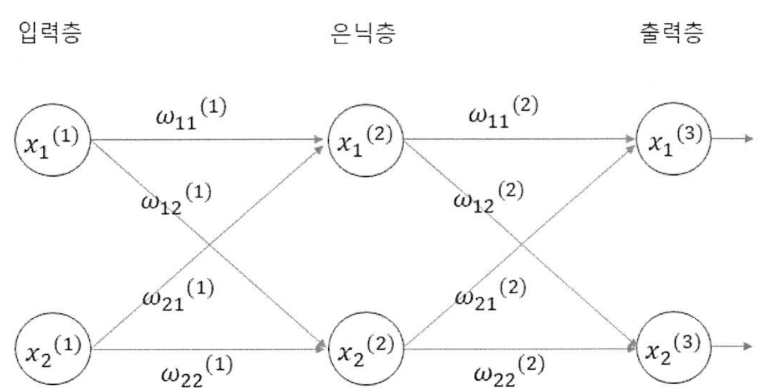

그림 8.10 다층 퍼셉트론의 예

k층의 i번째 노드와 $k+1$층의 j번째 노드를 연결하는 가중치를 w_{ij}^k로 표현하였다. 또한 은닉 층과 출력 층의 노드 값은 활성화 함수를 적용한 결과라고 가정한다.

이제 입력 층에서 은닉 층 사이의 흐름을 식으로 표현하면 다음과 같다.

$$x_1^{(2)} = w_{11}^{(1)} x_1^{(1)} + w_{21}^{(1)} x_2^{(1)} \tag{8.8}$$

$$x_2^{(2)} = w_{12}^{(1)} x_1^{(1)} + w_{22}^{(1)} x_2^{(1)} \tag{8.9}$$

마찬가지로 은닉층과 출력층 사이의 흐름은 다음과 같다.

$$x_1^{(3)} = w_{11}^{(2)} x_1^{(2)} + w_{21}^{(2)} x_2^{(2)} \tag{8.10}$$

$$x_2^{(3)} = w_{12}^{(2)} x_1^{(2)} + w_{22}^{(2)} x_2^{(2)} \tag{8.11}$$

이때 비용 함수를 오차의 제곱으로 정의하면 각 노드의 오차는 다음과 같이 계산된다.

$$J_1 = \frac{1}{2}(x_1^{(3)} - y_1)^2 \tag{8.12}$$

$$J_2 = \frac{1}{2}(x_2^{(3)} - y_2)^2 \tag{8.13}$$

이때 y_1, y_2는 입력 데이터 x_1, x_2에 대한 목표 값을 의미한다.

이제 오차 역전파를 이용하여 가중치 $w_{1,1}^{(2)}$와 $w_{21}^{(2)}$를 계산해 보자.

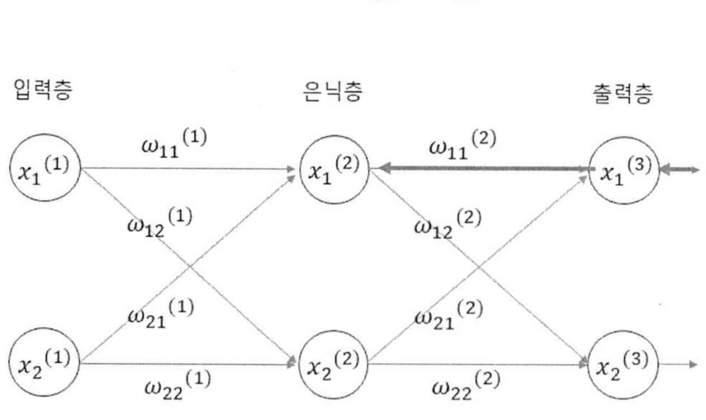

$w_{1,1}^{(2)}$는 식 (8.6)으로부터 다음과 같이 계산된다.

$$w_{1,1}^{(2)} := w_{1,1}^{(2)} - \frac{\partial(J_1 + J_2)}{\partial w_{1,1}^{(2)}} \tag{8.14}$$

여기서 $\frac{\partial(J_1 + J_2)}{\partial w_{1,1}^{(2)}}$는 다음과 같이 나타낼 수 있다.

$$\frac{\partial(J_1 + J_2)}{\partial w_{1,1}^{(2)}} = (x_1^{(3)} - y_1) \times x_1^{(3)}(1 - x_1^{(3)}) \times x_1^{(2)} \tag{8.15}$$

이는 가중치 업데이트를 위해 사용되는 오차의 가중치에 대한 미분은 역전파의 출발 노드 결과 값과 목표 값만으로 표현됨을 알 수 있다.

마찬가지 방법으로 $w_{2,1}^{(2)}$의 값을 갱신하기 위한 수식도 다음과 같이 표현할 수 있다.

$$w_{2,1}^{(2)} := w_{2,1}^{(2)} - (x_1^{(3)} - y_1) \times x_1^{(3)}(1 - x_1^{(3)}) \times x_2^{(2)} \tag{8.16}$$

이때 $w_{1,2}^{(2)}$, $w_{2,2}^{(2)}$을 계산해 보면 다음과 같다.

$$w_{1,2}^{(2)} := w_{1,2}^{(2)} - (x_2^{(3)} - y_2) \times x_2^{(3)}(1 - x_2^{(3)}) \times x_1^{(2)} \tag{8.17}$$

$$w_{2,2}^{(2)} := w_{2,2}^{(2)} - (x_2^{(3)} - y_2) \times x_2^{(3)}(1 - x_2^{(3)}) \times x_2^{(2)} \tag{8.18}$$

이제 은닉 층에서 입력 층으로 향하는 오차 역전파를 통해 $w_{1,1}^{(1)}$의 값을 갱신한다.

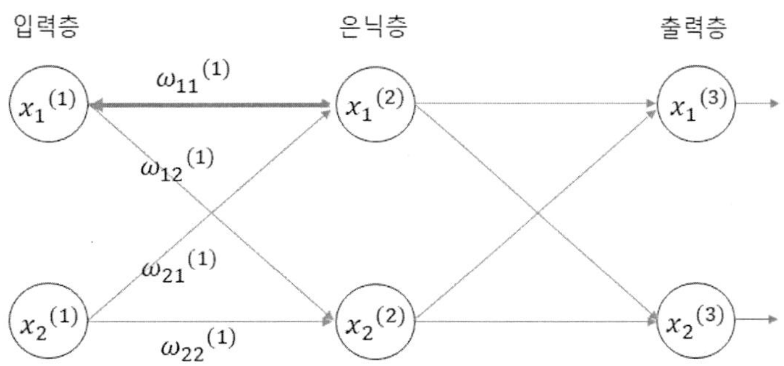

$w_{1,1}^{(1)}$을 갱신하기 위해 비용 함수 J_{total}를 $w_{1,1}^{(1)}$로 편미분하면 업데이트 식은 다음과 같다.

$$w_{1,1}^{(1)} := w_{1,1}^{(1)} - \delta_1^{(2)} x_1^{(1)} \tag{8.19}$$

여기서 $\delta_1^{(2)} = (x_1^{(2)} - y_1) \times x_1^{(2)} (1 - x_1^{(2)})$를 의미한다. 동일한 방법으로 $w_{2,1}^{(1)}$는 다음과 같이 업데이트 한다.

$$w_{2,1}^{(1)} := w_{2,1}^{(1)} - \delta_1^{(2)} x_2^{(1)} \tag{8.20}$$

마찬가지로 $\delta_2^{(2)}$를 다음과 같이 두고

$$\delta_2^{(2)} = (\delta_1^{(3)} w_{2,1}^{(2)} + \delta_2^{(3)} w_{2,2}^{(2)}) \times x_2^{(2)} (1 - x_2^{(2)}) \tag{8.21}$$

$w_{1,2}^{(1)}$, $w_{2,2}^{(2)}$를 업데이트 하면 다음과 같다.

$$w_{1,2}^{(1)} := w_{1,2}^{(1)} - \delta_2^{(2)} x_1^{(1)} \tag{8.22}$$

$$w_{2,2}^{(1)} := w_{2,2}^{(1)} - \delta_2^{(2)} x_2^{(1)} \tag{8.23}$$

결과적으로 모든 가중치에 대한 업데이트 식은 다음과 같이 정리할 수 있다.

$$w_{i,j}^{(k)} := w_{i,j}^{(k)} - \delta_j^{(k+1)} x_i^{(k)} \tag{8.24}$$

$$\delta_j^{(3)} = (a_j^{(3)} - y_j) \times x_j^{(3)} (1 - x_j^{(3)}) \tag{8.25}$$

$$\delta_j^{(2)} = (\delta_1^{(3)} w_{j,1}^{(2)} + \delta_2^{(3)} w_{j,2}^{(2)}) \times x_j^{(2)} (1 - x_j^{(2)}) \tag{8.26}$$

이와 같이 순전파, 역전파, 가중치 업데이트, 순전파의 방식을 반복적으로 실행하게 되면 목표 값과 예측 값의 오차가 0에 가까워지게 된다.

8.5 딥러닝

딥러닝은 은닉 층의 개수가 1~2개인 다층 퍼셉트론에 비해 수십 개에서 수백 개에 이르는 은닉 층을 사용하여 머신러닝 학습을 수행하는 것으로 심층 학습이라고도 한다.

다층 퍼셉트론은 비선형 문제와 복잡한 문제를 풀기 위해 사용되었으나, 은닉 층이 많아질수록 역전파 과정에서 데이터가 사라져 학습이 잘 되지 않는 기울기 소실(vanishing gradient) 문제가 발생한다. 또한 학습 데이터에 너무 과적합(overfitting)되어 새로운 데이터를 분류할 때 정확도가 떨어지는 한계점이 있다.

딥러닝은 기울기 소실(vanishing gradient) 문제를 해결하기 위해 시그모이드 활성화 함수 대신 ReLU(Rectified Linear Unit) 함수를 사용한다.

ReLU 함수는 입력이 다음과 같이 u가 0보다 작으면 0을 사용하고, 0보다 큰 값에 대해서는 해당 값을 그대로 사용하는 함수이다.

$$f(u) = \max(u, 0) \tag{8.27}$$

또한 과적합을 줄이기 위해 드롭아웃(drop out) 알고리즘을 사용한다. 딥러닝의 학습 과정에서 어떤 뉴런은 이전 층에 있는 특정 뉴런에서 출력된 값에 민감하게 반응하는 경우가 있으며, 이 두 뉴런이 연결될 때 과적합을 유발할 가능성이 있다. 특히 학습 데이터의 규모가 크지 않은 경우에는 더욱 가능성이 높다.

드롭아웃 알고리즘은 이러한 연결을 효과적으로 배제하고 신호를 전달하지 않게 함으로써 과적합을 줄이는 것이다.

딥러닝에 사용되는 알고리즘으로는 심층 신경망, 컨벌루션 신경망, 순환 신경망, 제한 볼츠만 머신, 심층 신뢰 신경망, 심층 Q-네트워크 등 다양한 형태의 수많은 알고리즘이 있으며, 각각의 장단점을 가지고 활용되고 있다.

특정 형태의 문제를 잘 해결하는 알고리즘이 다른 형태의 문제는 잘 풀지 못할 수도 있다. 따라서 상황에 알맞게 제대로 고안된 딥러닝 알고리즘은 인간의 사고와 분석의 한계를 넘어 엄청난 양의 데이터로부터 비즈니스 적 가치를 창출할 수 있도록 해준다.

이 교재에서는 가장 기본적이고 이해하기 쉬운 딥러닝 알고리즘에 대해 살펴보기로 한다.

8.5.1 컨벌루션 신경망

다층 퍼셉트론은 이미지 처리 시 픽셀과 뉴런을 일대일 대응시킨다. 따라서 사진의 크기가 달라지거나 조금만 변형되어도 인식을 제대로 하기 어렵다. 그러나 **컨벌루션 신경망(CNN, convolution neural network)**은 다차원 배열을 통해 데이터를 처리하기 때문에 이러한 다층 퍼셉트론의 단점을 보완해 줄 수 있다. 따라서 컨벌루션 신경망은 음성 인식이나 이미지 인식에서 주로 사용된다.

컨벌루션 신경망은 입력된 이미지로부터 기본적인 특징을 찾고, 그 특징들을 조합해서 복잡한 특징을 찾은 후 이를 토대로 이미지를 분류한다.

즉 컨벌루션 신경망의 기본 구조는 그림 8.11과 같이 특징 추출을 위한 컨벌루션층(convolution layer)과 풀링층(pooling layer), 분류를 위한 완전연결층(fully connected layer)으로 구성되어 있다.

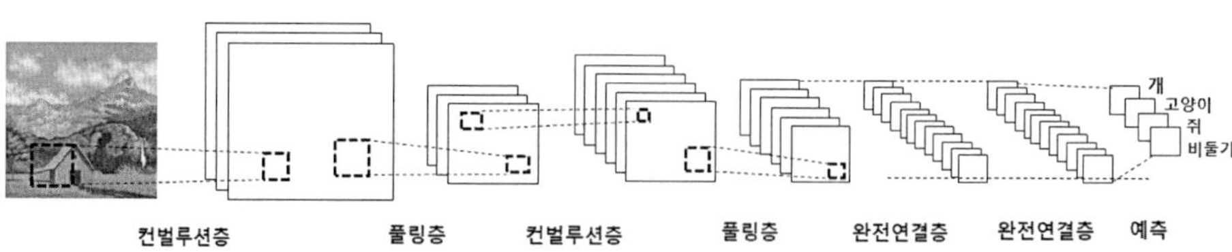

그림 8.11 컨벌루션 신경망의 구조

컨벌루션층은 필터를 사용하여 입력 이미지로부터 특징을 찾고, 그 부분을 부각시킨 새로운 이미지를 만든다. 그림 8.12.와 같이 가중치를 포함하는 필터는 이미지와 대응되는 해당되는 픽셀과 곱해 주면서 나온 값을 합하여 특징을 추출한다.

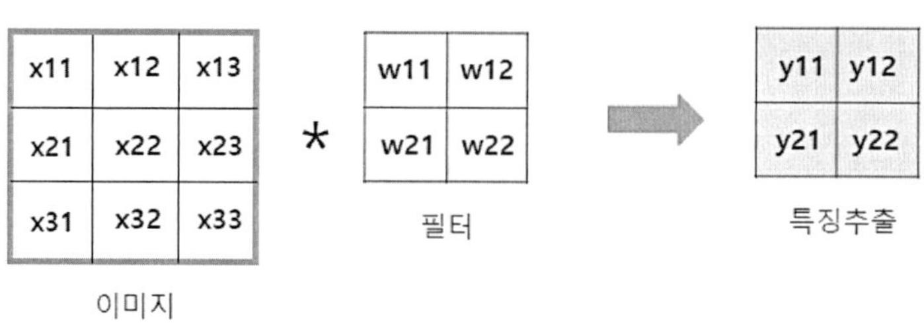

그림 8.12 컨벌루션 연산의 예

여기서 이미지와 필터의 컨벌루션 연산에 의한 특징 추출은 다음과 같이 계산된다.

$$y_{11} = x_{11}w_{11} + x_{12}w_{12} + x_{21}w_{21} + x_{22}w_{22}$$
$$y_{12} = x_{12}w_{11} + x_{13}w_{12} + x_{22}w_{21} + x_{23}w_{22}$$
$$y_{21} = x_{21}w_{11} + x_{22}w_{12} + x_{31}w_{21} + x_{32}w_{22}$$
$$y_{22} = x_{22}w_{11} + x_{23}w_{12} + x_{32}w_{21} + x_{33}w_{22}$$

풀링층은 컨벌루션 단계에서 찾은 특징을 크기 변화나 뒤틀림, 왜곡의 영향을 줄여주는 과정이다. 이미지 크기를 줄이는 것이 풀링의 핵심이다. 이미지 크기를 줄이기 위해 여러 픽셀을 하나의 픽셀로 줄일 때 해당 픽셀들의 대푯값을 구한다. 이 과정에서 왜곡의 영향이 줄어드는 것이다.

일반적으로 자주 사용되는 풀링 방법으로는 그림 8.13과 같이 정사각 형태의 픽셀 영역에서 최대값을 대푯값으로 설정하는 최대 풀링(max pooling)과 평균값으로 대푯값을 설정하는 평균 풀링(average pooling)이 있다.

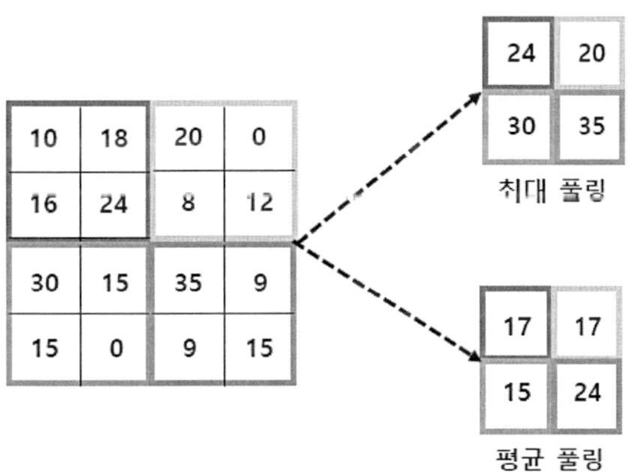

그림 8.13 최대 풀링 및 평균 풀링의 예

컨벌루션 신경망은 컨볼루션 단계와 풀링 단계를 여러 번 반복함으로써 이미지의 위치나 각도 변화 등에도 변함없이 강건함(topology invariance)을 유지할 수 있게 된다.

8.5.2 심층 신경망

심층 신뢰망(DBN, Deep Belief Network)은 다층 퍼셉트론에서 층의 수가 늘어나면서 발생하는 기울기 소멸 문제를 해결하고, 학습 데이터의 부족으로 인한 분류의 부정확을 해결하기 위해 만들어진 신경망이다.

그림 8.14와 같이 가시층(visible layer)과 은닉층(hidden layer)으로 구성된 제한 볼츠만 머신(RBM, Restricted Boltzmann Machine)을 빌딩 블록과 같이 층층이 쌓은 형태로 연결하고 있어 심층 신뢰망이라고 한다. 따라서 제한 볼츠만 머신은 심층 신뢰망의 뼈대가 되며, 같은 층의 내부 노드 간의 연결은 없고, 층과 층 사이의 연결만이 있음을 알 수 있다.

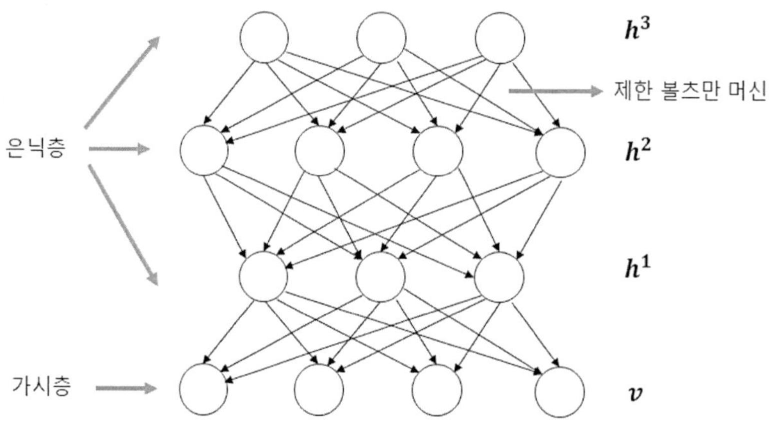

그림 8.14 볼츠만 머신과 제한 볼츠만 머신의 비교

v개의 가시층 노드들과 h개의 은닉층 노드들을 갖는 제한 볼츠만 머신은 다음과 같은 에너지 함수를 가진다.

$$E(v, h) = -\sum_{i=1}^{V}\sum_{j=1}^{H} v_i h_j w_{ij} - \sum_{i=1}^{V} v_i b_i^v - \sum_{j=1}^{H} h_j b_j^h \tag{8.28}$$

여기서 v와 h는 각각 가시층 노드 및 은닉층 노드들의 이진 상태 벡터, v_i는 노드 i의 상태, h_j는 노드 j의 상태를 의미한다. 또한 w_{ij}는 가시층 노드 i와 은닉층 노드 j 사이의 실수 값을 갖는 가중치이며, b_i^v, b_j^h는 각각 가시층 노드 i 및 은닉층 노드 j의 실수 값을 갖는 바이어스를 뜻한다. 가시층 노드 v와 은닉층 노드 h 간의 확률은 다음과 같이 계산된다.

$$p(v,h)=\frac{e^{-E(v,h)}}{\sum_u\sum_g e^{-E(u,g)}} \tag{8.29}$$

특정 가시층 노드 v와 은닉층 노드 h의 확률은 각각 다음과 같다.

$$p(v)=\sum_g p(v,g)=\frac{e^{-E(v,g)}}{\sum_u\sum_g e^{-E(u,g)}} \tag{8.30}$$

$$p(h)=\sum_v p(v,g)=\frac{e^{-E(u,h)}}{\sum_u\sum_g e^{-E(u,g)}} \tag{8.31}$$

따라서 아래의 조건부 확률들이 유도된다.

$$p(v|h)=\frac{p(v,h)}{p(h)}=\frac{e^{-E(v,h)}}{\sum_u e^{-E(u,h)}} \tag{8.32}$$

$$p(h|v)=\frac{p(v,h)}{p(v)}=\frac{e^{-E(v,h)}}{\sum_g e^{-E(v,g)}} \tag{8.33}$$

또한 가시층 노드 사이의 연결과 은닉층 노드들 사이의 연결이 없으므로 다음과 같은 활성화 확률을 유도할 수 있다.

$$p(v_k=1|h)=\frac{1}{1+\exp(-(\sum_{j=1}^{H}h_j w_{kj}+b_k^v))} \tag{8.34}$$

$$p(h_k=1|v)=\frac{1}{1+\exp(-(\sum_{i=1}^{V}v_i w_{ij}+b_k^h))} \tag{8.35}$$

제한 볼츠만 머신은 노드에 가충치를 곱한 다음 시그노이드 함수를 적용하여 은닉 층의 값을 구한다는 점에서 역전파와 비슷하다. 그러나 역전파 신경망에서는 시그모이드 결과 값이 바로 노드의 출력 값이 되지만, 제한 볼츠만 머신에서는 노드의 값을 결정짓기 위한 확률 값이다. 예를 들어 0.8이라고 하면 역전파 신경망에서는 0.8이 바로 노드의 출력 값이지만, 제한 볼츠만 머신에서는 0.8이 확률 값이므로 노드 출력 값은 이 확률에 따라 결정된다.

심층 신뢰망의 학습 방법은 그림 8.15와 같이 1단계 제한 볼츠만 머신의 사전 학습이 완료되면 그 결과 값이 2단계 제한 볼츠만 머신의 입력값으로 사용되며, 이때 1단계에서 사용된 가중치는 고정된다. 동일한 방법으로 마지막 은닉층까지 차례대로 반복되며, 이와 같은 층별 선 학습의 목적은 각 은닉층에 존재하는 가중치를 가능한 한 목표 값에 가깝게 만드는 것이다.

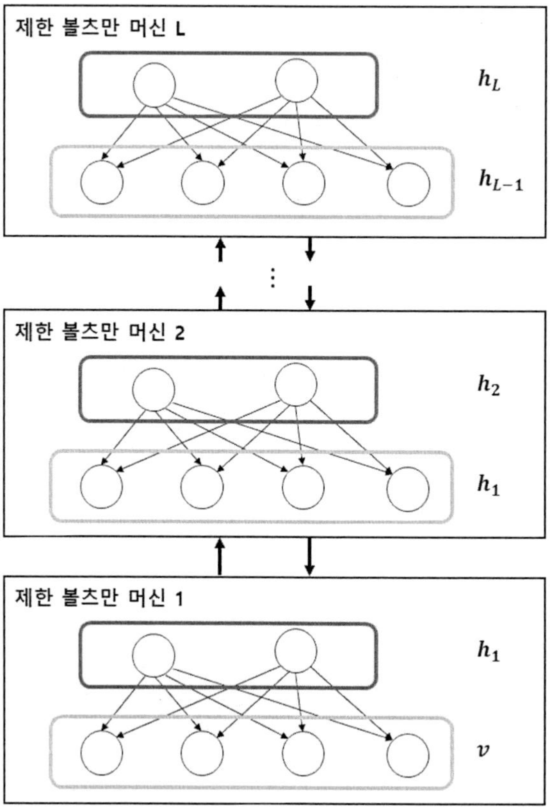

그림 8.15 심층 신뢰망의 학습 과정

심층 신뢰망은 목표 값이 없이 입력 데이터만으로 학습이 수행되는 비지도 학습이며, 학습 데이터가 충분하지 않을 때 유용하다. 주로 음성의 특징 벡터를 입력 시 해당 단어를 판단하거나 사람의 얼굴 방향을 인식하거나 문서의 코드화 작업 등에 사용되고 있다.

8.6 Keras를 이용하여 딥러닝 구현하기

이 절에서 사용하는 라이브러리는 Keras와 Tensorflow이다. Tensorflow는 구글의 인기 있는 딥러닝 라이브러리 중 하나이며, Keras는 Tensorflow를 쉽게 다루기 위한 라이브러리이다.

Keras에서는 모델 학습을 위해 fit() 함수를 사용한다. 이때 반환 값으로 학습 이력(history) 정보를 리턴한다. 여기에는 아래의 항목들이 포함되어 있으며, 매 epoch 마다의 값들이 저장된다. epoch는 학습 데이터의 반복 학습 횟수를 의미한다.

- loss : 학습 손실 값
- acc : 훈련 정확도
- val_loss : 검증 손실 값
- val_acc : 검증 정확도

학습이 끝나면 다음의 코드로 쉽게 확인이 가능하다.

```
hist = model.fit(X_train, Y_train, validation_data=(X_validation, Y_validation), epochs=30,
batch_size=500)

print(hist.history['loss'])
print(hist.history['acc'])
print(hist.history['val_loss'])
print(hist.history['val_acc'])
```

또한 matplotlib의 pyplot를 이용하여 각 결과를 그래프로 확인이 가능하다.

다음의 예제는 Keras에서 제공하는 MNIST 손글씨를 이용하여 딥러닝하는 프로그램이다. MNIST는 간단한 컴퓨터 비전 데이터 셋으로 다음과 같이 손으로 쓰여진 이미지로 구성되어 있다. 또한 그 숫자가 어떤 숫자인지 알려주는 각 이미지에 대한 라벨(label)을 포함하고 있다. 예를 들어 아래의 이미지의 경우 라벨은 5, 0, 4, 1이다.

MNIST 데이터는 55000개의 학습 데이터(mnist.train), 10000개의 테스트 데이터(mnist.text), 그리고 5000개의 검증 데이터(mnist.validation)의 세 부분으로 나뉜다.

또한 앞서 설명한 바와 같이 각 MNIST 데이터 셋은 두 부분, 즉 손으로 쓴 숫자와 그에 따른 라벨로 구성된다. MNIST에 관한 자세한 설명은 13장에서 추가적으로 다루기로 한다.

이 절에서는 이미지를 보고 어떤 숫자인지 예측하는 모델을 간단하게 훈련하며, 소프트맥스(softmax) 회귀라고 불리는 간단한 모델로 시작한다.

소프트맥스 회귀는 어떤 것이 서로 다른 여러 항목 중 하나일 확률을 계산하고자 할 때 적합하다. 소프트맥스는 각 값이 0과 1 사이의 값으로 이루어지고, 각 값을 모두 합하면 1이 되기 때문이다. 예를 들어 9가 쓰여진 이미지는 9라고 추측될 확률이 80% 정도이지만, 5%의 확률은 8일 수도 있고, 그 외의 다른 숫자일 확률도 조금씩 있을 수 있다. 이러한 상황은 소프트맥스 회귀를 사용하기에 아주 적절한 예라 할 수 있다.

```
from keras.datasets import mnist
from keras.utils import np_utils
from keras.models import Sequential
from keras.layers import Dense
import matplotlib.pyplot as plt

# MNIST 데이터 불러오기 및 실수화 한 후 0~1의 값으로 정규화
(X_train, Y_train), (X_validation, Y_validation) = mnist.load_data()
X_train = X_train.reshape(X_train.shape[0], 784).astype('float64') / 255
X_validation = X_validation.reshape(X_validation.shape[0], 784).astype('float64') / 255
# to_categorical() 함수로 label에 해당하는 [0, 9]사이의 숫자를 바이너리 배열로 변환(one-hot
encoding)
Y_train = np_utils.to_categorical(Y_train, 10)
Y_validation = np_utils.to_categorical(Y_validation, 10)

# 모델 프레임 설정
```

```
model = Sequential()      # 레이어를 순차적으로 연결하는 모델
# add() 명령어로 레이어 추가
# Dense(unit, activation) : unit(완전연결 레이어로 출력 개수), activation(활성화 함수)
model.add(Dense(512, input_dim=784, activation='relu'))
model.add(Dense(10, activation='softmax'))

# 모델 실행 환경 설정
# loss : 손실 함수, optimizer : 학습 최적화, metrics : 모델이 평가할 항목들
model.compile(loss='categorical_crossentropy', optimizer='adam', metrics=['accuracy'])

# 모델의 실행
# epochs : 입력 데이터 학습 횟수, batch_size : 학습 시 사용되는 데이터 수
# validation_data : 검증 데이터로 하나의 epoch가 끝날 때마다 모델을 평가함
# verbose : 학습 중 출력되는 로그 수준(0, 1, 2)
hist = model.fit(X_train, Y_train, validation_data=(X_validation, Y_validation), epochs=30,
batch_size=500)

print('\nAccuracy:{:.4f}'.format(model.evaluate(X_validation, Y_validation)[1]))

fig, loss_ax = plt.subplots()
acc_ax = loss_ax.twinx()

loss_ax.plot(hist.history['loss'], 'y', label='train loss')
loss_ax.plot(hist.history['val_loss'], 'r', label='val loss')
loss_ax.set_xlabel('epoch')
loss_ax.set_ylabel('loss')
loss_ax.legend(loc='upper left')

acc_ax.plot(hist.history['acc'], 'b', label='train acc')
acc_ax.plot(hist.history['val_acc'], 'g', label='val acc')
acc_ax.set_ylabel('accuracy')
acc_ax.legend(loc='upper left')
plt.show()
```

실행 결과 그래프로부터 각각의 항목들의 추이를 확인할 수 있다. epoch 수가 높아짐에 따라 학습 데이터의 정확도와 검증 정확도가 높아지는 것을 확인할 수 있다.

이 예제의 경우 학습 속도 조절을 위해 epochs 값과 batch_size 값을 임의로 조정한 것이서 과적합이 발생하는 시점을 확인할 수 없으나, 보통 epochs 값이 지나치게 클수록 과적합이 발생하여 실제 검증 정확도 val_acc는 점점 하락하게 된다.

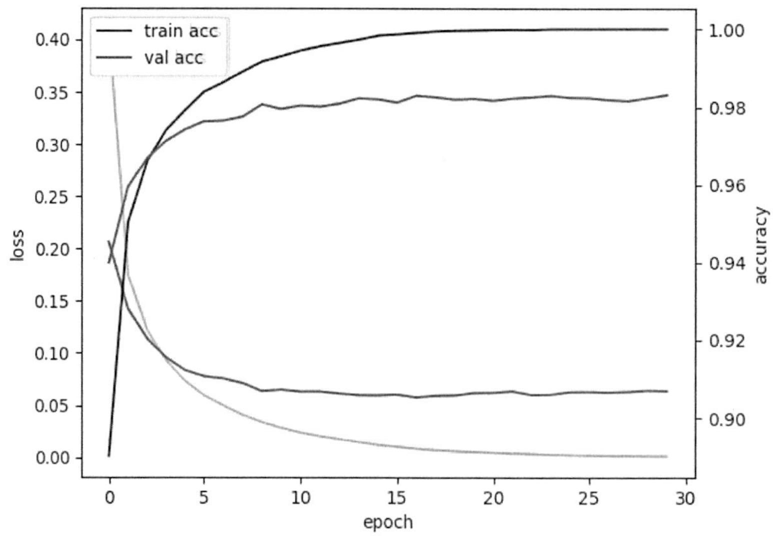
train acc
val acc
loss
accuracy
epoch
0.40
0.35
0.30
0.25
0.20
0.15
0.10
0.05
0.00
1.00
0.98
0.96
0.94
0.92
0.90
0
5
10
15
20
25
30

CHAPTER

09

구글 어시스턴트와 음성 인식

요즘 유투브를 보면 OK 구글이라는 광고를 많이 볼 수 있다. 이것이 바로 구글 어시스턴트인데 쉽게 말하자면 인공지능 비서라고 할 수 있다. 글로벌 1위 기업인 구글에서 적극적으로 홍보를 할만큼 매우 다양한 기능과 편리성으로 최근 주목받고 있는 추세이다. 폰으로 오늘의 날씨를 묻거나, 주변 맛집을 추천 받을 수 있으며, 정치, 경제와 관련한 다양한 질문을 통해 실시간으로 답변을 받을 수 있다. 구글 어시스턴트는 핸드폰 뿐만 아니라 IoT와 관련한 스마트홈 기구들의 동작들도 지원한다. 스마트 가구만 산다면 조명의 ON/OFF, 집의 온도 조설, 에어컨 작동 등을 할 수도 있다. 이 장에서는 구글 어시스턴트의 개발 환경 구축에 관해 알아보고, 인공지능과 접목된 젯슨 나노의 개발 환경과 GPIO 라이브러리 구축 등에 관해 살펴본다.

9.1 구글 어시스턴트란?

9.1.1 구글 어시스턴트의 개요

구글 어시스턴트(Google Assistant)는 2016년 구글이 발표한 새로운 인공지능 비서 서비스이다. 기존에 구글이 제공하던 카드형 서비스인 Google Now의 강력한 정보 분석 기능과 음성 인식 기능을 통해 사용자의 피드백과 정보를 쌓으면서 매우 강력한 인공지능 비서 서비스를 만든 것이다.

구글은 2018년 1월 38개국에 구글 어시스턴트를 지원해 총 52개국에서 서비스하겠다고 밝혔다. 구글 어시스턴트 지원 국가를 확대하면서 자체 AI 스피커 'Google Home' 시리즈를 더 많은 지역에 출시하였으며, Google Home은 일부 국가에서는 택시 호출이나 피자 주문과 같은 기능까지도 사용할 수 있게 되었다.

구글 어시스턴트는 시리(Siri) 등을 포함한 다른 인공지능 비서 서비스에 비해 더 낫다는 의견이 많다. 스마트 스피커에 탑재된 인공지능 비서 서비스들을 비교한 결과, 81%의 정답률로 52.3%의 정답률을 보인 시리를 약 30% 차로 앞섰다. 그러나 HomePod의 시리는 내비게이션이나 캘린더, 메일, 전화 등에 대응되지 않아 해당 분야의 질문을 빼면, 시리의 정답률이 당초 52.3%에서 67%로 상향되었다.

구글 어시스턴트의 발전으로 인해 추가적인 명령어 없이도 억양과 목소리 톤을 완전히 사람과 비슷하게 구사하여 사람 없이도 미용실 예약을 스스로 해내기도 한다. 아직 빅스비나 시리는 무엇인가에 대해 명령어를 내리면 단지 이행만 하고 추가적인 진행을 해 주지 않는데(정보를 검색하면 인터넷 결과만 띄워주고 마는 형식) 비해, 구글 어시스턴트는 사용자가 원하는 방식의 결과만을 빼내어 간단하게 보여줄 수 있다는 장점이 있다. 즉 정보를 검색하고 사용자가 원하는 검색 결과를 분석하여 스스로 선택한 후 다시 표시해 준다. 이제까지는 빅스비, 시리, 구글 어시스턴트 세 개의 음성 인식 비서 모두 단순히 결과를 표시하는 프로그램이었지만, 구글 어시스턴트는 진정한 "비서"로서의 기능이 강화되었다고 볼 수 있다.

구글 어시스턴트는 2016년 10월 구글이 개발한 일부 스마트폰(픽셀, 픽셀 XL)에만 사용이 가능하였으나 2017년 2월 타사 스마트폰과 안드로이드 웨어를 포함한 다른 안드로이드에도 사용되기 시작하였으며, 5월 iOS 운영체제의 독립적인 앱으로 출시되었다.

2017년 4월 소프트웨어 개발 키트의 발표와 함께 어시스턴트는 자동차, 스마트 홈 어플라이언스와 같은 다른 여러 장치를 지원하게 되었으며, 여러 IoT 제품과의 연동으로 구글 어시스턴트를 사용하여 제어가 가능하다.

사용자는 구글 어시스턴트와 자연 음성으로 상호 작용하지만 장치를 통한 입력도 가능하다. 인터넷을 검색하고 이벤트와 알람을 스케줄링하며, 사용자 장치의 하드웨어 설정을 조정하고 사용자의 구글 계정 정보를 표시할 수 있다.

다음은 구글 어시스턴트를 사용하여 질문하고 장치를 제어하기 위한 예시들이다.

- 에베레스트 산의 높이는 얼마야?
- 한글날이 언제인지 알려 줘
- 내일 서울 날씨 어때?
- 대한한공 023편 언제 출발해?
- 주변 한정식 집 추천해줘
- 피자집이 부근에 있어?
- 알람 맞춰
- 사인 35도는 얼마야?
- TV 켜 줘
- 1마일은 몇 킬로미터야?
- 엄마한테 30분 늦는다고 문자 해 줘
- 오늘 미세먼지 알려 줘

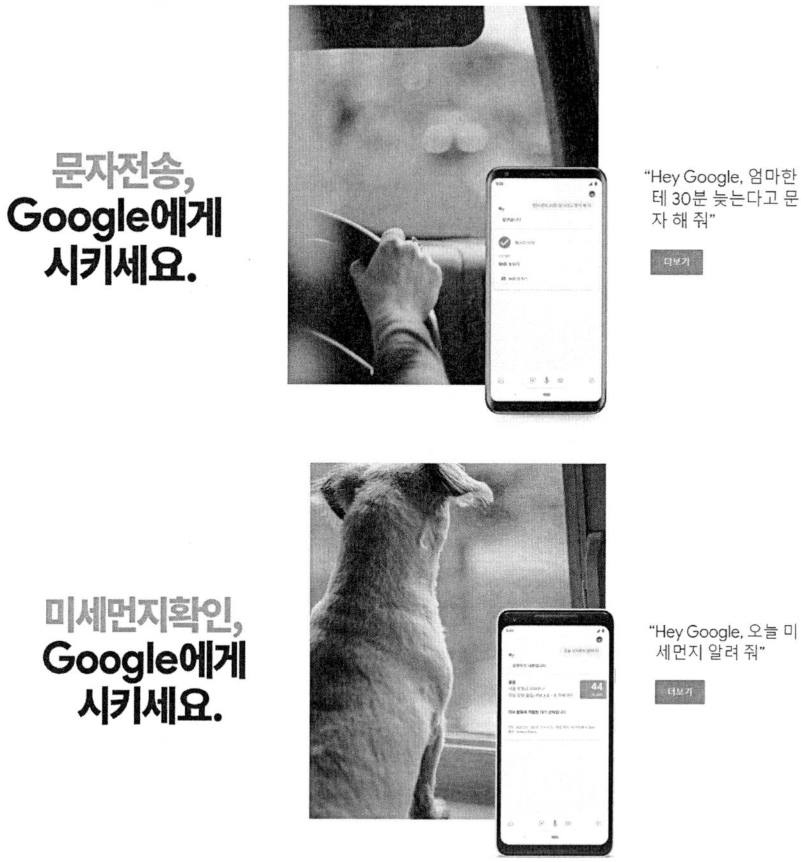

그림 9.1 구글 어시스턴트 [출처 : 나무위키]

구글 어시스턴트는 gRPC에서 지원하는 모든 플랫폼에서 Go, C ++, 자바 등 다양한 언어에서 이 API에 대한 바인딩을 생성 할 수 있다.

9.1.2 기본적인 하드웨어 요구 사항

구글 어시스턴트 서비스는 시작하기 전 다음의 하드웨어 구성 요소가 필요하다.

- 지원되는 플랫폼 중 하나에서 실행되고 인터넷에 연결된 장치
- 마이크로폰
- 스피커

9.1.3 구글 어시스턴트 서비스 단계

구글 어시스턴트는 다음의 과정을 통해 기기에서 작동하는 서비스 샘플을 가져온다.

1. 하드웨어 및 네트워크 억세스를 설정
2. 오디오 설정 및 테스트
3. 개발자 프로젝트 및 계정 설정 구성
4. 장치 모델 등록
5. 샘플 코드 실행

9.2 구글 어시스턴트 개발 환경 구축

9.2.1 구글 어시스턴트 SDK

구글 어시스턴트 SDK(Servce Develop Kit)는 음성 제어, 자연어 이해 및 구글의 스마트함을 추가할 수 있다. 내일 날씨 어때? 라는 음성 오디오를 요청하면 캡처하여 구글 어시스턴트로 보내고 원본 테스트와 함께 음성 오디오 응답을 받게 된다.

구글 어시스턴트 서비스는 어시스턴트 요청 및 응답의 오디오 바이트를 직접 조작할 수있는 저수준 API를 노출한다. 이 API에 대한 바인딩은 gRPC를 지원하는 모든 플랫폼에서 Node.js, Go, C ++, Java와 같은 언어로 생성 될 수 있다. 파이썬은 오디오 캡처, 오디오 재생 및 대화 상태 관리를 위해 참조 코드를 제공된다.

다음의 표 9.1은 구글 어시스턴트 서비스의 플랫폼 호환성 요구 사항을 나타낸 것이다.

표 9.1 구글 어시스턴트 서비스의 플랫폼 호환성 요구 사항

구글 어시스턴트 서비스	
지원되는 아키텍처	모든 gRPC 플랫폼
지원되는 언어	모든 gRPC 언어
핸즈프리 활성화(ok google)	No
오디오 캡처 및 재생	참조 코드 제공
대화 상태 관리	참조 코드 제공
타이머 및 알람	No
팟 캐스트 및 뉴스 재생	No
음성 메시지 방송	No
어시스턴트 응답의 시각적 출력(HTML5)	Yes

SDK를 사용하면 구글 어시스턴트를 설치한 후 Actions on Google로 고유한 기능을 추가할 수 있어 프로젝트를 빠르게 구축할 수 있다.

9.2.2 Device Actions 개요

Google Assistant SDK를 사용하면 구글 어시스턴트를 자신의 프로젝트에 포함하여 Google Home과 유사하게 작동할 수 있다. 그러나 프로젝트에 Google Home에 없는 고유한 하드웨어 기능이 있을 수 있다. 예를 들어 밝기 및 색상 설정을 맞춤 설정할 수 있는 고유한 LED 디스플레이가 있을 수 있다.

Device Actions는 개발자가 개발하는 프로젝트에서 어시스턴트가 수행할 수 있는 작업을 확장하여 하드웨어 기능을 최대한 활용할 수 있도록 하는 도구 및 API 세트이다.

9.2.3 기본 제공 Device Actions

구글은 조명, 가전제품, 카메라를 비롯한 일상적인 작업을 위한 다양한 공통 기본 제공 장치 작업을 만들었다. 이러한 작업을 통해 구글 어시스턴트의 자연어 처리 기능을 활용하여 프로젝트를 제어 할 수 있다. 예를 들어 조명이 있는 프로젝트는 다양한 방식으로 켤 수 있다.

- ok Google, 조명을 켜
- Hey Google, 내 조명을 켜
- ok Google, 내 거실 조명을 켜

다음과 같은 많은 스마트홈 특성에 대한 명령에 응답하는 자신 만의 프로젝트를 만들 수 있다.

- ok Google, 밝기를 50%로 설정해 줘
- Hey Google, 온도를 98도로 설정해 줘

9.2.4 사용자 지정 Device Actions

고유한 하드웨어에 대한 사용자 지정 장치 작업을 만들 수도 있다. 이러한 작업의 경우 문법 및 명령을 정의한다.

- Ok Google, 내 조명을 5번 깜박거리게 해 줘
- Hey Google, 왼쪽으로 이동해.

9.2.5 동작 방법

기기에는 구글 어시스턴트 서비스에 접근하기 위한 자격 증명과 함께 구글 어시스턴트 SDK가 설치되어 있다. 장치는 음성 요청을 전송하고 장치의 온보드 LED를 켜도록 서비스에 요청한다. 또한 장치는 모델 및 장치 인스턴스 식별자를 전송하므로 서비스가 요청에 대한 컨텍스트에서 가장 잘 응답하는 방법을 결정할 수 있다.

이 서비스는 ASR(자동 음성 인식)을 사용하여 사용자가 말한 단어를 확인하고, NLP (Natural Language Processing)를 사용하여 이러한 단어에서 요청의 의미를 분석하고 이해하고, 일치된 장치를 사용하여 요청에 대한 콘텍스트(context)를 제공한다. 이 콘텍스트는 장치가 지원하는 작업과 이러한 작업을 수행하는 방법을 정의하므로 중요하다.

서비스는 장치 별 명령과 함께 사용자에게 다시 음성으로 전달되는 텍스트로 응답하며, 장치는 이 명령을 어떻게 다루어야 하는지를 알게 된다.

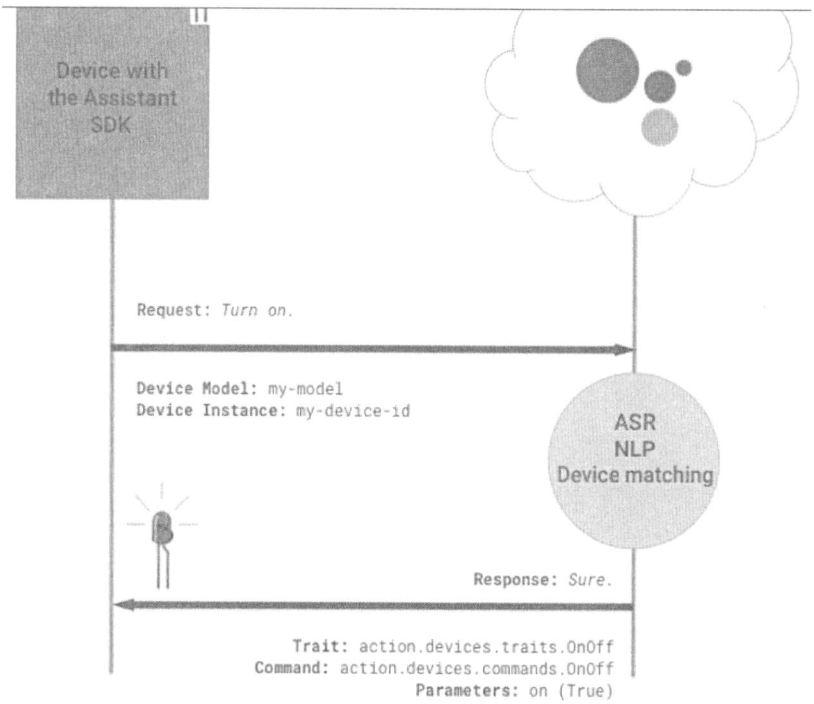

그림 9.2 Actions on Google 음성 처리 방법

프로젝트에 구글 어시스턴트를 설치한 후 기기 작업으로 고유 기능을 추가하면 구글 어시스턴트 서비스를 사용하여 프로젝트를 개발할 수 있다.

9.3 젯슨 나노 개발 환경

9.3.1 젯슨 나노의 개요

엔비디아(NVIDA)가 개발한 싱글보드 컴퓨터 젯슨 나노(Jetson NANO)는 아두이노, 라즈베리파이, 마이크로비트, 라떼판다와 같은 오픈소스 하드웨어 중에서 비교적 최신 플랫폼으로 분류된다. 소프트웨어 구성은 라즈베리파이와 비슷하며, 2019년에서 2020년 해외 유명 매체에서 선정한 최고의 오픈소스 하드웨어로 선정된 바 있다.

젯슨 나노의 크기는 라즈베리파이보다 조금 더 크며, 인공지능(AI) 연산에 엔비디아의 고성능 GPU를 활용할 수 있어 최근에는 AI가 접목된 프로젝트의 메인 보드로도 널리 쓰이는 추세다.

젯슨 나노 구동에 필요한 운영체제는 공식 홈페이지에서 무료로 다운로드받을 수 있다. 리눅스 환경에서 작동하며, 라이선스는 무료이다. 우분투 18.04 LTS 버전을 기준으로 엔비디아 자체 커스텀이 적용되어 우분투 운영체제에 친숙한 개발자라면 더욱 익숙하게 사용할 수 있다.

언어는 영어뿐 아니라 한글도 지원한다. 확장성 면에서는 USB 3.0, 카메라, 디스플레이, mSATA, SD카드 slot, GPIO 40핀 단자를 탑재해 외부 액세서리 연결에 유연하게 대응할 수 있는 모습이다. Wi-Fi와 블루투스를 기본 지원하지 않는 것이 단점이지만, 별도의 모듈을 구입하면 모두 사용할 수 있다.

그림 9.3 젯슨 나노

일반적으로 산업용 컴퓨터와 인공지능 프로젝트에 많이 사용하는 라즈베리파이 4와 라떼판다, 그리고 알파와 종합적으로 비교해 볼 때, 젯슨 나노의 성능은 뒤처지지 않는다. 오히려 GPU(그래픽 연산 처리) 부분에서는 동급 제품들과 비교해 가성비가 뛰어나 인공지능과 딥러닝 연산에 특화된 싱글보드 컴퓨터로 분류되고 있다.

텐서플로우(TensorFlow), 파이토치(PyTorch) 등 여러 가지 딥러닝 프레임워크와도 적합하며, 개발용 보드로서 전망이 좋은 제품으로 꼽힌다.

젯슨 나노는 대학생들이 졸업 작품을 만들 때 또는 로봇 개발 대회의 메인보드로 사용되기도 한다. 과거 아두이노 또는 라즈베리파이 위주였던 대학 교육 과정에 향후 새로운 트렌드인 인공지능 교육을 위해 젯슨 나노가 도입될 가능성도 크다.

다양한 인공지능 영역 가운데 젯슨 나노는 주로 물체를 식별하고, 카메라에서 수신된 비디오 신호로 영상처리를 하는 인공지능 작업에 특화되어 있다. 즉 젯슨 나노는 이미지, 음성 등의 여러 가지 데이를 수집하여 분석하고 예측하고 처리할 수 있으며, 액츄에이터와 센서를 제어하는데 사용된다. 또한 오픈 리눅스 운영체제를 탑재하고 있어 다양한 임베디드 제품 개발에도 용이하다.

본 교재에서는 젯슨 나노와 구글 어시스턴트를 연동하여 음성 인식을 통한 장치의 제어 방법에 대해 학습하도록 한다.

9.3.2 젝슨 나노 하드웨어 및 운영체제

젯슨 나노의 개발 환경을 구축하기 위해서는 데스크톱의 본체에 해당하는 부분으로 입출력 장치는 별도로 구비해야 한다. 필수로 사용해야 하는 모니터와 같은 디스플레이 장치와 연결을 위한 HDMI 케이블, 보조 기억 장치 역할을 하는 Micro SD 메모리, 키보드와 마우스 등의 입력 장치 그리고 전원을 공급하기 위한 Micro USB 케이블이 필요하다.

인터넷을 사용하거나 USB 포트 확장을 위해 또는 기타 목적을 위해 다음과 같은 추가 액세서리를 사용한다.

무선 랜카드

젯슨 나노는 Wi-Fi 모듈을 기본적으로 장착하고 있지 않으므로 Wi-Fi 또는 블루투스 등의 무선 통신을 사용하려면 무선 랜카드, Wi-Fi 동글, 블루투스 동글을 추가 장착을 통해 사용할 수 있다.

LAN 케이블

젯슨 나노는 이더넷 포트를 통해 인터넷을 사용할 수 있다. 젯슨 나노는 기가 이더넷을 지원하므로 빠른 성능을 발휘할 수 있다.

카메라

젯슨 나노의 CSI 포트와 USB 포트를 통해 카메라를 연결하여 사진 및 동영상을 촬영할 수 있다. 젯슨 나노는 Pi Cam V2를 연결하여 사용할 수 있으며, USB 포트로 일반적으로 많이 사용하는 웹 캠을 연결해서 사용할 수 있다.

사운드 카드

젯슨 나노는 오디오를 연결할 수 있는 오디오 잭이 없다. 외장 사운드 카드를 구매해서 장착하면 스피커와 마이크를 사용할 수 있다.

기타

젯슨 나노는 소비 전력이 큰 외부 USB 장비를 연결하여 쓸 때 발생되는 전력 부족을 막기 위해 독립 전원 USB 허브를 사용하기도 한다. GPIO 사용을 편리하게 해 주는 어댑터 보드와 케이블도 사용 가능하다.

젯슨 나노의 운영 체제는 엔비디아에서 공식적으로 지원하는 젯팩(JetPack)이다. 젯팩은 공개소프트웨어로 엔비디아 홈페이지(https://developer.nvidia.com/embedded/jetpack)에서 다운로드 할 수 있다.

9.3.3 젯팩 설치

먼저 엔비디아 개발자 홈페이지(https://developer.nvidia.com/embedded/jetpack)에 접속한 후 Downloads 탭을 클릭한다.

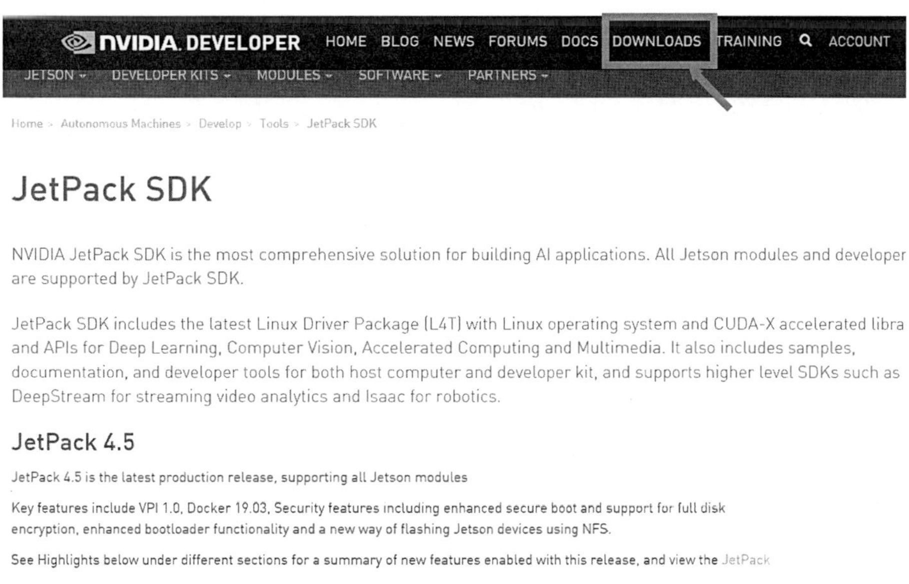

그림 9.4 엔비디아 개발자 홈페이지 화면

그림 9.5의 화면이 나타나면 Jetson을 선택하여 클릭한다.

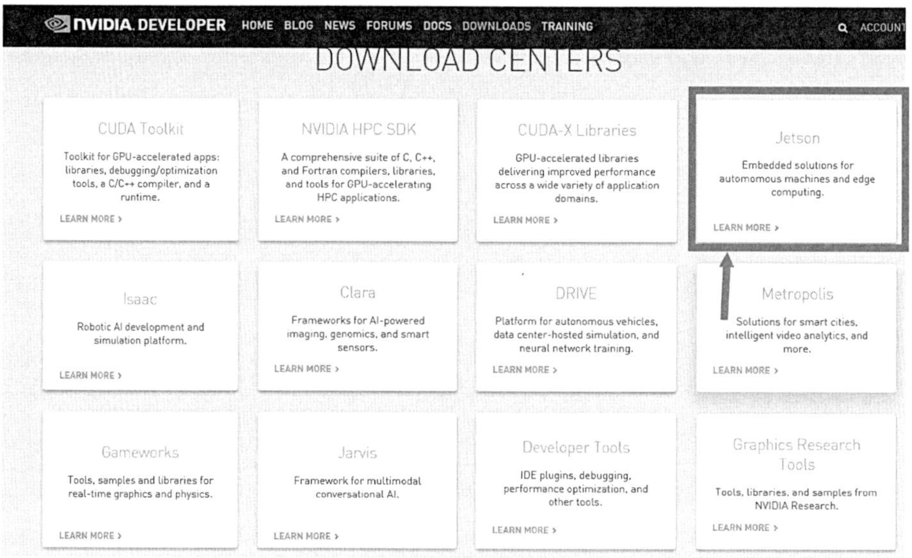

그림 9.5 다운로드 화면

Jetson Down load Center 창이 열리면 그림 9.6과 같이 SD card image를 눌러 설치 파일을 PC에 다운로드 받을 수 있다. 다운로드 받은 파일을 압축 해제 하면 이미지(.img) 파일이 생성된다.

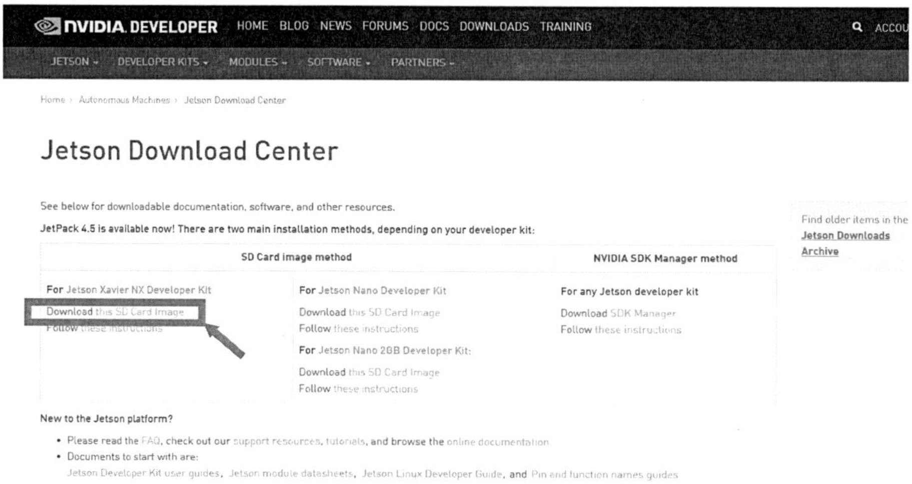

그림 9.6 Jetson Dowunload Center 화면

젯팩 운영 체제 이미지 파일을 마이크로 SD 메모리 카드에 저장하기 위해 Win32DiskImager 소프트웨어를 이용한다.

Win32DiskImager 사이트(http://sourceforge.net/projects/win32diskimager/)에서 다운로드 버튼을 눌러 설치 파일을 다운로드 한다.

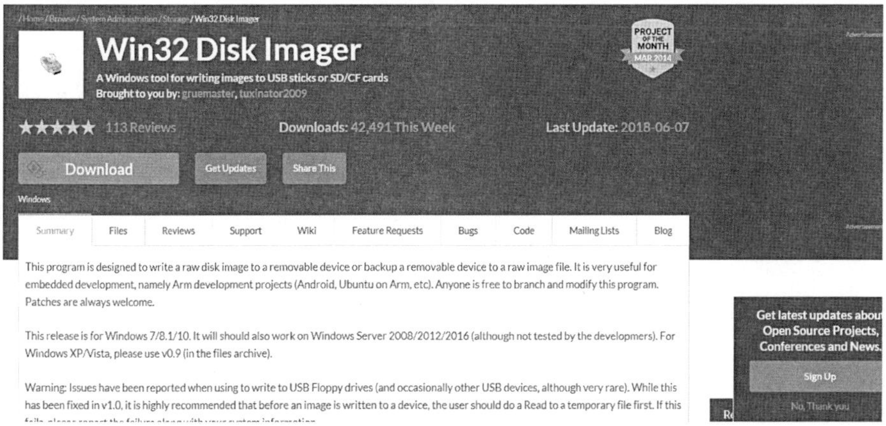

그림 9.7 Win32 Disk Imager 다운로드 화면

Win32DiskImager 설치 파일을 실행하면 그림 9.8과 같이 설치 마법사 창이 열리고 라이선스에 동의한 후 다음을 눌러 진행한다.

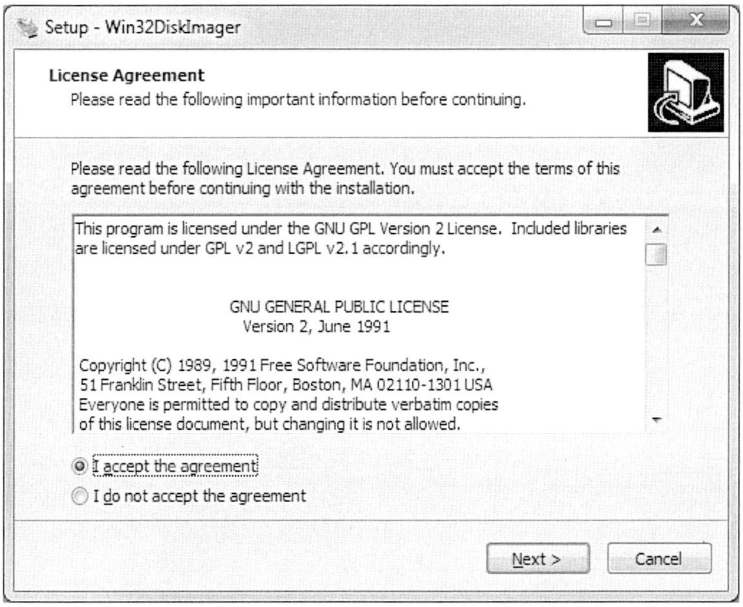

그림 9.8 Win32 Disk Imager 라이센스 동의 화면

프로그램을 설치할 위치를 지정하고 다음으로 진행한다.

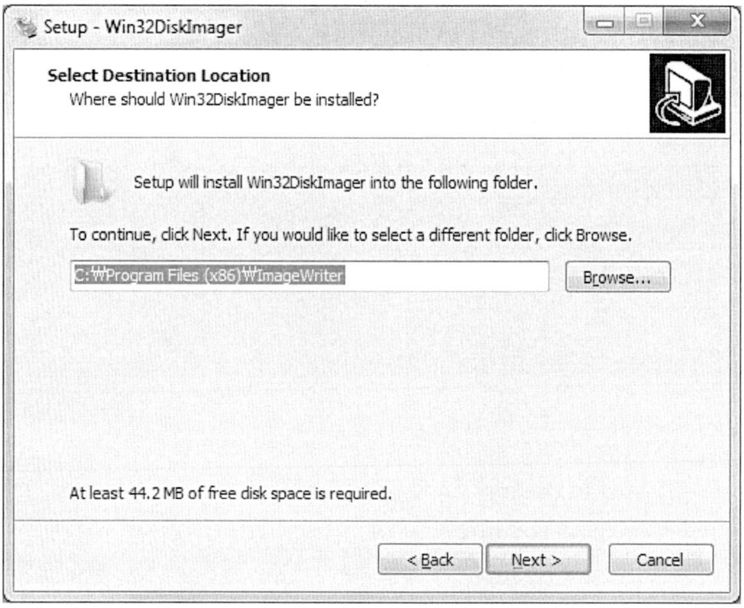

그림 9.9 Win32 Disk Imager 설치 폴더 지정 화면

이제 시작 메뉴 폴더를 선택한 후 다음으로 진행한다.

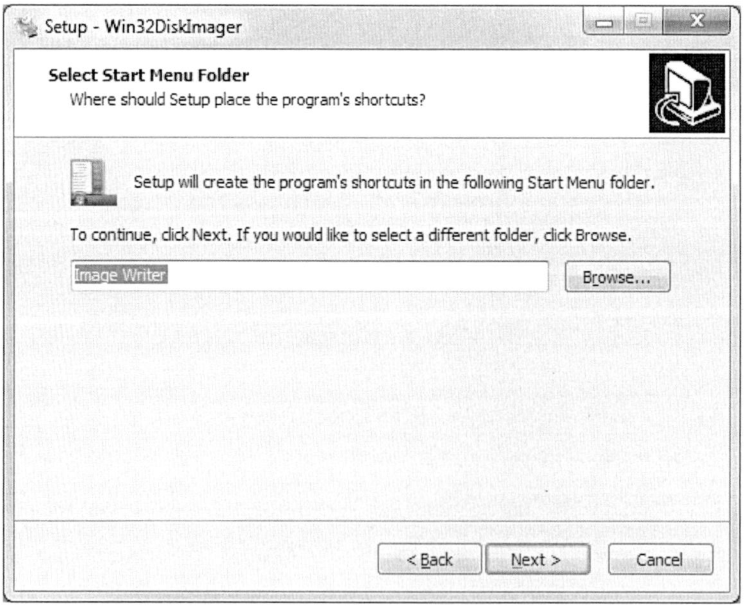

그림 9.10 Win32 Disk Imager 시작 메뉴 폴더 선택 화면

그림 9.11에 보이는 Create a desktop shortcut(데스크 답 단축 아이콘 생성)을 체크하고 다음으로 진행한다.

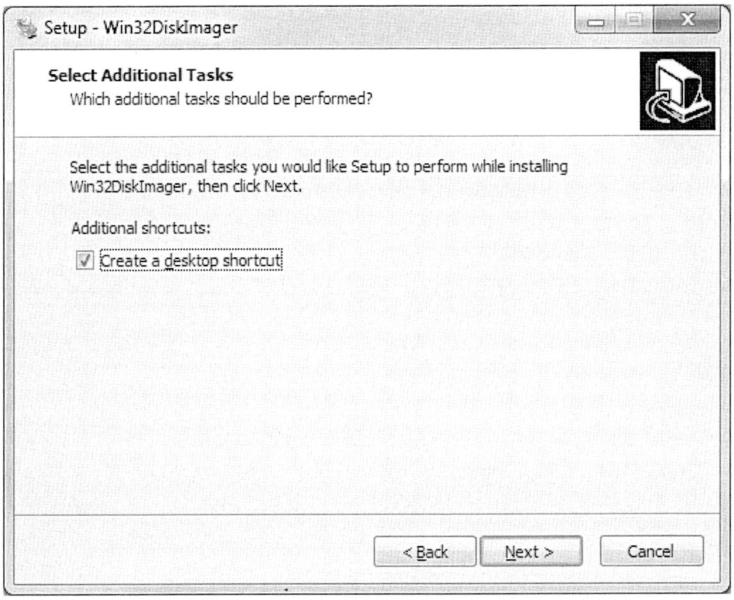

그림 9.11 Win32 Disk Imager 추가 작업 선택 화면

설치 내용을 확인하고 이상이 없으면 Install을 클릭해서 진행한다.

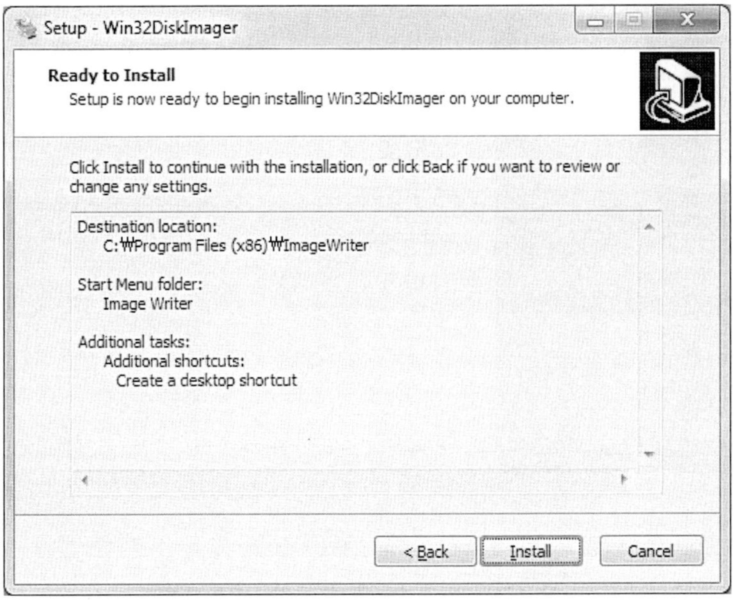

그림 9.12 Win32 Disk Imager 인스톨 준비 화면

그림 9.13과 같이 설치가 진행된다.

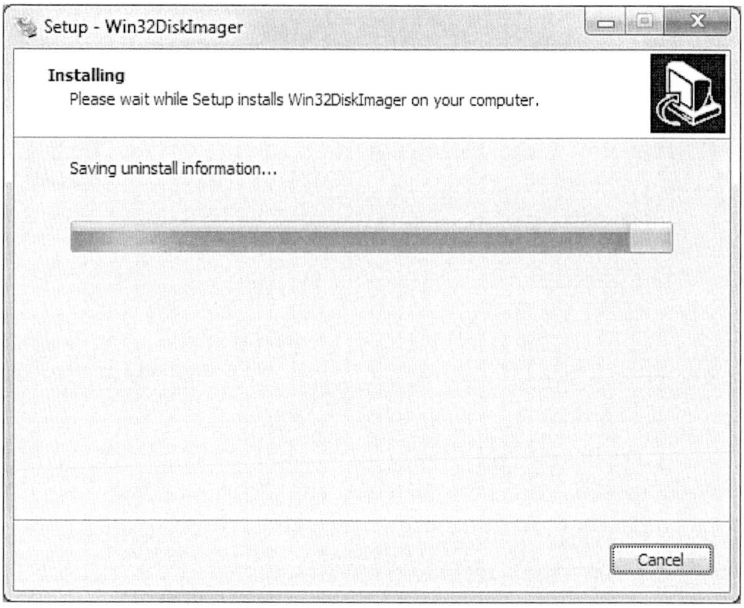

그림 9.13 Win32 Disk Imager 설치 진행 화면

이제 설치가 완료되었다.

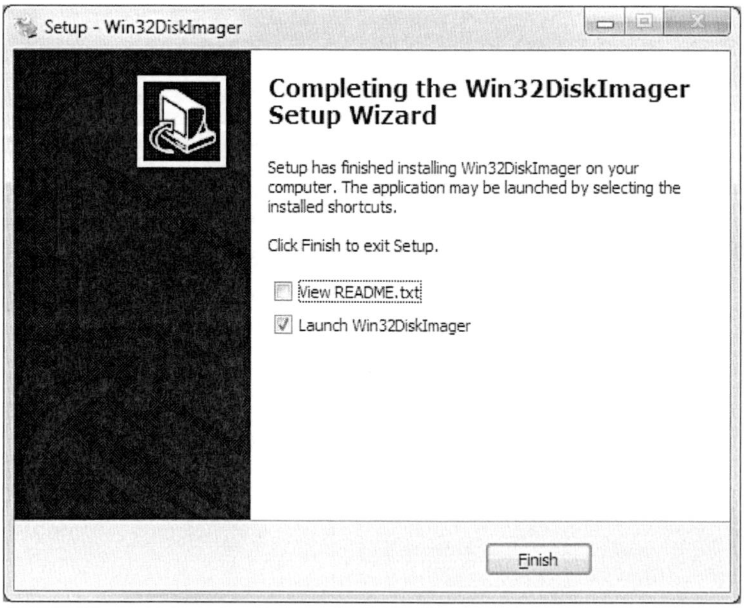

그림 9.14 Win32 Disk Imager 설치 완료 화면

설치가 끝나면 프로그램이 자동 실행된다. 마이크로 SD 메모리 카드를 메모리 카드 리더에 삽입하여 PC에 연결하면 Win32 Disk Imager에서 Device에서 선택해 준다. 압축을 해제한 Image File(mCube-AI-Jetson_v1_0.img)을 선택하고 Write를 선택한다.

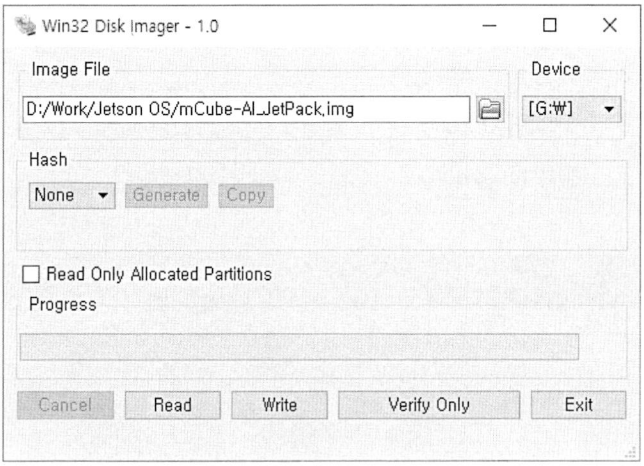

그림 9.15 Win32 Disk Imager 이미지 파일 저장 화면

다음은 SD 메모리 카드에 있던 기존 데이터가 지워진다는 경고이다. Yes를 누르기 전 SD 메모리 카드에 중요한 데이터가 있는지 확인한 후 진행을 위해 Yes를 누른다.

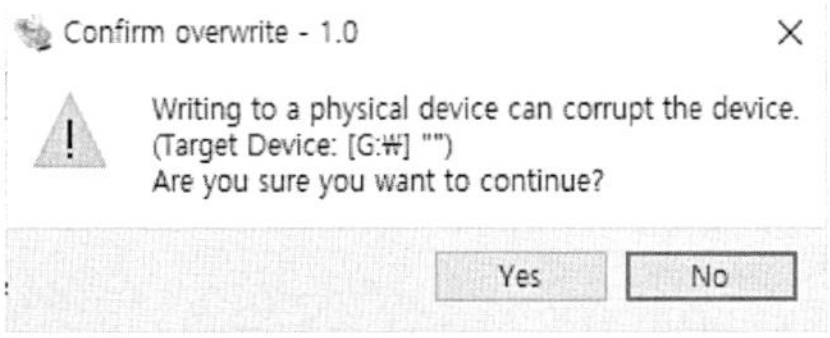

그림 9.16 Win32 Disk Imager 이미지 파일 저장 화면

이미지 파일의 저장이 완료되면 OK를 눌러 설치를 종료한다.

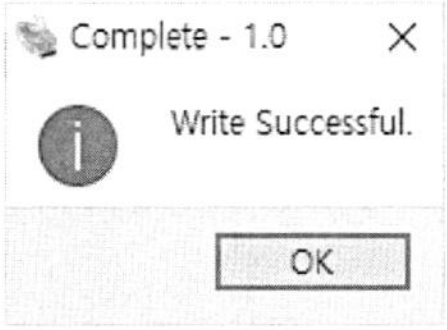

그림 9.17 Win32 Disk Imager 완료 화면

9.3.4 젯팩 초기 설정

엔비디아 사이트를 통해 다운로드 받은 운영체제의 경우, 몇 가지 초기 설정이 필요하다. 마이크로 SD 메모리 카드를 젯슨 나노에 삽입한 후 첫 부팅 시 언어 및 키보드 레이아웃, 사용 지역, 사용자 설정 및 기본 패키지 설정을 위해 시스템 구성을 진행해야 한다. 만일 제품 이미지로 사용된 운영 체제의 경우, 초기 설정이 모두 되어 있어 별도의 설정은 필요 없다.

초기 설정을 위해 그림 9.18과 같이 먼저 I accept the terms of these licenses를 눌러 라이센스에 대한 동의를 하고 계속을 눌러 진행한다.

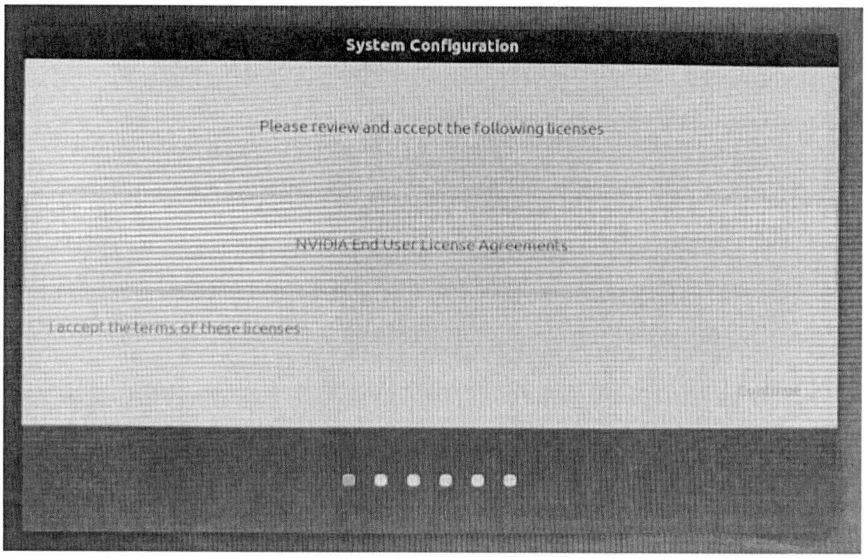

그림 9.18 엔비디아 라이센서 동의

언어 설정과 키보드 레이아웃, 지역, 시간의 설정은 사용자가 편리하도록 설정하면 된다. 이는 나중에 재설정이 가능하므로 대략 작성해도 된다.

사용자 이름과 암호를 설정하고, 용량의 크기를 설정한 후 기다리면 설치가 완료된다. 설치가 완료되고 부팅이 끝나면 일반적인 리눅스 운영체제의 형태를 가진다.

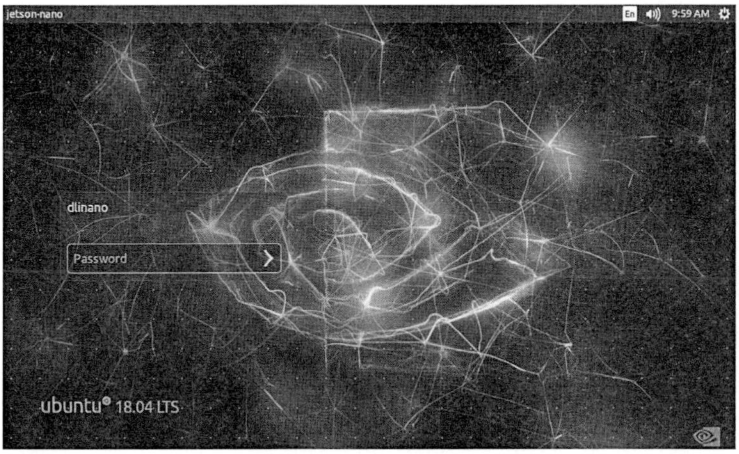

그림 9.19 젯팩 화면

그림 9.19의 상단에 보이는 dlinano는 mCube-AI 교육을 위한 운영체제의 사용자 이름이고, 비밀 번호는 qwer1234이다.

9.3.5 네트워크 설정

기존에 구축되어 있는 네트워크에 LAN 케이블을 연결하거나 무선 랜카드 또는 Wi-Fi 동글을 장착하는 방법을 통한 무선 래니을 사용하여 네트워크 환경을 구축할 수 있다. 기본적으로 IP를 자동으로 할당받는 DHCP(Dynamic Host Configuration Protocol)가 설정되어 있다.

LAN 케이블을 이용하는 경우, 젯슨 나노의 LAN 포트에 연결해 주면 자동으로 IP를 할당 받아 설정한다. 이때 네트워크 설정이 정상적으로 이루어 졌는지 오른쪽 상단에 위치한 네트워크 설정 아이콘을 통해 확인이 가능하다.

그림 9.20 젯팩 이더넷 설정

그림 9.20에서 Connection Information을 선택하면 현재 인터넷 연결 정보를 확인할 수 있다.

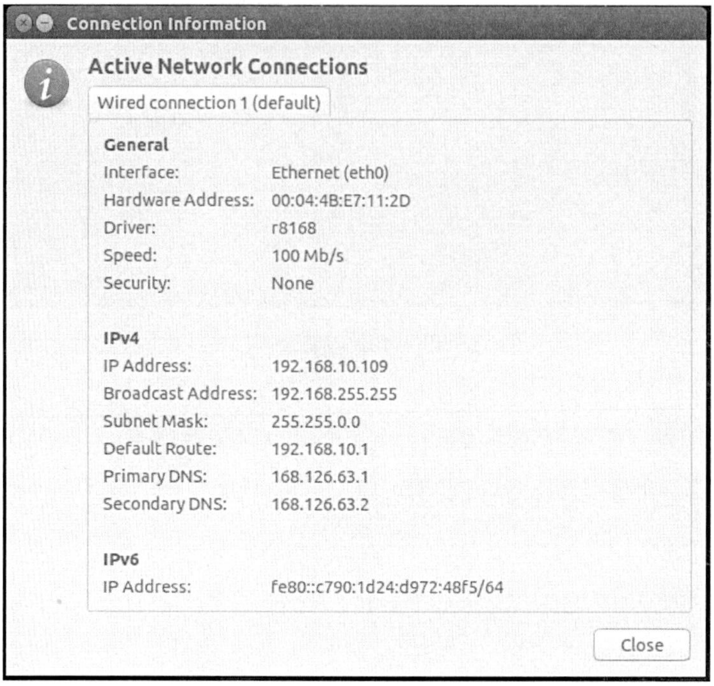

그림 9.21 Connection information 화면

Wi-Fi를 사용하는 경우, Wi-Fi 동글이나 무선 랜카드를 장착하고 네트워크 설정 아이콘을 클릭하면, 인식된 AP 목록이 표시된다. 목록 중 사용하고자 하는 AP를 선택하고 패스워드를 입력한다. 연결이 성공하면 Connection information을 열어 정보를 확인할 수 있다.

그림 9.22 Wi-Fi 설정 화면

9.4 GPIO 라이브러리

젯슨 나노는 컴퓨터의 축소판으로써, 젯슨 나노를 이용하여 영상을 보거나 문서 작업 또는 웹 서핑을 할 수 있다. 또한 일반 PC와는 달리 GPIO 커넥터를 제공하고 있어 마이크로컨트롤러와 같이 입출력 신호의 제어가 가능하다.

GPIO(General-Purpose Input Output)는 범용 입출력 포트를 의미하며, 임베디드 시스템의 여러 가지 기능을 위한 주변 장치 및 소자들을 동작시키고, 그것들이 원하는 방식으로 인터페이스 하기 위해 적절한 신호를 전달하며, 설계자가 원하는 동작을 수행하기 위해 입출력 포트로 구성된다.

예를 들어 LED를 켜거나 끄기, FND에 숫자 표시하기, Buzzer 소리를 위해 해당 소자에 0 또는 1의 신호를 보내며, TextLCD에 글자를 출력하기 위한 병렬 신호를 보내기도 한다.

젯슨 나노는 외부와의 인터페이스를 위해 40개의 핀으로 구성되어 있으며, GPIO 기능 외에도 다른 장비와의 동신을 위한 기능을 가지고 있어 다양한 목적으로 활용이 가능하다.

젯슨 나노의 GPIO를 제어하기 위해 사용되는 언어는 C, C++, 자바, 파이썬 등 매우 다양하며, 각 언어에 따라 사용자들이 라이브러리를 작성하여 공유하고 있다. 파이썬을 사용하여 GPIO를 제어하기 위해 Jetson.GPIO를 사용하는 방법을 알아보자.

9.4.1 Jetson.GPIO 설치

Jetson.GPIO 라이브러리는 파이썬으로 작성된 패키지 소프트웨어로 pip를 이용하여 설치가 가능하다. 젯슨 나노의 운영체제인 젯팩에는 기본적으로 Jetson.GPIO_2.0.4 버전 라이브러리가 설치되어 있다.

9.4.2 Jetson.GPIO 라이브러리 설치

터미널에서 다음의 명령어를 사용하여 pip를 설치하면 자동으로 업데이트 된다.

```
sudo apt-get updata
sudo apt-get install python3-pip -y
sudo pip install —update Jetson.GPIO
```

9.4.3 설치 확인

터미널의 커맨드 라인에 python3을 입력해 파이썬을 실행한 후 다음의 명령어를 사용하여 Jetson.GPIO 라이브러리 설치 및 설정을 확인한다.

```
import Jetson.GPIO as GPIO
GPIO.JETSON_INFO
GPIO.VERSION
```

다음은 Jetson.GPIO 라이브러리의 버전을 확인하기 위한 화면을 나타낸 것이다.

```
cndi@cndi-desktop:~$ python3
Python 3.6.9 (default, Nov  7 2019, 10:44:02)
[GCC 8.3.0] on linux
Type "help", "copyright", "credits" or "license" for more information.
>>> import Jetson.GPIO as GPIO
>>> GPIO.JETSON_INFO
{'P1_REVISION': 1, 'RAM': '4096M', 'REVISION': 'Unknown', 'TYPE': 'Jetson Nano',
 'MANUFACTURER': 'NVIDIA', 'PROCESSOR': 'ARM A57'}
>>> GPIO.VERSION
'2.0.8'
```

그림 9.23 Jetson.GPIO 버전 확인

위의 과정을 통해 Jetson.GPIO 라이브러리가 설치되었다.

9.5 시스템 개발 방법

젯슨 나노의 프로젝트를 위한 기본적인 하드웨어와 초기 설정이 완료되었다. 이 절에서는 시스템 개발을 위한 프로그램 작성과 컴파일 및 실행 방법을 설명하도록 한다. 젯슨 나노 프로그램을 위한 언어는 다양하지만 여기서는 파이썬을 이용하여 프로그램을 작성하도록 한다.

9.5.1 nano 에디터를 사용한 프로그램 작성

젯슨 나노 프로그램 작성 시 텍스트 기반 프로그래밍 언어를 작성하기 위해 기본적으로 텍스트 에디터가 필요하다. 텍스트 에디터는 문자 기반으로 파일을 생성하고 수정할 수 있는 프로그램이다. 프로그램 작성은 젯팩에 설치 가능한 유닉스 계열 텍스트 에디터를 사용할 수 있다. 보통 vi 또는 GNU nano를 많이 사용하며, vi가 강력한 기능을 제공하지만 배우기 어려운 반면, nano는 기능은 단순하지만 편리한 편집 기능을 제공한다.

본 교재에서는 mCube-AI 제품을 사용하여 음성인식을 이용하여 장치를 제어하는 실습을 하고자 하며, 이 제품에 설치된 nano 에디터를 사용하고자 한다.

nano 에디터에서 기존의 생성된 파일을 편집하려면 다음의 명령어를 통해 파일을 불러올 수 있다.

```
nano [파일명]
```

예를 들어 아래와 같이 작성된 파이썬 파일 hello.py 가 있다고 가정하자.

```
# hello.py
print('Hello!!!')
```

이 파일을 불러오고자 한다면 아래와 같이 명령어를 입력한다.

```
cndi@cndi-desktop : ~$ nano hello.py
```

여기서 cndi@cndi-desktop : ~$ 까지는 커서라고 생각하면 된다.

파일을 생성하고자 할 때에도 위와 동일한 명령을 입력하면, 해당 파일이 없는 경우 입력한 파일명으로 파일이 생성된다. 이와 같이 생성하고 불러 온 파일에 코드를 작성하고 Ctrl+X 키를 누르면 에디타를 종료할 수 있다. 편집된 내용이 있는 경우 변경된 내용의 저장 여부를 묻는다. 이때 "Yes", "No"의 첫 알파벳 Y 또는 N을 입력하여 결정한다. 그 외 추가적인 기능은 Ctrl+G 키를 눌러 도움말을 참고하도록 한다.

소스 코드 작성이 완료되면 에디터를 종료하며 내용을 저장한다.

9.5.2 프로그램 실행

프로그램 소스 코드를 작성하고 나면 아래와 같은 명령어를 통해 실행이 가능하다.

```
python3 [파일명]
```

앞에서 작성된 hello.py을 파일을 실행하기 위해 다음과 같이 명령어를 입력해 보자.

소스코드

```
cndi@cndi-desktop : ~$ python3 hello.py
```

실행결과

```
Hello!!!
```

hello.py 파일에 작성된 코드가 실행됨을 확인할 수 있다.

CHAPTER

10

음성 인식을 통한 장치 제어

다양한 전자 제품이나 조명에 많이 사용되고 있는 LED, 현관문 도어락에 사용되는 KeyPad, 전자 제품의 열을 식혀 주는 FAN, 간단한 문자 표시가 가능한 TextLCD, 타이머나 알람에 사용되는 Buzzer는 우리 주변에서 흔히 볼 수 있는 작은 부품들이다. 이 장에서는 이러한 부품들이 어떤 원리로 동작하는지 살펴보고, 구글 어시스턴트를 이용하여 음성 인식을 통해 여러 부품들을 제어하는 방법을 실습해 보기로 한다.

10.1 LED 제어

10.1.1 LED의 개요

LED(Light Emitted Diode)란 발광 다이오드로 일컬어지는 반도체이다. 1993년 질화갈륨을 베이스로 한 고휘도 청색 LED가 실용화됨에 따라 백색 LED가 실현되어 제 4의 조명용 광원으로써 주목받고 있다.

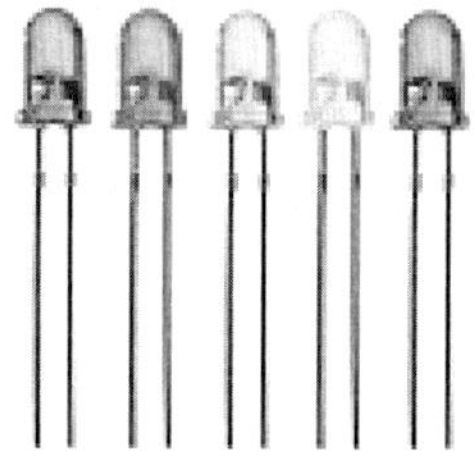

그림 10.1 LED 소자

LED는 전자가 많은 N형 반도체와 정공이 많은 P형 반도체를 접합한 것이다. 이 반도체에 순방향 전압을 인가하면 전자와 정공이 이동하여 접합부에서 재결합하고, 이러한 재결합 에너지가 빛이 되어 방출된다. 이와 같이 LED는 기존의 광원에 비해 전기 에너지를 직접 빛 에너지로 변환하므로 전기 에너지가 낭비되지 않아 고효율의 빛을 얻을 수 있다.

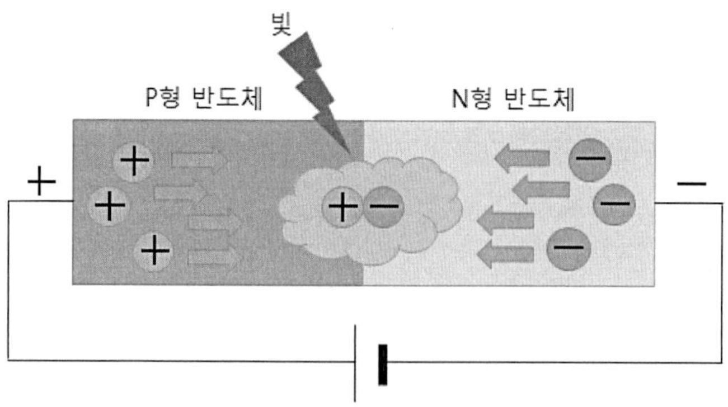

그림 10.2 LED의 원리

LED 전구는 형광등보다 전력을 적게 사용하고, 밝기가 높으며 수명이 길기 때문에 많은 곳에서 사용하고 있다. 가정용 조명부터 거리의 LED 가로등, 그리고 차량 램프, 전자기기의 다이오드까지 사용되지 않는 곳이 없다.

LED는 어떤 빛을 방출하느냐에 따라 가시광선 LED, 적외선 LED, 자외선 LED로 분류된다. 이 중에서 가장 많이 사용되는 LED는 우리 눈으로 볼 수 있는 가시광선 LED이다.

적외선 LED는 적외선 카메라나 적외선 CCTV, 리모컨과 같은 분야에 사용되며, 자외선 LED는 살균이나 피부 치료와 같은 생물학적인 분야에 사용된다. 또한 범죄 수사 드라마나 영화에서 지문 감식을 하는 푸르거나 보랏빛 조명에 사용되는 것을 주로 볼 수 있다.

10.1.2 LED의 제어 방법

LED는 그림 10.3과 같이 서로 다른 길이의 다리를 가지며, 다리 길이를 통해 LED의 극성을 판별할 수 있다.

즉 LED를 제어하려면 다리가 긴 쪽에 5V의 전압을 인가하고, 짧은 다리에 0V를 유지하면 LED에 전류가 흐르게 되어 램프가 점등된다. 이때 CPU에 의해 전압을 조절함으로써 LED 램프 점멸을 조정한다.

그림 10.3 LED의 도통

10.1.3 음성 명령을 통한 LED ON/OFF 제어

이 절에서는 구글 어시스턴트의 음성 인식 기술과 젯슨 나노 GPIO 제어를 이용하여 음성 명령에 의한 LED 점멸 실습을 해 보도록 한다. 그림 10.4는 mCube-AI 모듈에 장착된 LED 모듈을 나타낸 것이다.

그림 10.4 mCoube-AI 장비에 장착된 LED 모듈

LED의 위치는 다음과 같다.

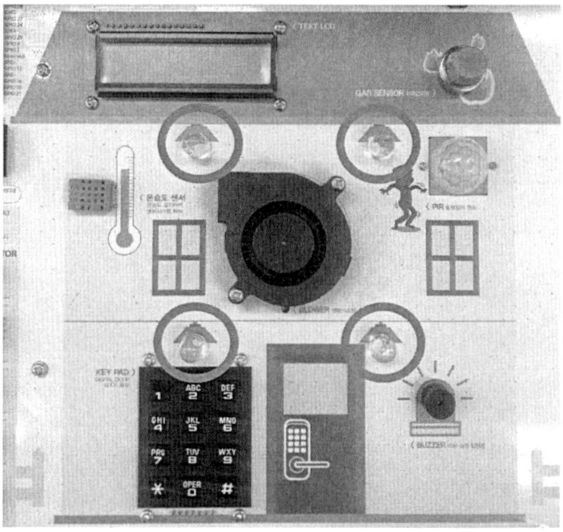

그림 10.5 mCoube-AI 장비의 LED 위치

LED는 총 4개가 있으며 각 LED 명칭은 상단 왼쪽부터 차례대로 LED_1, LED_2이며, 하단 또한 왼쪽부터 LED_3, LED_4이다.

터미널에서 다음의 명령어를 차례대로 실행하여 젯슨 나노 내부에 있는 LED 프로그램 파일이 있는 위치로 이동하고 프로그램 소스 코드를 확인한다.

```
cd voice/voice-env/lib/python3.6/site-packages/googlesamples/assistant/grpc
nano led.py
```

프로그램 소스 코드에 관한 전체적인 설명은 생략하고, 핵심적인 부분만 살펴보면 다음과 같다. LED 제어 관련 내용은 프로그램의 SampleAssistant 클래스에서 정의하고 있다.

```
import Jetson.GPIO as GPIO      # GPIO 관련 모듈
import device._led as LED       # LED 관련 함수 모듈

class SampleAssistant(object) :
    ...
        # 음성 문자 인식
        text_str = ' '.join(r.transcript for r in resp.speech_results)
        logging.info("%s", text_str)
        if text_str == "LED를 켜세요"
            logging.info("LED On")
            LED.controlled(LED.LED_1, LED.ON)
            custom_cmd_flag == True
        elif text_str == "LED를 끄세요" :
            logging.info('LED Off')
            LED.controlLed(LED.LED_1, LED.OFF)
            custom_cmd_flag = True
        else:
            logging.info('cmd match fail')
    ...
def main(api_endpoint, credentials, project_id, device_model_id, device_id,
      device_config, lang, display, verbose,input_audio_file,
      output_audio_file, audio_sample_rate, audio_sample_width,
      audio_iter_size, audio_block_size, audio_flush_size, grpc_deadline,          once,
*args, **kwargs) :
...
GPIO.setmode(GPIO.BCM)        # GPIO 모드 설정
LED.initLed(LED.LED_1)        # LED 초기화 함수
```

음성 인식된 명령을 text_str에 저장한 후 터미널에 출력한다. 만일 text_str의 내용이 "LED를 켜세요"이면 "LED On"을 터미널에 출력하고 1번 LED를 켜고 LED 컨트롤러를 통해 LED를 켠다. 그렇지 않고 text_str의 내용이 "LED를 끄세요"이면 LED Off를 터미널에 출력한 후 1번 LED를 끈다. 앞서 설명한 두 명령어에 해당하지 않는다면 터미널에 "층 match fail"을 출력한다.

이제 아래의 명령어를 실행하여 구축한 가상 환경을 실행하고, 프로그램을 실행시킨다.

```
source voice/voice-env/bin/activate
assistant-led —lang ko-KR
```

마이크로폰을 향해 “LED를 켜세요” 또는 “LED를 끄세요”라고 말하면, 1번 LED 모듈이 켜지거나 꺼지는 것을 확인할 수 있다.

10.2 키패드 제어

10.2.1 스위치의 개요

스위치(Switch)는 전류의 흐름을 막거나 계속해서 흐르게 하는 용도의 장치이다. 스위치는 그림 10.5에서 보는 바와 같이 흔히 알고 있는 누름 버튼 스위치, 토글 스위치, DIP 스위치, 로터리 스위치 등 매우 다양하다.

그림 10.5 다양한 스위치

mCube-AI의 키패드 모듈에서 사용하는 스위치는 푸쉬 버튼 스위치(Push Button Switch)로 버튼을 누르면 전류를 계속 흐르게 하여 신호의 상태를 제어 한다. 현관문에 설치된 도어락을 보면 번호가 쓰여진 버튼을 눌러 선택된 버튼의 조합이 기존에 설정한 비밀 번호 조합과 일치할 때 문을 열 수 있다. 이 때 쓰이는 것이 키패드(Keyad)이다.

다음 그림은 mCube-Ai 장비에 장착된 키패드 모듈을 보인 것이다.

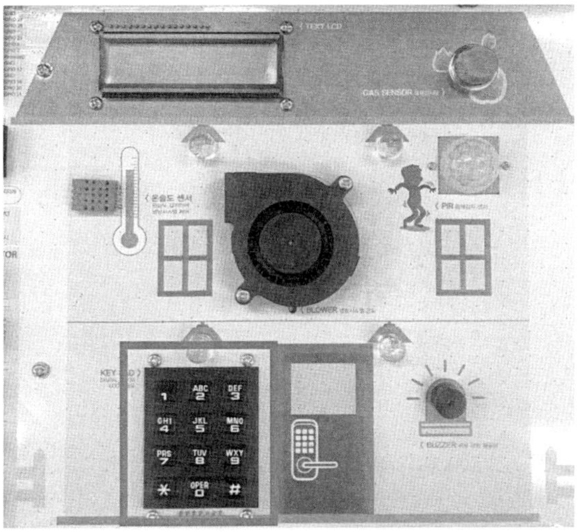

그림 10.6 키패드 모듈

10.2.2 스위치 제어 방법

스위치는 버튼을 누름으로써 제어가 가능하다. 푸쉬 버튼의 경우 탄성이 있어서 누르면 다시 튀어나오며, 이 때 눌림 상태에 HIGH 신호를 인가하고, 눌리지 않은 상태에 LOW 신호를 인가한다.

스위치를 제어하기 위해 GPIO를 사용하며, LED가 GPIO의 출력을 통해 On/Off 했다면, 스위치는 입력을 통해 MCU로 신호를 받아들인다. 예를 들어 키패드 모듈의 푸쉬 버튼 스위치를 눌렀을 때, HIGH 신호가 발생되며, MCU의 입력 포트의 핀과 연결된 케이블을 통해 신호가 전달되고, 이를 확인한 MCU에서 신호에 따른 적절한 동작을 하게 된다.

푸쉬 버튼 스위치는 해당 출력 핀이 GND와 연결되어 있다가 스위치를 누름으로써 전류가 흐르게 되고, 3.3V와 연결되어 HIGH 상태가 된다. 프로그램에서는 전달되는 전압 신호를 0과 1로 받아들여 상태에 따라 특정 동작을 제어하게 된다.

키패드의 경우 다수의 버튼 제어가 필요하다. 모듈 버튼에 1:1로 포트 입출력 설정을 하면 제어는 간단해 지지만 사용되는 포트의 많아진다. 이에 포트의 수를 줄이고자 스위치를 매트릭스 형태로 구성하여 출력한다. 각 행이나 열 단위로 출력을 설정하고 행이 하나 선택되면 몇 번째 열인지를 구분하는 방식이다. 예를

예를 들어 4행 3열 구조의 키패드를 제어 시, 1행 3열의 버튼이 눌려졌다고 가정하자. 1행의 임의의 한 개 버튼이 눌려졌을 때, 한 개의 포트에 1을 출력하고, 나머

지 행들은 0이 출력되도록 한다. 그리고 각각의 열에 해당하는 출력 포트를 두고, 3열의 버튼에 해당하는 열에 1이 출력되면 해당하는 버튼을 검출할 수 있다. 각 행에 필요한 새 개의 포트와 각 열에 필요한 네 개의 포트가 있으면 12개의 버튼 중 어떤 것이 눌려지더라도 이를 검출 할 수 있는 것이다.

다음은 3 × 4 매트릭스 구조의 키패드에서 각 신호에 따른 스위치가 눌렸을 경우, 이를 검출하는 표이다. 위의 예에서 설명한 3행 1열의 스위치를 찾으면, SW_R의 값이 "0010"이고, SW_C의 값이 "100"인 "SW 7"이 해당하는 스위치가 된다.

표 10.1 각 신호에 다른 스위치 위치 검출표

SW_R \ SW_C	100	010	001
1000	SW 1	SW 2	SW 3
0100	SW 3	SW 5	SW 6
0010	SW 7	SW 8	SW 9
0001	SW *	SW 0	SW #

10.2.3 음성 명령을 통한 키패드 동작 제어

이 절에서는 구글 어시스턴트의 음성 인식 기술과 젯슨 나노 GPIO 제어를 이용하여 음성 명령에 따라 키패드의 동작을 제어하는 실습을 해 보도록 한다. 키패드 제어에 따라 눌린 스위치의 숫자를 터미널에 표시한다.

우선 터미널에서 아래의 명령어를 차례대로 실행하여 젯슨 나노 내부에 있는 키패드 제어 파일이 있는 위치로 이동하고 프로그램 소스 코드를 확인한다.

```
cd voice/voice-env/lib/python3.6/site-packages/googlesamples/assistant/grpc
nano keypad.py
```

프로그램 소스 코드에 관한 전체적인 설명은 생략하고, 핵심적인 부분만 살펴보면 다음과 같다. 키패드 제어 관련 내용은 프로그램의 SampleAssistant 클래스에서 정의하고 있다.

```
import Jetson.GPIO as GPIO    # GPIO 관련 모듈
from time import sleep         # Delay 관련 모듈
import device._led as LED     # LED 관련 함수 모듈
import device._keypad as KEY    # 키패드 버튼 관련 함수 모듈
import threading                  # 쓰레드 관련 모듈


class SampleAssistant(object) :
    ...
     def assist(self):
       # 음성 문자 인식
        text_str = ' '.join(r.transcript for r in resp.speech_results)
        logging.info("%s", text_str)
        if text_str == "키패드를 입력하세요" :
            logging.info("Ready keypad")
            # 키 입력 감지 쓰레드 생성
            t = threading.Thread(target=KEY.threadReadKeypad,args=( ))
            t.daemon = True
            # 감지 시작
            t.start()
            custom_cmd_flag = True
        else:
            logging.info('cmd match fail')
    ...
def main(api_endpoint, credentials, project_id, device_model_id, device_id,
      device_config, lang, display, verbose,input_audio_file,
      output_audio_file, audio_sample_rate, audio_sample_width,
      audio_iter_size, audio_block_size, audio_flush_size, grpc_deadline, once, *args,
**kwargs) :
...
GPIO.setmode(GPIO.BCM)         # GPIO 모드 설정
GPIO.setwarnings(False)
global t
KEY.initKeypad()                 # 키패드 초기화 함수
```

음성 인식된 명령을 text_str에 저장한 후 터미널에 출력한다. 만일 text_str의 내용이 "키패드를 입력하세요"이면 "Ready keypad"을 터미널에 출력하고 키패드 제어 함수를 통해 버튼 스위치 감지 여부를 출력한다. 음성 명령이 정상적으로 입력되지 않으면 터미널에 "cmd match fail"을 출력한다.

이제 다음의 명령어를 실행하여 구축해 놓은 가상 환경을 실행하고, 프로그램을 실행시켜 본다.

```
source voice/voice-env/bin/activate
assistant-keypad —lang ko-KR
```

마이크로폰을 향해 “키패드를 입력하세요” 라고 말하면, 음성 내용이 정상적으로 입력되었는지 표시되고 이에 따라 키패드의 숫자 버튼 스위치 눌림 감지 여부가 표시된다. 말한 내용이 정상적으로 입력되지 않는 경우, 단어 간격에 주의하며 정확한 발음으로 다시 시도한다.

10.3 FAN 제어

10.3.1 FAN 개요

FAN은 전기 에너지를 회전 운동의 힘인 기계적 에너지로 바꾸어 바람, 즉 공기의 흐름을 만드는 장치이다. 전력을 공급하면 회전 날개를 회전 한다. 우리 주변에서 흔히 볼 수 있는 선풍기를 생각하면 간단하며, 컴퓨터에서 칩의 열을 식혀주기 위해 작은 FAN이 들어있으며, 내부의 공기를 환기하는 목적으로도 사용한다. mCube-AI 장비에서는 FAN의 한 종류인 BLOWER FAN을 사용한다. BLOWER FAN은 바람이 나오는 출구를 두어 한쪽 방향으로 공기의 흐름을 만들어 낸다.

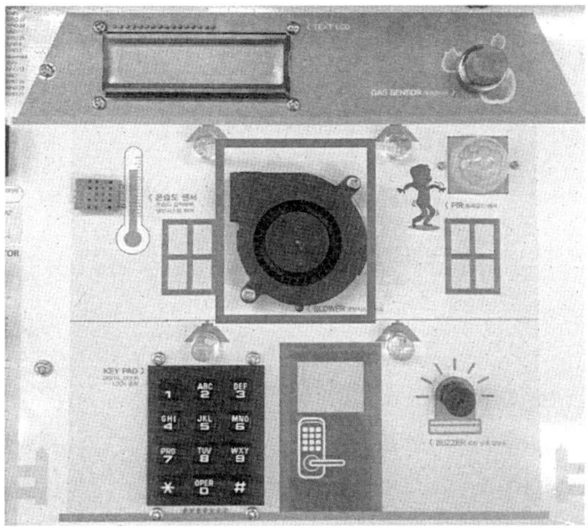

그림 10.7 FAN 모듈

10.3.2 FAN 제어 방법

FAN의 동작을 제어하기 위해서는 GPIO를 사용한다. FAN의 동작은 ON/OFF 두 가지로 정리할 수 있다. FAN 모듈의 FAN 포트 각 핀에 입력되는 신호에 따른 동작은 다음과 같다.

표 10.2 신호 입력에 따른 FAN 동작

동작	IN1 핀	IN2 핀
ON(회전)	High	Low
OFF(정지)	Low	Low

10.3.3 음성 명령을 통한 FAN 동작 제어

이 절에서는 구글 어시스턴트의 음성 인식 기술과 젯슨 나노 GPIO 제어를 이용하여 음성 명령에 따라 FAN의 ON/OFF 동작을 제어하는 실습을 한다.

터미널에서 다음의 명령어를 실행하여 젯슨 나노 내부에 있는 FAN 제어 파일이 있는 위치로 이동하고 프로그램 소스 코드를 확인한다.

```
cd voice/voice-env/lib/python3.6/site-packages
    /googlesamples/assistant/grpc
nano fan.py
```

FAN 제어 관련 내용은 프로그램의 SampleAssistant 클래스에서 정의하고 있다. 음성 인식된 명령을 text_str에 저장한 후 터미널에 출력한다. 만일 text_str의 내용이 "팬 가동"이면 "FAN start"를 터미널에 출력하고 팬을 가동한다. 반면 음성 명령이 "팬 정지"이면 "FAN stop"이 터미널에 출력되고 팬은 정지한다. 음성 명령이 제대로 입력되지 않으면 터미널에 "cmd match fail"을 출력한다.

```
import Jetson.GPIO as GPIO     # GPIO 관련 모듈
from time import sleep          # Delay 관련 모듈
import device._fan as FAN       # FAN 관련 함수 모듈

class SampleAssistant(object) :
    ...
     def assist(self):
       # 음성 문자 인식
        text_str = ‘ ’.join(r.transcript for r in resp.speech_results)
        logging.info(“%s”, text_str)
        if text_str == “팬 가동” :
            logging.info(“FAN start”)
            FAN.controlFan(FAN.ON)          # FAN ON
            custom_cmd_flag = True
        elif text_str == "팬 정지":
            logging.info('FAN stop')
            FAN.controlFan(FAN.OFF)         # FAN OFF
            custom_cmd_flag = True
        else:
            logging.info('cmd match fail')
    ...
def main(api_endpoint, credentials, project_id, device_model_id, device_id,
      device_config, lang, display, verbose,input_audio_file,
      output_audio_file, audio_sample_rate, audio_sample_width,
      audio_iter_size, audio_block_size, audio_flush_size, grpc_deadline, once, *args,
**kwargs) :
...
GPIO.setmode(GPIO.BCM)                          # GPIO 모드 설정
FAN.initFan(FAN.FAN_PIN1, FAN.FAN_PIN2)       # FAN 초기화
```

이제 다음의 명령어를 통해 가상 환경을 실행하고, 프로그램을 실행시켜 본다.

```
source voice/voice-env/bin/activate
assistant-fan —lang ko-KR
```

그리고 "팬 가동"이라고 말하면, 음성 내용이 정상적으로 입력되었는지 표시되고 이에 따라 팬이 동작 또는 정지한다.

10.4 TextLCD 제어

10.4.1 TextLCD의 개요

TextLCD(Character LCD)는 LCD 화면에 정해진 형태의 문자를 정해진 개수만큼 표시할 수 있도록 만들어진 LCD 디스플레이 장치로써 간단한 문자 표시가 필요한 각종 임베디드 장치들에서 널리 사용되고 있다. TextLCD는 실생활에 매우 많이 사용되고 있는 주변 장치이다.

그림 10.8 TextLCD 모듈

TextLCD는 보통 LCD 표시부와 LCD 제어부를 하나로 하여 LCD 모듈로 시판된다. LCD 제어기는 다음과 같이 구성된다.

LCD 제어기 내부에는 명령(Instruction)과 데이터(Data)를 2개의 레지스터, BF(Busy Flag), AC(Address Counter), 문자발생램(CGRAM), 문자발생롬(CGROM), 데이터표시램(DDRAM)이 있다.

LCD 제어기의 내장 레지스터는 다음과 같다.

- 명령 레지스터(IR) : DDRAM과 CGRAM에 대한 어드레스와 클리어, 커서 시프트 등 제어 명령을 보유
- 데이터 레지스터(DR) : DDRAM과 CGRAM에 쓴 데이터나 읽은 데이터를 일시적으로 저장
- BF : 1이면 LCD Controller까 동작 중으로 명령 수행 불능, 0이면 다음 명령 수행 가능
- DDRAM(Data Display RAM) : 표시될 문자의 아스키코드가 저장되어 있는 메모리
- CGRAM(Character Generator RAM) : 사용자가 원하는 문자를 만들기 위해 사용하는 메모리

10.4.2 TextLCD의 제어 방법

Text LCD를 제어하기 위해 GPIO를 사용하며, 젯슨 나노에서는 TEXT LCD를 제어하기 위한 라이브러리를 제공하고 있으며, 이를 활용하여 간단히 제어하는 방법을 학습한다.

TextLCD는 LED 제어 방식과 달리 제어기에 정해진 명령을 전달하고 명령에 따라 표시부에 문자 등을 표시하게 된다. 여기서 전달하는 명령이 GPIO를 통해 이루어진다. LCD 모듈 제어를 위해 제어 신호의 동작 타이밍은 매우 중요하다.

본 교재에서는 Text LCD 라이브러리를 활용하여 간단하게 프로그램을 작성한다.

10.4.3 음성 명령을 통한 TextLCD 출력 제어

이 절에서는 구글 어시스턴트의 음성 인식 기술과 젯슨 나노 GPIO 제어를 이용하여 음성 명령에 따라 TextLCD의 동작을 제어하는 실습을 해 보도록 한다. TextLCD 제어를 위해 제공하는 라이브러리를 사용하여 LCD에 음성 내용을 표시한다.

우선 터미널에서 아래의 명령어를 차례대로 실행하여 젯슨 나노 내부에 있는 TextLCD 제어 파일이 있는 위치로 이동하고 프로그램 소스 코드를 확인한다.

```
cd voice/voice-env/lib/python3.6/site-packages
    /googlesamples/assistant/grpc
nano textlcd.py
```

TextLCD 제어 관련 내용은 프로그램의 SampleAssistant 클래스에서 정의하고 있다. 음성 명령이 "시간 표시해 줘"이면 터미널에 "Display Text"를 출력하고 TextLCD 제어 함수를 통해 문자를 표시한다. 반면 음성 명령이 "LCD 꺼"이면 "LCD off"가 터미널에 출력되며, LCD에 출력된 내용을 지우고 끈다.

```
from datetime import datetime          # 날짜. 시간 관련 모듈
import Jetson.GPIO as GPIO               # GPIO 관련 모듈
from time import sleep                  # Delay 관련 모듈
import device._textlcd as TLCD          # TextLCD 관련 함수 모듈

class SampleAssistant(object) :
   ...
    def assist(self):
        # 음성 문자 인식
        text_str = ' '.join(r.transcript for r in resp.speech_results)
        logging.info("%s", text_str)
        # TextLCD에 표시할 내용
        lcd_line_1=datetime.now().strftime('%b %d %H:%M:%S\n')
        if text_str == "시간 표시 해 줘":
            logging.info('Display Text')
            # textLCD에 시간 출력
            TLCD.displayText(lcd_line_1)
            custom_cmd_flag = True
        elif text_str == "LCD 꺼":
            logging.info('LCD off')
            # textLCD 초기화
            TLCD.initTextlcd()
            custom_cmd_flag = True
        else:
          logging.info('cmd match fail')
```

```
    ...
def main(api_endpoint, credentials, project_id, device_model_id, device_id,
        device_config, lang, display, verbose,input_audio_file,
        output_audio_file, audio_sample_rate, audio_sample_width,
        audio_iter_size, audio_block_size, audio_flush_size, grpc_deadline, once, *args,
**kwargs) :
...
PIO.setmode(GPIO.BCM)    # GPIO 모드 설정
TLCD.initTextlcd()           # TextLCD 초기화
```

인식된 음성 명령은 text_str에 저장한 후 터미널에 출력한다. 만일 text_str에 저장된 내용이 "시간 표시해 줘"이면 터미널에 "Display Text"을 출력하고, TextLCD에 현재 시간을 출력한다. "LCD 꺼"라고 말하면 "turn LCD off"를 터미널에 출력하고, TextLCD를 초기화 한다. 음성 명령이 제대로 입력되지 않으면 터미널에는 "cmd match fail"이 출력된다.

이제 다음의 명령어를 실행하여 구축해 놓은 가상 환경을 실행하고, 프로그램을 실행시켜 본다.

```
source voice/voice-env/bin/activate
assistant-textlcd —lang ko-KR
```

"시간 표시 해 줘" 라고 말하면, 음성 내용이 정상적으로 입력되었는지 표시되고 이에 따라 TextLCD에 현재 시간이 표시된다.

10.5 Buzzer 제어

10.5.1 Buzzer의 개요

Buzzer란 소리 신호 알림 장치이며, 비퍼(Beeper)라고도 불린다. 보통 전자석의 코일에 단속적으로 전류를 보내어 철판 조각을 진동시켜 소리를 발생하며, 기계, 전자기계, 압전 방식을 사용한다.

Buzzer는 얼마만큼의 주파수를 전달해 주는가에 따라 출력되는 소리가 달라지게 되며, Buzzer의 종류에 따라 주파수에 따른 소리의 높낮이를 가진다.

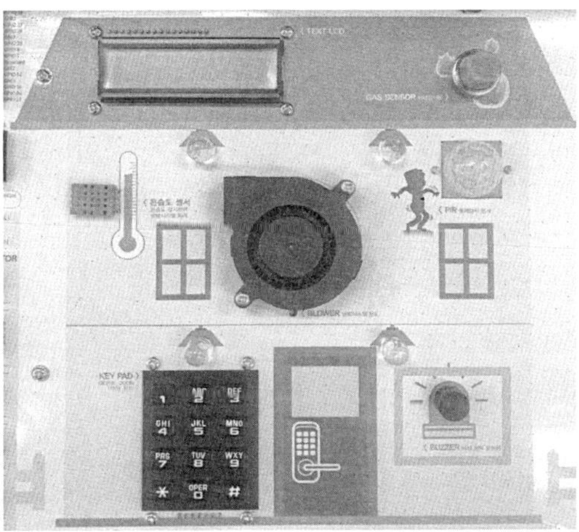

그림 10.9 Buzzer 모듈

Buzzer는 소리의 음량을 제어할 수 없기 때문에 잘못하면 소음으로 들리지만, 값이 싸고 사용이 단순하므로 장난감이나 휴대용 게임기, 버스 부저 등에서 주로 사용된다.

10.5.2 Buzzer의 제어 방법

Buzzer는 Timer와 GPIO, PWM를 사용하여 각 음에 해당하는 주파수를 발생시킨다.

PWM(Pulse Width Modulation)은 펄스 폭 변조라고도 하며, 그림 10.9와 같이

펄스 전압의 High/Low를 유지하는 폭을 조절함으로써 해당 시간에 전압이 어느 정도 걸리는지를 제어하는 방식이다.

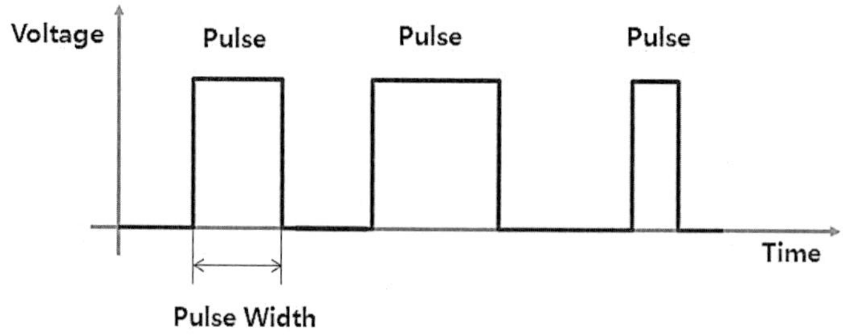

그림 10.10 PWM

10.5.3 음성 명령을 통한 Buzzer 제어

이 절에서는 구글 어시스턴트의 음성 인식 기술과 젯슨 나노 GPIO 제어를 이용하여 음성 명령에 따라 Buzzer의 동작을 제어하는 실습을 해 보도록 한다. Buzzer는 특정 주파수의 신호를 출력하며 계 이름에 해당하는 소리를 발생시킨다.

계이름에 해당하는 주파수는 다음과 같다.

표 10.3 Buzzer의 주파수에 따른 계 이름

음계 \ 옥타브	1	2	3	4	5	6	7	8
C(도)	32.7	65.4	130.8	261.6	523.2	1046.5	2093.0	4186.0
C#	34.6	69.3	138.6	277.2	554.4	1108.7	2217.5	4434.9
D(레)	36.7	73.4	146.8	293.7	587.3	1174.7	2349.3	4698.6
D#	38.9	77.8	155.6	311.1	622.2	1244.5	2489.0	4978.0
E(미)	41.2	82.4	164.8	329.6	659.3	1318.5	2637.0	5274.0
F(파)	43.7	87.3	174.6	349.2	698.5	1396.9	2793.8	5587.7
F#	46.2	92.5	185.0	370.0	740.0	1480.0	2960.0	5919.9
G(솔)	49.0	98.0	196.0	392.0	783.9	1568.0	3136.0	6271.9
G#	51.9	103.8	207.7	415.3	830.6	1661.2	3322.4	6644.9
A(라)	55.0	110.0	220.0	440.0	880.0	1760.0	3520.0	7040.0
A#	58.3	116.5	233.1	466.1	932.3	1864.7	3729.3	7458.6
B(시)	61.7	123.5	246.9	493.9	987.8	1975.5	3951.0	7902.1

우선 터미널에서 아래의 명령어를 차례대로 실행하여 젯슨 나노 내부에 있는 Buzzer 제어 파일이 있는 위치로 이동하고 프로그램 소스 코드를 확인한다.

```
cd voice/voice-env/lib/python3.6/site-packages
    /googlesamples/assistant/grpc
nano buzzer.py
```

Buzzer 제어 관련 내용은 프로그램의 SampleAssistant 클래스에서 정의하고 있다. 음성 인식된 text_str가 “음악 재생”이면 터미널에 “start Buzer”를 출력하고 Buzzer 제어 함수를 통해 멜로디를 출력한다. 여기서는 학교 종이 땡땡땡의 멜로디와 박자를 지정하고 재생해 본다.

```
import Jetson.GPIO as GPIO                # GPIO 관련 모듈
from time import sleep                    # Delay 관련 모듈
# Buzzer 관련 함수 모듈
import device. buzzer as BUZZER
# 「학교 종이 땡땡땡」 노래의 멜로디
melodyList = [4,4,5,5,4,4,2,4,4,2,2,1,4,4,5,5,4,4,2,4,2,1,2,0]
# 「학교 종이 땡땡땡」 노래의 박자
noteDurations = [0.5,0.5,0.5,0.5,0.5,0.5,1,0.5,0.5,0.5,0.5,1,
0.5,0.5,0.5,0.5,0.5,0.5,1,0.5,0.5,0.5,0.5,1]

class SampleAssistant(object) :
   ...
    def assist(self):
        # 음성 문자 인식
        text_str = ‘ ’.join(r.transcript for r in resp.speech_results)
        logging.info(“%s”, text_str)
        if text_str == "음악 재생":
          logging.info('start Buzzer')
          # 부저 출력
          BUZZER.playBuzzer(melodyList, noteDurations)
          custom_cmd_flag = True
        else:
            logging.info('cmd match fail')
   ...
def main(api_endpoint, credentials, project_id, device_model_id, device_id,
```

```
        device_config, lang, display, verbose,input_audio_file,
        output_audio_file, audio_sample_rate, audio_sample_width,
        audio_iter_size, audio_block_size, audio_flush_size, grpc_deadline, once, *args,
**kwargs) :
...
GPIO.setmode(GPIO.BCM)                              # GPIO 모드 설정
GPIO.setwarnings(False)
GPIO.setup(BUZZER.BUZZER_PIN, GPIO.OUT)     # Buzzer GPIO 핀 출력 설정
try:
    pwm = GPIO.PWM(BUZZER.BUZZER_PIN, 100)  # Buzzer 초기화
except:
    print('A PWM object already exists for this GPIO channel.')
```

인식된 음성 명령을 text_str에 저장한 후 터미널에 출력한다. 만일 text_str의 내용이 "음악 재생"이면 "start Buzzer"를 터미널에 출력하고, 멜로디와 박자에 따라 음악이 재생된다. 음성 명령이 제대로 인식되지 않은 경우 터미널에 "cmd match fail"을 출력한다.

이제 아래의 명령어를 실행하여 구축한 가상 환경을 실행하고, 프로그램을 실행시킨다.

```
source voice/voice-env/bin/activate
assistant-buzzer —lang ko-KR
```

"음악 재생"이라고 말하면, 음성 내용이 정상적으로 입력되었는지 표시되고 이에 따라 Buzzer가 동작한다.

CHAPTER

11

음성 인식 센서 연동

우리는 현재 다양한 센서를 통해 안전하고 편리한 삶을 살고 있다. 주변이 어두운 경우 스마트폰에서 자동으로 LCD의 밝기를 더 밝게 조절해 주고, 부탄, 프로판, 알코올, 수소, 연기 등 각종 가스 누출을 감지하며, 움직임을 감지하여 자동으로 문이 열리고 닫히는 자동문, 온도와 습도를 실시간으로 측정하여 방 온도와 습도를 자동으로 쾌적하게 만들어 주는 다양한 가전제품들이 있기 때문이다. 이 장에서는 조도 센서와 가스 센서, 그리고 온습도 센서와 동작 센서의 원리를 살펴보고, 구글 어시스턴트를 이용하여 음성 인식을 통해 센서를 제어하는 방법을 실습해 보기로 한다.

11.1 조도 센서

11.1.1 조도 센서의 개요

조도 센서는 빛의 양을 측정하는 센서이다. 예를 들어 ,스마트폰을 보면 사진 찍을 때 빛의 양을 조절해 주는 기능이 있는데, 빛의 양이 어느 정도인지 확인하기 위하여 조도 센서가 쓰인다. 또한 주변이 어두운 경우 스마트폰에서 자동으로 LCD의 밝기를 더 밝게 조절하는 기능에도 사용된다.

측정하는 방법은 빛의 세기에 따라 저항 값이 변하므로 전압 값을 측정하여 이를 수치화 하면 그 정도를 알 수 있도록 한다. 조도 센서에도 동작 방식이나 구성에 따라 다양한 종류가 있다. 센서의 동작을 확인하기 위하여 ADC 기능을 가진 MCP3208 칩의 ADC 기능을 통하여 아날로그 신호를 디지털로 변환하여 측정한다.

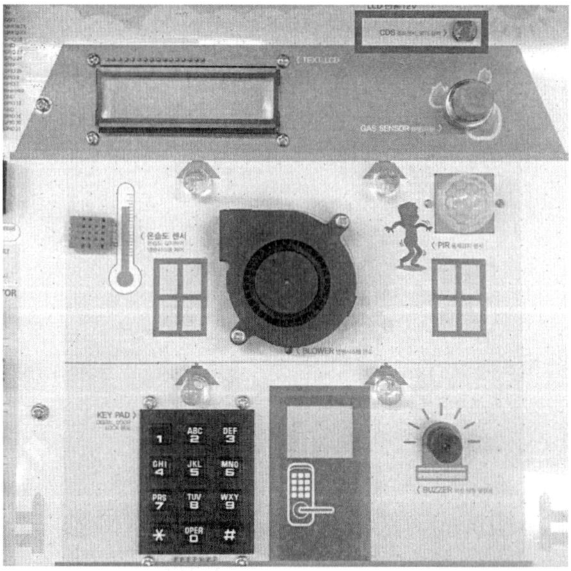

그림 11.1 조도 센서 모듈

11.1.2 조도 센서의 제어 방법

조도 센서는 측정된 조도를 해당하는 핀으로 출력한다. 출력 값은 아날로그이므로 ADC(Analog to Digital Converter) 기능을 통하여 이를 디지털 수치로 변환하여 확인이 가능하다. 젯슨 나노는 별도의 ADC 기능을 가진 칩을 통해 센서에서 출력되는 전압 값을 받는다. 센싱한 전압값은 A/D 변환하여 디지털 값으로 젯슨 나노에서 수신한다.

조도 센서는 많은 양의 빛이 들어갈 경우, 수치가 높게 나타나며, 적은 양의 빛이 들어갈 경우, 수치가 낮게 나타난다.

11.1.3 음성 인식을 이용한 조도 센서 제어

이 절에서는 구글 어시스턴트의 음성 인식 기술과 젯슨 나노의 GPIO와 SPI 제어를 이용하여 음성 명령에 따라 조도 센서의 동작을 제어하는 실습을 한다. 조도 센서는 아날로그 입력 신호를 ADC 칩(MCP3208)을 통해 디지털 수치로 변환하여 터미널에 표시한다.

터미널에서 다음 명령을 실행하여 조도 센서 파이썬 프로그램 파일이 있는 위치로 이동하고 프로그램 소스를 확인한다.

```
cd voice/voice-env/lib/python3.6/site-packages/googlesamples/assistant/grpc
nano cds.py
```

아래의 소스 프로그램의 SampleAssistant 클래스에서 조도 센서 제어 관련 내용을 살펴보면 음성 인식된 text가 '조도 수치 표시'이면 'show illumination'을 터미널에 출력하고 조도 센서 제어 함수를 통해 조도 측정 값을 출력한다.

```
import Jetson.GPIO as GPIO              # GPIO 관련 모듈
from time import sleep                  # Delay 관련 모듈
import device._adc as ADC               # 조도 센서 관련 함수 모듈

class SampleAssistant(object) :
   ......
    def assist(self):
   ......
    # 음성 문자 인식
    text_str = ' '.join(r.transcript for r in resp.speech_results)
    logging.info('"%s"', text_str)
```

```
if text_str == "조도 수치 표시":
     logging.info('show illuminance')
     cdsVal = ADC.readSensor(ADC.CDS_CHANNEL)
     print("illuminance Value = %d "%cdsVal)
     print("illuminance Value = %d "%cdsVal)
     print("illuminance Value = %d "%cdsVal)
     custom_cmd_flag = True
    else:
        logging.info('cmd match fail')

def main(api_endpoint, credentials, project_id, device_model_id,
         device_id, device_config, lang, display, verbose,
         input_audio_file, output_audio_file, audio_sample_rate,
         audio_sample_width,
         audio_iter_size,audio_block_size,audio_flush_size,
         grpc_deadline, once, *args, **kwargs) :

    GPIO.setmode(GPIO.BCM)  # GPIO 모드 설정
    GPIO.setwarnings(False)
    ADC_initMcp3200()          # ADC 칩 초기화
```

이제 터미널에서 다음의 명령을 입력한 후 파이썬 프로그램 파일을 실행한다.

```
source voice/voice-env/bin/activate
assistant-cds --langko-KR
```

"조도 수치 표시"라고 말하면, 정상적으로 입력되었는지 표시되고, "show iluminance"를 터미널에 출력한다. 말한 내용이 정상적으로 입력되었는지 표시되고 이에 따라 동작 센서로부터 동작 감지 여부가 표시된다.

11.2 가스 센서

11.2.1 가스 센서의 개요

가스 센서는 가스 누출을 감지하는 센서로써, 여기서는 Smoke Sensor MQ-5 Brick을사용한다. 아날로그 가스센서 MQ-5는 소비자 및 기업 시장에서 가스 누출을 감지하는 장비에서 사용되며, 이 센서는 LPG, i-부탄, 프로판, 메탄, 알코올, 수소, 연기 검출에 적합하다. 센서는 높은 감도와 빠른 반응 속도를 가진다. 그리고 감도는 가변 저항기에 의해 조정된다.

Smoke Sensor MQ-5 Brick의 특징은 다음과 같다.

- 전원 : 5V
- 인터페이스 타입 : 아날로그
- 핀 정의 : S-Sigal V-VCC G-GND
- 넓은 감지 범위
- 빠른 응답 및 고민감도
- 간단한 드라이브 회로
- 안정도 및 긴 수명
- 크기 : 38×27mm

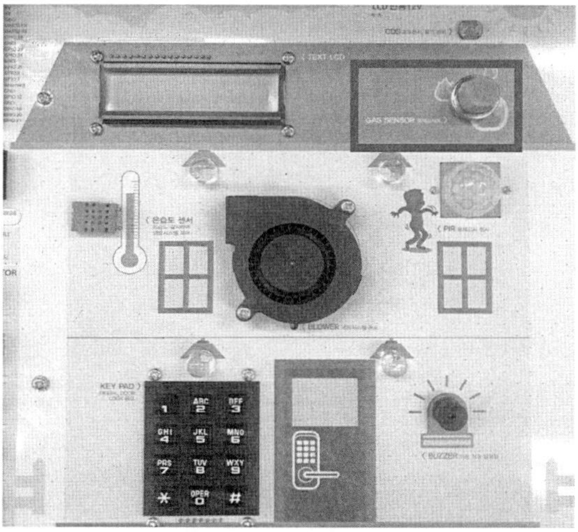

그림 11.2 가스 센서 모듈

11.2.2 가스 센서의 제어 방법

가스 센서는 주변 공기 상태를 확인하여 감지한 가스의 아날로그 수치를 신호 핀으로 출력한다. 이렇게 출력된 아날로그 값은 ADC 칩(MCP3208)로 수신되고 디지털 신호로 변환되어 출력 채널을 통해 젯슨 나노의 GPIO 핀으로 수신된다.

가스 센서는 감지되는 가스 량이 많을수록 수치가 높아지며, 적을수록 낮아진다.

11.2.3 음성 인식을 이용한 가스 센서 제어

이 절에서는 구글 어시스턴트의 음성 인식 기술과 젯슨 나노의 GPIO와 SPI 제어를 이용하여 음성 명령에 따라 가스 센서의 동작을 제어하는 실습을 한다. 가스 센서는 아날로그 입력 신호를 ADC 칩(MCP3208)을 통해 디지털 수치로 변환하여 터미널에 표시한다.

우선 터미널에서 다음 명령을 실행하여 가스 센서 파이썬 프로그램 파일이 있는 위치로 이동하고 프로그램 소스를 확인한다.

```
cd voice/voice-env/lib/python3.6/site-packages/googlesamples/assistant/grpc
nano gas.py
```

아래의 소스 프로그램의 SampleAssistant 클래스에서 가스 센서 제어 관련 내용을 살펴보면 음성 인식된 text가 '가스 수치 표시'이면 'show gas'를 터미널에 출력하고 가스 센서 제어 함수를 통해 가스 측정 값을 출력한다.

```
import Jetson.GPIO as GPIO              # GPIO 관련 모듈
from time import sleep                  # Delay 관련 모듈
import device._adc as ADC               # 가스 센서 관련 함수 모듈

class SampleAssistant(object) :
    ......
    def assist(self):
    ......
    # 음성 문자 인식
    text_str = ' '.join(r.transcript for r in resp.speech_results)
```

```
    logging.info('"%s"', text_str)

  if text_str == "가스 수치 표시":
      logging.info('show gas')
      gasVal = ADC.readSensor(ADC.GAS_CHANNEL)
      print("Gas Value = %d "%gasVal)
      print("Gas Value = %d "%gasVal)
      custom_cmd_flag = True
    else:
        logging.info('cmd match fail')

def main(api_endpoint, credentials, project_id, device_model_id,
         device_id, device_config, lang, display, verbose,
         input_audio_file, output_audio_file, audio_sample_rate,
         audio_sample_width,
         audio_iter_size,audio_block_size,audio_flush_size,
         grpc_deadline, once, *args, **kwargs) :

    GPIO.setmode(GPIO.BCM)  # GPIO 모드 설정
    GPIO.setwarnings(False)
    ADC.initMcp3208()           # ADC 칩 초기화
  ...
```

터미널에서 다음 명령어를 입력해 보자.

```
source voice/voice-env/bin/activate
assistant-gas --langko-KR
```

이제 "가스 수치 표시" 라고 말하면, "show gas"를 터미널에 출력한다. 말한 내용이 정상적으로 입력되었는지 표시되고 이에 따라 가스 센서로부터 측정된 값이 표시된다.

11.3 온습도 센서

11.3.1 온습도 센서의 개요

온습도 센서는 DHT11(Digital temperature and Humidity 센서)를 사용하여 온도와 습도를 감지한다. 온습도 센서의 측정부를 통해 감지한 정보는 하드웨어를 통해 디지털화 하여 값을 출력한다. 단순한 디자인을 가졌으며, 온도와 습도의 변화에는 민감하게 반응한다. 입력 전압은 5V이며, 신호를 출력한다.

mCube-AI 장비에서는 온습도 센서로 DHT11 센서를 사용하며 다음의 특징을 가진다.

- 핀 정의 : 1-VCC(VDD) 2-DATA4-GND
- 저비용
- 전원 및 입출력 : 3V ~ 5V
- 인터페이스 타입 : 디지탈
- 최대 전류 : 최대 2.5mA
- 감지 습도 : 20-80%(5% 정확도)
- 감지 온도 : 0-50°C temperature(±2°C 정확도)
- 샘플링율 : 초당 1Hz
- 본체 크기 : 15.5mm x 12mm x 5.5mm
- 4개의 핀 간격 : 0.1"

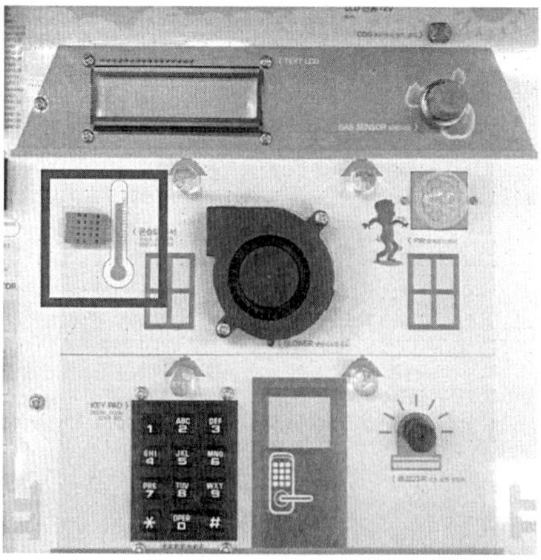

그림 11.3 온습도 센서 모듈

11.3.2 온습도 센서의 제어 방법

온습도를 제어하는 DHT11 센서가 전원을 입력 받으면 온도와 습도를 감지하는 하드웨어를 통해 디지털 정보를 측정한다. 온습도 센서 모듈의 핀들 중 3개를 각각 VCC(1)/DATA(2)/GND(4)에 연결하고 신호 핀을 통해 젯슨 나노에서 값을 읽는다. 전달된 수치는 온도 및 습도 값으로 변환하여 터미널 창에 표시한다.

11.3.3 음성 인식을 이용한 조도 센서 제어

이 절에서는 구글 어시스턴트의 음성 인식 기술과 젯슨 나노의 GPIO와 SPI 제어를 이용하여 음성 명령에 따라 온습도 센서의 동작을 제어하는 실습을 한다. 온습도 센서 DHT11에서 감지한 정보는 디지털 수치로 젯슨 나노로 전송하고 터미널에 표시한다.

터미널에서 다음 명령을 실행하여 온습도 센서 파이썬 프로그램 파일이 있는 위치로 이동하고 프로그램 소스를 확인한다.

```
cd voice/voice-env/lib/python3.6/site-packages/googlesamples/assistant/grpc
nano dht11.py
```

아래의 소스 프로그램의 SampleAssistant 클래스에서 온습도 센서 제어 관련 내용을 살펴보면 음성 인식된 text가 '온도 수치 표시'이면 'show temperature'를 터미널에 출력하고 온도 센서 제어 함수를 통해 온도 측정 값을 출력한다. 음성 인식된 text가 '습도 수치 표시'이면 'show humidity'를 터미널에 출력하고 습도 센서 제어 함수를 통해 습도 측정 값을 출력한다.

```
import Jetson.GPIO as GPIO              # GPIO 관련 모듈
from time import sleep                 # Delay 관련 모듈
dhtDevice = DHT.init()                  # 온습도 센서 관련 함수 모듈
class SampleAssistant(object) :
   ......
    def assist(self):
   ......
```

```
    text_str = ' '.join(r.transcript for r in resp.speech_results)
    logging.info('"%s"', text_str)

  if text_str == "온도 수치 표시":
      logging.info('show temperature')
      temp_c = DHT.readTemp(dhtDevice)  # 온도 측정
      if temp_c > -1:
          temp_f = temp_c*(9/5)+32        # 섭씨를 화씨로 변환
          print("Temperature_C:", temp_c, "C")
          print("Temperature_F:", temp_f, "F")

      custom_cmd_flag = True
  elif text_str == '습도 수치 표시':
      logging.info('show humidity')
      humidity = DHT.readHumi(dhtDevice)  # 습도 측정
      if temp_c > -1:
         print('Humidity:',humidity, '%')      # 습도 출력
      custom_cmd_flag = True
  else:
        logging.info('cmd match fail')

def main(api_endpoint, credentials, project_id, device_model_id,
         device_id, device_config, lang, display, verbose,
         input_audio_file, output_audio_file, audio_sample_rate,
         audio_sample_width,
         audio_iter_size,audio_block_size,audio_flush_size,
         grpc_deadline, once, *args, **kwargs) :
 ...
```

터미널에서 다음 명령어를 입력하여 파이썬 프로그램 파일을 실행한다.

```
source voice/voice-env/bin/activate
assistant-dht11 --langko-KR
```

"온도 수치 표시" 또는 "습도 수치 표시"라고 말하면, 말한 내용이 정상적으로 입력되었는지 표시되고 "show temperature" 또는 "show humidity"를 터미널에 출력한다. 이에 따라 온습도 센서로부터 측정된 값이 표시된다.

11.4 동작 센서

11.4.1 동작 센서의 개요

동작 센서는 동작을 감지하는 센서로써 mCube-AI 장비는 BISS0001 칩을 사용하는 DYP-ME003 PIR 동작 센서 모듈을 사용한다.

PIR(Passive Infrared) 센서는 피동형 적외선 센서를 의미하며 프레넬 렌즈를 통해 9~12도의 예각으로 일정 구간의 인체 이동을 감지한다. 이 센서는 작고, 저가이며, 저전력에 사용하기 쉬우며, 외부에 설치하지 않는다. 따라서 가정이나 기업에서 사용되는 기기에서 주로 사용된다.

PIR은 기본적으로 적외선을 이용하여 움직임을 감지할 수 있다. 다만 움직임을 감지하기 때문에 움직이지 않는다면 반응하지 않는다. 또한 태양 빛과 같이 PIR 센서가 감지 가능한 대역의 빛이 있다면 오동작 한다.

이 모듈은 5V 전원에서 동작하며, 전원과 접지를 포함한 세 개의 핀을 연결하여 사용한다.

PIR 동작 센서의 특징은 다음과 같다.

- 입력 전압 : DC 4.5-20V
- 출력 전압 : HIGH(3.3V) 또는 LOW(0V)
- 정격 전류 : 50uA
- 트리거 : H-Yes, L-No
- 블록 타임 : 2.5초(디폴트)
- 딜레이 타임 : 3초 ~ 300초(조절 가능)
- 작동 온도 : 15 ~ 70도
- 작동 각도 : < 110도
- 작동 거리 : 3m(디폴트) - 최대 7 m
- 렌즈 크기 : 직경 23mm(디폴트)
- 크기 : 32mm * 24mm

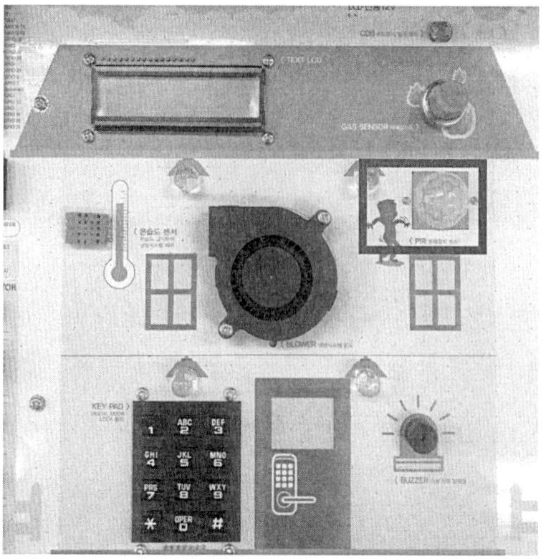

그림 11.4 동작 센서 모듈(PIR 센서)

11.4.2 동작 센서의 제어 방법

동작 센서는 110도 범위 각에서 기본 3m, 최대 7m 범위의 거리에 물체의 움직임을 감지한다. 움직임이 감지되면 OUT 핀을 통하여 디지털 신호를 전송한다. 전송된 신호는 MCU(젯슨나노)에 전달되고 디지털 입력 핀을 통하여 값을 읽어 확인한다.

PIR 동작 센서의 밑면을 살펴 보면 다음 그림과 같이 2개의 가변 저항이 장착되어 있는 것을 확인할 수 있다. 1번의 가변 저항은 지연 시간을 조절하며, 2번 가변 저항은 센싱 거리를 조절한다. 각각의 가변 저항을 시계 방향으로 돌리면, 지연 시간이 약 5초에서 300초 까지 증가하며, 센싱 거리가 약 3m에서 7m 까지 증가한다.

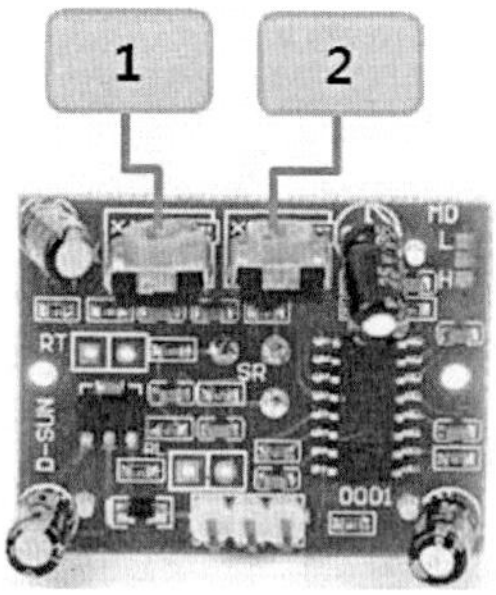

그림 11.5 동작 센서 밑면의 가변 저항 조정

11.4.3 음성 인식을 이용한 동작 센서 제어

터미널에서 다음 명령을 실행하여 동작 센서 파이썬 프로그램 파일이 있는 위치로 이동하고 프로그램 소스를 확인한다.

```
cd voice/voice-env/lib/python3.6/site-packages/googlesamples/assistant/grpc
nano motion.py
```

아래의 소스 프로그램의 SampleAssistant 클래스에서 동작 센서 제어 관련 내용을 살펴보면 음성 인식된 text가 '동작 감지 표시'이면 'start detection'을 터미널에 출력하고 동작 센서 제어 함수를 통해 동작 감지를 실행한다.

```
import Jetson.GPIO as GPIO              # GPIO 관련 모듈
from time import sleep                  # Delay 관련 모듈
import device._pir as PIR               # 동작 센서 관련 함수 모듈
import threading                        # 쓰레드 관련 모듈
import device.GPIO_EX as GPIO_EX        # 확장 IO 관련 모듈

class SampleAssistant(object) :
    ......
    def assist(self):
    ......
    global detect_state      # 동작 센서 동작 상태 변수
    global t
    text_str = ' '.join(r.transcript for r in resp.speech_results)
    logging.info('"%s"', text_str)

    if text_str == "동작 감지 표시":
        logging.info('start detection')
        detect_state = True
        t = threading.Thread(target=PIR.threadReadPir, args=( ))
        t.daemon = True
        t.start()
        custom_cmd_flag = True
    else:
        logging.info('cmd match fail')
```

```
def main(api_endpoint, credentials, project_id, device_model_id,
         device_id, device_config, lang, display, verbose,
         input_audio_file, output_audio_file, audio_sample_rate,
         audio_sample_width,
         audio_iter_size,audio_block_size,audio_flush_size,
         grpc_deadline, once, *args, **kwargs) :

    GPIO.setmode(GPIO.BCM)  # GPIO 모드 설정
    GPIO.setwarnings(False)
    GPIO_EX.setup(PIR.PIR_PIN, GPIO_EX.IN) # PIR 확장 IO 핀 입력 설정
    global detect_state
    global t
...
```

터미널에서 다음 명령을 실행시켜 본다.

```
source voice/voice-env/bin/activate
assistant-motion --langko-KR
```

이제 "동작 감지 표시" 라고 말하면, "start detection"를 터미널에 출력한다. 말한 내용이 정상적으로 입력되었는지 표시되고 이에 따라 동작 센서로부터 동작 감지 여부가 표시된다. 동작이 감지되면 "Motion Detected" 메시지가 터미널에 출력되고, 더 이상 동작이 감지되지 않으면 "Motion Ended" 메시지가 터미널에 출력된다.

CHAPTER

12

음성 인식 시스템 설계

이 장에서는 앞 장에서 학습한 LED, TextLCD, Buzzer 등과 조도 센서와 가스 센서, 온습도 센서, 동작 감지 센서를 응용하여 화재 감지 시스템과 냉방 제어 시스템, 그리고 조명 제어 시스템을 구현하고 제어하는 방법을 실습해 보기로 한다.

12.1 화재 감지 시스템

12.1.1 화재 감지 시스템의 개요

화재 방지 시스템은 가스 누출을 감지하여 알람을 울려 화재를 방지하는 시스템이다. 음성 인식을 통해 시스템을 대기 상태로 설정하고 화재 발생 시 음성으로 시스템의 ON/OFF가 가능하다.

12.1.2 화재 감지 시스템의 제어 방법

화재 감지 시스템 대기 상태에서 동작은 다음과 같다.

- 음성 인식을 통해 시스템을 대기 상태로 변경
- 가스 센서를 통해 가스 수치 모니터링
- 가스 값이 설정한 기준 수치를 벗어나는 경우 부저를 통한 알람 발생

화재 발생 시 음성 인식을 통한 직접 시스템 ON/OFF 방법은 다음과 같다.

- 음성 인식을 통해 화재 상황 전달
- 부저를 통한 알람 발생

12.1.3 음성 인식을 이용한 화재 감지 시스템 구현

이 절에서는 구글 어시스턴트의 음성 인식 기술과 젯슨 나노의 GPIO와 PWM 그리고 SPI 제어를 이용하여 음성 명령에 따라 화재 감지 시스템의 동작을 제어하는 실습을 한다. 가스 센서는 아날로그 입력 신호를 ADC 칩(MCP3208)을 통해 디지털 수치로 변환하여 터미널에 표시한다. 측정된 가스 수치에 따라 Buzzer는 특정 주파수의 신호를 출력하여 알람 소리를 발생시킨다.

우선 터미널에서 다음 명령을 실행하여 화재 감지 시스템 프로그램 파일이 있는 위치로 이동하고 프로그램 소스를 확인한다.

```
cd voice/voice-env/lib/python3.6/site-packages/googlesamples/assistant/grpc
nano fire_detect.py
```

아래의 소스 프로그램의 SampleAssistant 클래스에서 화재 감지 시스템 제어 관련 내용 일부를 살펴보자. 음성 인식된 text가 '화재 감지 시스템 시작'이면 'ready fire detection system'을 터미널에 출력한다. 그리고 가스 센서 제어 함수를 통해 가스 측정 값을 출력하고 그 값이 설정한 수치를 넘으면 부저를 통해 알람을 발생한다.

```
import Jetson.GPIO as GPIO              # GPIO 관련 모듈
from time import sleep                  # Delay 관련 모듈
import device._buzzer as BUZZER         # Buzzer 관련 함수 모듈
import device._adc as ADC               # ADC 관련 함수 모듈
import threading detect_state = 0       # 쓰레드 관련 함수 모듈
detect_state = 0                        # 시스템 검출 가능 상태
on_state = 0                            # 시스템 동작 상태
auto_system_status = 0                  # 자동 시스템 동작 상태
flag_system_status = 0                  # 시스템 상태 변수
GAS_LEVEL = 1500                        # 가스 레벨

melodyList = [4]                        # Buzzer 출력 음
noteDurations = [1]                     # Buzzer 출력 박자

def controlSystem(detect_state) :       # 시스템 제어 함수
    global auto_system_status
    # 시스템 검출 상태 동안
    while detect_state:
        # 자동 시스템 설정 상태인 경우
        if auto_system_status == True:
            # 가스 값을 읽어 저장
            gasVal = ADC.readSensor(ADC.GAS_CHANNEL)
            # 가스값이 가스 레벨보다 크면, 가스값을 출력하고 부저 실행
            if (gasVal > GAS_LEVEL):
                print("\r\nGAS Value=%d "%gasVal)
                BUZZER.playBuzzer(melodyList, noteDurations)
            else:
                # 자동 시스템 설정 해제
```

```
                BUZZER.pwm.stop()
        else:
            return 0

def onSystem(on_state):
    global flag_system_status
    # 시스템 동작 상태 동안
    while on_state:
        if flag_system_status == True :
            # 부저 실행
            BUZZER.playBuzzer(melodyList, noteDurations)
        else :
            BUZZER.pwm.stop()
            return 0

class SampleAssistant(object):
  …
    defassist(self):
  …
    global detect_state
    global on_state
    global t
    global t1
    global auto_system_status
    global flag_system_status

    text_str = ' '.join(r.transcript for r in resp.speech_results)
    logging.info('"%s"', text_str)
    if text_str == "화재 감지 시스템 시작":
        logging.info('ready fire detection system')
        # 시스템 검출 가능 상태 설정
        detect_state = True
        # 자동 시스템 동작 상태 설정
        auto_system_status = True
        t = threading.Thread(target=controlSystem,
        args=(detect_state, ))
        t.daemon = True
        t.start()
        custom_cmd_flag = True
     elif text_str == "시스템 동작 확인":
```

```
            logging.info('system on')
            # 자동 시스템 동작 상태 해제
            auto_system_status = False
            # 시스템 동작 상태 설정
            flag_system_status = True
            on_state = True
            t1 = threading.Thread(target=onSystem,args=(on_state, ))
            t1.daemon = True
            t1.start()
            custom_cmd_flag = True
        elif text_str == "동작 종료":
            logging.info('system off')
            # 자동 시스템 동작 상태 해제
            auto_system_status = False
            # 시스템 동작 상태 해제
            flag_system_status = False
            custom_cmd_flag = True
        else:
            logging.info('cmd match fail')

def main(api_endpoint, credentials, project_id, device_model_id,
         device_id, device_config, lang, display, verbose,
         input_audio_file, output_audio_file, audio_sample_rate,
         audio_sample_width, audio_iter_size, audio_block_size,
         audio_flush_size, grpc_deadline, once, *args, **kwargs):
…
GPIO.setmode(GPIO.BCM)                          # GPIO 모드 설정
GPIO.setwarnings(False)
GPIO.setup(BUZZER.BUZZER_PIN, GPIO.OUT) # Buzzer GPIO 핀 출력설정
pwm = GPIO.PWM(BUZZER.BUZZER_PIN, 100)  # Buzzer PWM 설정
ADC.initMcp3208()                               # ADC 칩 설정
...
```

이제 아래와 같은 명령을 사용하여 파이썬 프로그램 파일을 실행해 보자.

```
source voice/voice-env/bin/activate
assistant-fire_detect --lang ko-KR
```

이제 "화재 감지 시스템 시작"이라고 말하면 말한 내용이 정상적으로 입력 되었는지가 표시되고 "ready fire detection system"을 터미널에 출력한다. 이에 따라 가스 센서로부터 측정한 값을 기반으로 부저가 동작한다.

측정 값은 수치가 변수 GAS_LEVEL에 지정된 1000 보다 큰 경우 부저를 울리고 메시지를 표시한다. "시스템 동작 확인"이라고 말하면 화재 위험이 있는 경우로 인식하여 말한 내용이 정상적으로 입력되었는지 표시되고 부저를 울린다. "동작 종료"라고 말하면 말한 내용이 정상적으로 입력되었는지 표시되고 울리는 부저를 정지한다.

12.2 냉방 제어 시스템

12.2.1 냉방 제어 시스템의 개요

냉방 제어 시스템은 온도를 감지하여 디스플레이 하고 온도가 기준 수치보다 높은 경우 냉방 기기를 제어하여 적정 온도를 유지하도록 도와주는 시스템이다. 음성 인식을 통해 시스템을 대기 상태로 설정하고 온도가 높다고 인식될 시 음성으로 시스템의 ON/OFF 제어가 가능하다.

12.2.2 냉방 제어 시스템의 제어 방법

냉방 제어 시스템 대기 상태에서 동작은 다음과 같다.

- 음성 인식을 통해 시스템을 대기 상태로 변경
- 온도 센서를 통해 온도 수치 모니터링
- 온도 값이 설정한 기준 수치보다 높아지는 경우 FAN을 동작하여 온도를 낮춤

설정 온도에 관계없이 음성 인식을 통한 직접 시스템 ON/OFF 제어 방법은 다음과 같다.

- 음성 인식을 통해 온도 디스플레이
- FAN 동작을 통한 온도 낮춤

12.2.3 음성 인식을 이용한 가스 센서 제어

이 절에서는 구글 어시스턴트의 음성 인식 기술과 젯슨 나노의 GPIO 제어를 이용하여 음성 명령에 따라 냉방 제어 시스템의 동작을 제어하는 실습을 한다.

온습도 센서 DHT11에서 감지한 정보는 디지털 수치로 젯슨 나노로 전송하고, 터미널을 통하여 표시한다. 젯슨 나노에서 TextLCD 제어를 위해 제공하는 라이브러리를 사용하여 LCD에 온도를 표시한다. 사용하는 핀과 출력하고자 하는 데이터를 입력하여 간단히 프로그램이 가능하다. 측정한 온도 수치 기준에 따라 FAN의 ON/OFF 동작을 제어한다.

또한 음성 명령에 따라 FAN의 ON/OFF 동작을 제어한다.

젯슨 나노 내부에 있는 냉방 제어 시스템 프로그램의 위치와 파일명은 다음과 같다.

```
cd voice/voice-env/lib/python3.6/site-packages/googlesamples/assistant/grpc
nano air_condition.py
```

아래의 소스 프로그램의 SampleAssistant 클래스에서 냉방 제어 시스템 제어 관련 내용 일부를 살펴보자. 음성 인식된 text가 '냉방 제어 시스템 시작'이면 'ready air condition system'을 터미널에 출력한다. 그리고 온도 센서 제어함수를 통해 온도 측정 값을 Text LCD에 출력하고, 그 값이 설정한 수치를 넘으면 FAN을 동작하여 온도를 낮춘다.

```
import Jetson.GPIO as GPIO            # GPIO 관련 모듈
from time import sleep               # Delay 관련 모듈
import device._textlcd as TLCD        # TextLCD 관련 함수 모듈
import device._dht11 as DHT           # 온습도 센서 관련 함수 모듈
import device._fan  as FAN            # FAN 관련 함수 모듈
import threading detect_state = 0     # 쓰레드 관련 함수 모듈
TEMP_LEVEL = 25                        # FAN 동작 온도 레벨
```

```
def controlSystem(detect_state) :          # 시스템 제어 함수
        global auto_system_status
        # 시스템 검출 상태 동안
        while detect_state:
            # 자동 시스템 설정 상태인 경우
            if auto_system_status == True:
                    # 온도 값을 읽어 저장
                tempVal = DHT.readTemp()
                    # TextLCD에 온도 값을 표시
                TLCD.displayText(str(tempVal))
                    # 온도 값이 25보다 크면
                if (tempVal > TEMP_LEVEL):
                        # 온도 값을 출력하고 팬 동작 시킴
                    print("\r\nTEMP = %0.1f [C] "%tempVal)
                    FAN.controlFan(FAN.ON)
                else:
                    # 팬을 정지시킴
                    FAN.controlFan(FAN.OFF)
        # 자동 시스템 동작 상태 해제 시
            else:
                # TextLCD 동작 해제
                TLCD.clearTextlcd()
                return 0

class SampleAssistant(object):    # 동작 처리 함수
   ...
   def assist(self):
   ...
        global detect_state
        global t
        global auto_system_status

        text_str = ' '.join(r.transcript for r in resp.speech_results)
        logging.info('"%s"', text_str)
        if text_str == "냉방 제어 시스템 시작":
          logging.info('ready air condition system')
          detect_state = True              # 시스템 동작 상태 설정
          auto_system_status = True    # 자동 시스템 동작 상태 설정
          t = threading.Thread(target=controlSystem,
```

```
        args=(detect_state, ))          # 쓰레드 함수 구성
        t.daemon = True
        t.start()                       # 쓰레드 실행
        custom_cmd_flag = True
    elif text_str == "시스템 동작 확인":
        logging.info('system on')
        auto_system_status = False  # 자동 시스템 동작 상태 해제
        sleep(1)
        FAN.controlFan(FAN.ON)      # 팬 동작
        custom_cmd_flag = True
    elif text_str == "동작 종료":
        logging.info('system off')
        auto_system_status = False   # 자동 시스템 동작 상태 해제
        FAN.controlFan(FAN.OFF)      # 팬 정지
        custom_cmd_flag = True
    else:
        logging.info('cmd match fail')

def main(api_endpoint, credentials, project_id, device_model_id,
         device_id, device_config, lang, display, verbose,
         input_audio_file, output_audio_file, audio_sample_rate,
         audio_sample_width, audio_iter_size, audio_block_size,
         audio_flush_size, grpc_deadline, once, *args, **kwargs):
…
GPIO.setmode(GPIO.BCM)                    # GPIO 모드 설정
GPIO.setwarnings(False)
GPIO.setup(DHT.DHT_PIN, GPIO.IN)        # 온습도 센서 GPIO 핀 출력설정
 FAN.initFan(FAN.FAN_PIN1,FAN.FAN_PIN2) # FAN GPIO 핀 출력
 TLCD.initTextlcd()                        # TextLCD 초기화 설정
...
```

터미널에서 다음의 명령을 실행하여 가상환경을 실행하고, 파이썬 프로그램을 실행한다.

```
source voice/voice-env/bin/activate
assistant-air_condition --lang ko-KR
```

이제 "냉방 제어 시스템 시작"이라고 말하면 말한 내용이 정상적으로 입력되었

는지 표시되고 "ready air condition system"을 터미널에 출력한다. 이에 따라 온도 센서로부터 측정한 값을 기반으로 FAN이 동작한다. 측정한 값은 수치가 TEMP_LEVEL 변수에 지정된 값 25 보다 큰 경우 FAN을 동작하고 메시지를 표시한다. 이때 온도는 TextLCD를 통해 지속적으로 표시된다. "시스템 동작 확인" 이라고 말하면 설정된 기준 온도에 관계없이 FAN을 동작하고, "동작 종료" 라고 말하면 설정된 기준 온도에 관계없이 FAN을 정지한다.

12.3 조명 제어 시스템

12.3.1 조명 제어 시스템의 개요

조명 제어 시스템은 실내 조도를 측정하여 디스플레이 하고 조도가 기준 수치보다 낮은 경우 조명 기기를 제어하여 적정 밝기를 유지하도록 도와주는 시스템이다. 음성 인식을 통해 시스템을 대기 상태로 설정하고 화재 발생 시 음성으로 시스템의 ON/OFF가 가능하다.

12.3.2 조명 제어 시스템의 제어 방법

조명 제어 시스템 대기 상태에서 동작은 다음과 같다.

- 음성 인식을 통해 시스템을 대기 상태로 변경
- 조도 센서를 통해 밝은 정도를 모니터링
- 조도 값이 설정한 기준 수치 보다 낮아지는 경우 LED를 제어하여 밝기 조절

설정한 조도에 관계없이 음성 인식을 통한 직접 시스템 ON/OFF 방법은 다음과 같다.

- 음성 인식을 통해 조도 디스플레이
- LED 제어를 통한 조도 제어

12.3.3 음성 인식을 이용한 조명 제어 시스템의 제어

이 절에서는 구글 어시스턴트의 음성 인식 기술과 젯슨 나노의 GPIO와 SPI 제어를 이용하여 음성 명령에 따라 조명 제어 시스템의 동작을 제어하는 실습을 한다.

조도 센서는 아날로그 입력 신호를 ADC 칩(MCP3208)을 통해 디지털 수치로 변환하여 터미널에 표시한다. 젯슨 나노에서 TextLCD 제어를 위해 제공하는 라이브러리를 사용하여 LCD에 조도를 표시한다. 사용하는 핀과 출력하고자 하는 데이터를 입력하여 간단히 프로그램이 가능하다.

측정된 조도 기준에 따라 LED의 ON/OFF 동작을 제어한다. 또한 음성 명령에 따라 LED의 ON/OFF 동작을 제어한다.

터미널에서 다음의 명령을 실행하여 조명 제어 시스템 프로그램 파일이 있는 위치로 이동하고 프로그램 소스를 확인한다.

```
cd voice/voice-env/lib/python3.6/site-packages/googlesamples/assistant/grpc
nano light_control.py
```

아래의 소스 프로그램의 SampleAssistant 클래스에서 조명 제어 시스템 제어 관련 내용을 살펴보자. 음성 인식된 text가 '조명 제어 시스템 시작'이면 'ready light control system'을 터미널에 출력한다. 그리고 조도 센서 제어 함수를 통해 조도 측정 값을 출력하고, 그 값이 설정한 수치에 못미치면 LED를 통해 알람을 발생한다.

```
import Jetson.GPIO as GPIO            # GPIO 관련 모듈
from time import sleep               # Delay 관련 모듈
import device._textlcd as TLCD        # TextLCD 관련 함수 모듈
import device._adc as ADC             # ADC 관련 함수 모듈
import device._led as LED             # LED 관련 함수 모듈
import threading                      # 쓰레드 관련 함수 모듈
detect_state = 0                      # 시스템 검출 가능 상태
led_state = 0                         # LED 동작 상태
auto_system_status = 0                # 자동 시스템 동작 상태
LED_LEVEL = 1000                      # LED 점등 기준 조도 레벨
```

```
def controlSystem(detect_state) :          # 시스템 제어 함수
    global auto_system_status
    global led_status
    # 시스템 검출 상태 동안
    while detect_state:
        # 자동 시스템 설정 상태인 경우
        if auto_system_status == True:
            # 조도 값을 읽어 저장
            cdsVal = ADC.readSensor(ADC.CDS_CHANNEL)
            # 조도 값을 TextLCD에 표시
            TLCD.lcd_string("CDS Value", TLCD.LCD_LIND1)
            TLCD.lcd_string(str(cdsVal), TLCD.LCD_LINE_2)
            print("\r\nilluminance = %d "%cdsVal)
            sleep(1)
            # 조도 값이 조도 레벨보다 작고 LED가 꺼져 있으면
            if(cdsVal<CDS_LEVEL and led_status==0):
                # LED를 순차적으로 점등
                LED.controlLed(LED.LED_1, LED.ON)
                sleep(0.1)
                LED.controlLed(LED.LED_2, LED.ON)
                sleep(0.1)
                LED.controlLed(LED.LED_3, LED.ON)
                sleep(0.1)
                LED.controlLed(LED.LED_4, LED.ON)
                led_status = 1
            # 조도 값이 조도 레벨 이상이고 LED가 켜져 있으면
            elif(cdsVal>=CDS_LEVEL and led_status==1):
                # LED를 순차적으로 소등
                LED.controlLed(LED.LED_1, LED.OFF)
                sleep(0.1)
                LED.controlLed(LED.LED_2, LED.OFF)
                sleep(0.1)
                LED.controlLed(LED.LED_3, LED.OFF)
                sleep(0.1)
                LED.controlLed(LED.LED_4, LED.OFF)
                led_status = 0
        else:
            # TextLCD 초기화
            TLCD.lcd_init()
            return 0
```

```
class SampleAssistant(object):
  …
     def assist(self):
  …
     global detect_state
     global led_state
     global t
     global auto_system_status

     text_str = ' '.join(r.transcript for r in resp.speech_results)
     logging.info('"%s"', text_str)
  if text_str == "조명 제어 시스템 시작":
       logging.info('ready light control system')
       detect_state = True
       auto_system_status = True
       t = threading.Thread(target=controlSystem,
       args=(detect_state, ))
       t.daemon = True
       t.start()
       custom_cmd_flag = True
      elif text_str == "시스템 동작 확인":
          logging.info('system on')
          # 자동 시스템 동작 상태 해제
          auto_system_status = False
          # LED 순차 점등
       LED.controlLed(LED.LED_1, LED.ON)
       sleep(0.1)
       LED.controlLed(LED.LED_2, LED.ON)
       sleep(0.1)
       LED.controlLed(LED.LED_3, LED.ON)
       sleep(0.1)
       LED.controlLed(LED.LED_4, LED.ON)
       led_status = 1
       custom_cmd_flag = True     # LED 상태 변경
       elif text_str == "동작 종료":
          logging.info('system off')
          # 자동 시스템 동작 상태 해제
          auto_system_status = False
          # LED 순차 소등
```

```
            LED.controlLed(LED.LED_1, LED.OFF)
          sleep(0.1)
          LED.controlLed(LED.LED_2, LED.OFF)
          sleep(0.1)
          LED.controlLed(LED.LED_3, LED.OFF)
          sleep(0.1)
          LED.controlLed(LED.LED_4, LED.OFF)
          led_status = 0
          custom_cmd_flag = True  # LED 상태 변경
        else:
          logging.info('cmd match fail')

def main(api_endpoint, credentials, project_id, device_model_id,
         device_id, device_config, lang, display, verbose,
         input_audio_file, output_audio_file, audio_sample_rate,
         audio_sample_width, audio_iter_size, audio_block_size,
         audio_flush_size, grpc_deadline, once, *args, **kwargs):
…
GPIO.setmode(GPIO.BCM)                          # GPIO 모드 설정
GPIO.setwarnings(False)
ADC.initMcp3208()                               # ADC 칩 설정
LED.initLed(LED.LED_1)                          # LED 초기 설정
LED.initLed(LED.LED_2)
LED.initLed(LED.LED_3)
LED.initLed(LED.LED_4)
TLCD.lcd_init()                                 # TextLCD 초기 설정
...
```

위의 예제들과 마찬가지로 터미널에서 아래의 명령을 실행한다.

```
source voice/voice-env/bin/activate
assistant-light_control --lang ko-KR
```

“조명 제어 시스템 시작”이라고 말하면 말한 내용이 정상적으로 입력되었는지 표시되고 “ready light control system”이 터미널에 출력된다. 이에 따라 조도 센서로부터 측정한 값을 기반으로 LED가 동작한다. 측정한 값은 수치가 CDS_LEVEL 변수에 지정된 값 1000 보다 작은 경우 LED를 ON 하고 메시지를

표시한다. “시스템 동작 확인”이라고 말하면 설정한 조도 수치에 관계 없이 말한 내용이 정상적으로 입력되었는지 표시되고 LED를 ON 한다. “동작 종료”라고 말하면 설정한 조도 수치에 관계 없이 말한 내용이 정상적으로 입력되었는지 표시되고 LED를 OFF 한다.

CHAPTER

13

숫자 인식기 구현

이 장에서는 MNIST 데이터셋을 불러오는 방법에 대해 학습하고, 기계 학습 및 CNN을 사용하여 MNIST 숫자 인식기를 구현해 본다.

13.1 MNIST 데이터

13.1.1 MNIST 데이터란?

텐서플로우 샘플에 보면 MNIST 데이터 셋이 많이 등장한다. MNIST는 인공지능 연구의 권위자 LeCun 교수가 만든 데이터 셋이며, 데이터량이 적당하고 문제 정의가 간단하여 머신러닝을 공부하는 사람들이 입문용으로 자주 사용한다.

그림 12.1과 같이 MNIST는 28×28 크기를 갖는 0-9 사이의 손으로 쓰여진 숫자 이미지들로 구성되어 있으며. 이에 해당하는 레이블로 구성된 데이터베이스이다.

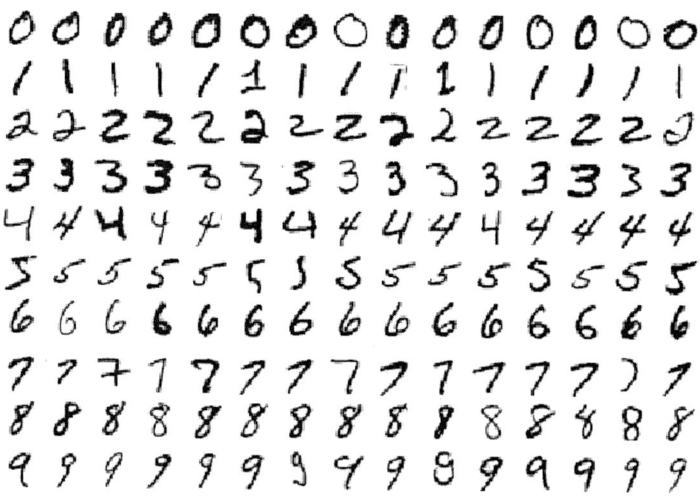

그림 13.1 MNIST 데이터베이스

60,000개의 트레이닝 셋(traing set)과 10,000개의 테스트 셋(test set)으로 구성되어 있으며, 트레이닝 셋은 학습 데이터로 사용하고, 테스트 셋은 신경망을 검증하는데 사용한다.

트레이닝 셋과 테스트 셋은 각각 라벨 데이터를 포함한다. 라벨 데이터는 10개의 숫자로 이루어진 1행 행렬로 구성된다. 원소는 0~9 순서로, 그 숫자이면 1 아니면 0으로 표현된다. 예를 들어 1인 경우는 [0,1,0,0,0,0,0,0,0,0], 9인 경우는 [0,0,0,0,0,0,0,0,0,1]로 표현되는 것이다. 이미지 데이터에 대한 라벨이므로, 이미지 데이터 수만큼의 라벨을 가지게 된다.

MNIST 데이터는 Yann LeCun의 웹사이트(http://yann.lecun.com/)에서 제공하고 있으며, 네 개의 파일이 이용 가능하다.

- train-images-idx3-ubyte.gz : training set images (9912422 bytes)
- train-labels-idx1-ubyte.gz : training set labels (28881 bytes)
- t10k-images-idx3-ubyte.gz : test set images (1648877 bytes)
- t10k-labels-idx1-ubyte.gz : test set labels (4542 bytes)

본 교재에서는 편의를 위해 데이터를 다운로드하고 설치하는 코드를 포함해 놓았다. 코드를 다운로드 하고 다음과 같이 import하거나, 그냥 안에 붙여 넣으면 된다.

13.2 MNIST 데이터 셋 가져와서 확인하기

앞에서 다운받은 데이터 셋을 파이씬 피일에서 불러오기 위해 다음과 같이 코드를 작성한다. 이때 dataset 폴더는 실행하는 py 파일의 경로와 일치해야 한다.

소스코드

```
import sys, os
sys.path.append("./dataset") # dataset의 경로 지정
import numpy as np
import pickle
from dataset.mnist import load_mnist
import matplotlib.pylab as plt
```

코드에서 load_mnist는 불러온 데이터 셋을 np.array 로 변환해 주는 함수이다.

만일 cannot import name 'load_mnist' from 'mnist' 라는 오류가 출력되면, dataset 폴더의 경로가 일치하지 않아 파일이 제대로 인식되지 않은 경우이므로 폴더의 위치를 정확하게 기입한다.

이제 그리고 load_mnist() 함수를 사용하여 아래와 같이 데이터를 변환한다.

소스코드

```
(train_image_data, train_label_data), (test_image_data, test_label_data) =
load_mnist(flatten = True, normalize = False)
```

train은 학습할 데이터, test는 테스트 데이터를 의미한다.

load_mnist() 함수는 읽은 MNIST 데이터를 (트레이닝 이미지, 트레이닝 레이블), (테스트 이미지, 테스트 레이블) 형식으로 반환한다.

인수로는 one_hot_label, normalize, flatten 세 가지를 설정할 수 있다.

- one_hot_label은 레이블을 원핫(one-hot) 인코딩 형태로 저장할지를 여부를 정한다. 원핫 인코딩이란 [0, 1, 0, 0, 0, 0]과 같이 정답을 뜻하는 원소만 1이고, 나머지는 모두 0인 배열을 의미한다.
- normalize는 입력 이미지의 픽셀값을 0.0~1.0 사이의 값으로 정규화할지를 결정한다. False로 하면 원래 값 그대로 0~255 사이의 값을 유지합니다.
- flatten은 입력 이미지를 1차원 배열로 만들지, 2차원 형태로 그대로 둘지를 결정한다. False로 하면 28X28의 2차원 배열로, True로 설정하면 784(=28×28)개의 원소로 이루어진 1차원 배열로 저장한다.

  예를 들어 위의 코드에서 flatten을 True로 지정할 경우, 이미지의 변환 크기를 출력해 보면 다음과 같다.

소스코드

```
print(train_image_data.shape)
print(train_label_data.shape)
print(test_image_data.shape)
print(test_label_data.shape)
```

실행결과

```
>>>
(60000, 784)  # 784 = 28 * 28
(60000,)
(10000, 784)
(10000,)
```

여기서 (60000, 784)는 트레이닝 데이터 셋이 60000개, 이미지는 784 크기의 1

차원 형태로 저장됨을 의미한다.

이제 flatten을 False로 변경하고, 이미지의 변환 크기를 출력해서 비교해 보자.

소스코드

```
(train_image_data, train_label_data), (test_image_data, test_label_data) =
load_mnist(flatten = False, normalize = False)
print(train_image_data.shape)
print(train_label_data.shape)
print(test_image_data.shape)
print(test_label_data.shape)
```

실행결과

```
>>>
(60000, 1, 28, 28)
(60000,)
(10000, 1, 28, 28)
(10000,)
```

실행 결과 (60000, 1, 28, 28)로부터 각 이미지는 1차원으로의 변환 없이 2차원으로 그대로 저장됨을 알 수 있다.

코드에서 불러 온 MNIST 이미지는 image_data, label_data로 구분되어 있다.

image_data는 실제로 저장되어 있는 이미지의 데이터이고, label_data는 그 이미지가 실제로 어떤 값을 나타내는지가 저장되어 있는 데이터이다. 따라서 image_data와 label_data에 접근하여 이미지 및 실제 값을 읽어올 수 있다.

위의 코드들을 종합하여 MNIST 이미지를 불러오고, 한 개의 이미지를 화면에 출력해 보자.

소스코드

```
import sys, os
sys.path.append("./dataset") # dataset의 경로 지정
import numpy as np
import pickle
from dataset.mnist import load_mnist
import matplotlib.pylab as plt
```

```
(train_image_data, train_label_data), (test_image_data, test_label_data) =
load_mnist(flatten = True, normalize = False)

def mnist_show(n) :
    image = train_image_data[n]
    image_reshaped = image.reshape(28, 28)
    image_reshape.shape
    label = train_label_data[n]
    plt.figure(figsize = (5, 5))
    plt.title('sample of ' + str(label))
    plt.imshow(image_reshaped, cmap="gray")
    plt.show()

mnist_show(0)
```

실행결과

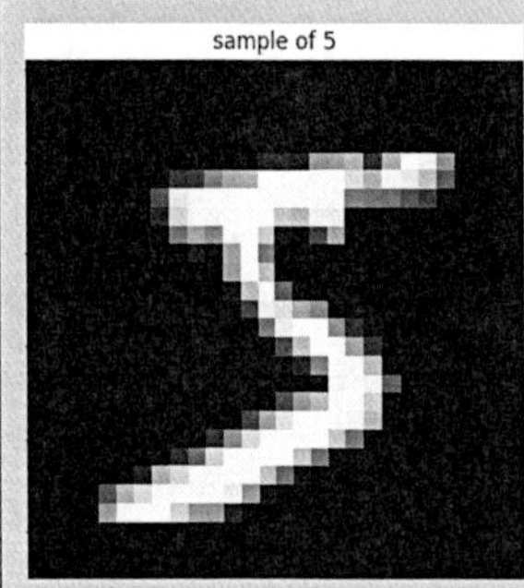

이미지 표시를 위해 PIL 모듈을 사용한다.

load_mnist() 함수에서 flatten=True로 설정하였기 때문에 이미지는 1차원 넘파이 배열로 저장되어 있다. 따라서 이미지를 화면에 출력하려면 원래의 2차원 28 X 28 크기로 다시 변형해야 한다. 이를 위해 reshape()를 사용하며 원하는 크기를 인수로 지정한다.

출력할 이미지의 창의 크기는 5×5로 지정한 후, mnist_show(0)을 통해 불러온 테스트 데이터 셋의 첫 번째 이미지를 화면에 출력한다.

13.3 기계 학습을 이용한 MNIST 숫자 인식

13.3.1 MNIST 데이터 셋 학습하기

이 절에서는 13.1절에서 불러 온 데이터 셋을 학습시키고, 테스트 셋의 데이터들을 이용하여 학습의 정확도를 측정해 본다.

입력층 노드는 784개이며, 출력층 노드는 10개(0~9)이다. 은닉층은 총 두 개이며, 첫 번째 은닉층은 50개의 노드를, 두 번째 은닉층에는 100개의 노드를 배치한다.

활성화 함수는 sigmoid 함수를 사용하며, 출력층에서는 다중 분류에 주로 사용되는 softmax 함수를 사용한다.

학습을 위해 필요한 가중치 정보는 첨부한 샘플 파일 sample_weight.pkl을 압축 해제한 후 dataset 폴더 내에 넣는다.

소스코드

```
def sigmoid(x) : # sigmoid 활성화 함수 정의
    return 1 / (1 + np.exp(-x))

def softmax(x) : # softmax 함수 정의
     diff_x  = x - np.max(x)
    # 입력값 x에 입력값의 최대값의 뺀다

    exp_x = np.exp(diff_x)
    y = exp_x / np.sum(exp_x)
    return y

def get_data(): # mnist 데이터를 불러옴.
    (image_train,label_train),(image_test,label_test)    =    load_mnist(flatten=True,
normalize=False)

    return image_test, label_test

def init_network() : # sample_weight를 불러와서 신경망 구성
    with open('./dataset/sample_weight.pkl', 'rb') as f:
        network = pickle.load(f)
    return network
```

```
def predict(network, x) : # 예측 함수
    # 은닉층 데이터 2개
    w1, w2, w3 = network['w1'], network['w2'], network['w3']
    b1, b2, b3 = network['b1'], network['b2'], network['b3']
    a1 = np.dot(x, w1) + b1
    z1 = sigmoid(a1)
    a2 = np.dot(z1, w2) + b2
    z2 = sigmoid(a2)
    a3 = np.dot(z2, w3) + b3
    y = softmax(a3)

    return y

images, labels = get_data()
network = init_network()

accuracy_cnt = 0
for i in range(len(images)) : # 테스트 이미지들에 대해
    y = predict(network, images[i]) # 실행 결과 output 10개가 출력
                                     # 각 0~9 별로 비슷 정도에 대한 수치임
    pd = np.argmax(y) # 가장 가능성이 높은 것을 선택
    if pd == labels[i] : # 실제 label 값과 비교하여, 예측과 실제가 맞으면
        cnt += 1 # 카운트(1씩 증가)

print("Accuracy: " + str(float(cnt) / len(images)))
```

실행결과

```
Accuracy: 0.9207
```

위의 코드는 MNIST 데이터 셋을 얻고 네트워크를 생성한다. for문을 통해 x에 저장된 이미지 데이터를 한 장씩 가져와서 predict() 함수로 분류한다.

predict() 함수는 각 레이블의 확률을 넘파이 배열로 반환한 후, np.argmax() 함수로 이 배열에서 값이 가장 큰, 즉 확률이 가장 높은 원소의 인덱스를 구한다. 이것이 예측 결과인 것이다.

마지막으로 신경망이 예측한 결과와 정답 레이블을 비교해서 맞힌 숫자를 카운트하고, 이를 전체 이미지 숫자로 나누면 정확도를 계산할 수 있다.

실행 결과 정확도는 0.9207임을 알 수 있다.

13.4 CNN을 활용한 MNIST 숫자 인식

컨볼루션 신경망은 표준 인공 신경망과 달리 컨볼루션, 풀링, 완전연결 및 소프트맥스 층을 포함할 수 있다. 이 절에서는 텐서플로우를 사용하여 CNN을 활용한 MNIST 숫자 인식기를 구현해 보도록 한다.

텐서플로우를 사용하기 위해 먼저 import 한다. 그러면 MNIST 데이터는 텐서플로우 라이브러리에 저장되며 향후 데이터 셋은 여기에서 가져올 수 있다.

그리고 x 및 y와 함께 클래스 개수, 배치 사이즈를 초기화 한다. 우리 교재에서는 클래스 수는 10개, 배치 사이즈는 128개로 정하고, 데이터의 차원 수를 늘리기 위해 expand_dims() 함수를 사용한다.

```
x_train = np.expand_dims(x_train, -1)
```

컨볼루션 층은 일반적으로 컨벌루션 신경망의 첫 번째 층이나, 이미지와 필터의 요소 별 곱을 계산함으로써 특징 벡터를 계산한다. 이 예제에서 이미지는 5×5 행렬이고, 필터는 3×3 행렬로 가정했다.

아래에 정의된 함수는 텐서플로우 모델에 컨볼루션 층을 추가하기 위해 Conv2D 함수를 사용한다.

```
Conv2D(32, kernel_size=(3, 3), activation="relu")
```

첫 번째 인자 32는 컨벌루션 필터의 수를 뜻하며, 두 번째 인자 3 × 3은 컨볼루션 커널의 (행, 열)을 의미한다. 세 번째 인자인 activation은 활성화 함수를 설정하는 부분으로써, ‘relu’는 rectifier 함수로 주로 은닉층에 사용된다. 또한 ‘sigmoid’는 시그모이드 함수로써 이진 분류 문제에서 출력층에 사용되며, ‘softmax’는 다중 클래스 분류 문제에서 출력층에 주로 쓰인다.

일반적으로 풀링 층은 데이터의 차원을 줄이기 위해 컨볼루션 층 뒤에 추가된다. 풀링 영역이 정해지고, 해당 영역의 모든 값은 최대 값, 평균 값 등의 값으로 대체된다. 가장 일반적인 풀링 기술 중의 하나는 최대 풀링이며, 다음의 함수를 사용한다.

```
MaxPooling2D(pool_size=(2, 2))
```

여기서 pool_size는 수직, 수평 축소 비율을 지정하는 부분으로써, (2, 2)는 출력 영상 크기를 입력 영상 크기의 반으로 줄인다는 의미를 가진다.

CNN에서 컨볼루션 층이나 맥스풀링 층을 반복적으로 거치면 주요 특징만 추출되고, 추출된 주요 특징은 완전결합 층에 전달되어 학습된다. 컨볼루션 층과 맥스풀링 층은 주로 2차원 데이터를 다루지만 완전결합 층에 전달하기 위해서는 1차원 데이터로 바꿔줘야 한다. 이 때 사용되는 것이 플래튼 층이며, 사용 함수는 다음과 같다.

```
MaxPooling2D(pool_size=(2, 2))
```

출력 형태는 입력 형태에 따라 자동으로 계산되므로 별도로 사용자가 인자를 지정해 주지 않아도 된다.

Dropout은 딥러닝 학습에 있어서의 문제 중 하나인 과적합을 해소하기 위한 방법이다. 과적합(overfitting)이란 모델이 학습 데이터에 대해 지나치게 훈련되어 테스트 데이터에 대해 좋지 않은 결과를 나타내는 경우를 말한다. 이를 해결하기 위해 Dropout은 은닉층의 일부 뉴런이 동작하지 않게 하여 과적합 되는 것을 막는 방법이다. 뉴런이 드롭아웃될 확률 p는 일반적으로 p=0.5의 값을 사용한다.

```
Dropout(0.5)
```

컨볼루션 층과 풀링 층으로 인해 데이터의 복잡성이 줄어들게 되면 매개 변수가 레이블에 갖는 실제 관계를 결정하기 위해 완전연결 층을 사용할 수 있다. 따라서 이미지를 0부터 9까지 하나의 레이블로 분류하려면 반드시 필요한 층이다.

케라스에서는 Dense라는 클래스로 구현이 되어 있다. 아래는 Dense 클래스 사용 예제이다.

```
Dense(num_classes, activation="softmax")
```

첫 번째 인자 num_classes는 출력 뉴런의 수를 설정하는 부분이며, activation은 활성화 함수 설정을 나타낸다. 'softmax'는 다중 클래스 분류 문제에서 출력층에 주로 사용된다.

이제 compile 함수를 통해 설정된 모델을 학습한다.

```
compile(loss="categorical_crossentropy", optimizer="adam", metrics=["accuracy"])
```

loss는 모델이 최적화에 사용하는 목적 함수를 지정하는 부분으로써, mse, categorical_crossentropy, binary_crossentropy 등이 있다. optimizer는 학습 과정을 설정하는 부분으로써 최적화 알고리즘을 설정하며, adam, sgd, rmsprop, adagrad 등을 선택할 수 있다. metrics는 모델이 평가할 항목을 나타낸다.

모델 학습이 끝나면 fit() 함수를 사용하여 모델을 실행한다.

```
fit(x_train, y_train, batch_size=batch_size, epochs=epochs, validation_split=0.1)
```

마지막으로 구현 모델이 테스트 데이터에서 얼마나 잘 작동하는지 확인하기 위해 정확성을 계산한다.

```
evaluate(x_test, y_test, verbose=0)
```

여기서 인자 verbose는 학습 중 출력되는 로그 수준을 의미한다.

이러한 전체 과정을 구현하면 다음과 같다.

소스코드

```
import numpy as np
from tensorflow import keras
from tensorflow.keras import layers

# 데이터 준비하기
num_classes = 10                # 클래스 수
input_shape = (28, 28, 1)        # 입력 크기
```

```
# 데이터 불러오기, 학습 및 테스트 셋으로 분리
(x_train, y_train), (x_test, y_test) = keras.datasets.mnist.load_data()

# 숫자 이미지를 실수형으로 변환한 후 0~1 범위의 값으로 정규화
x_train = x_train.astype("float32") / 255
x_test = x_test.astype("float32") / 255

# 이미지 크기 (28, 28, 1)
x_train = np.expand_dims(x_train, -1)
x_test = np.expand_dims(x_test, -1)

# 벡터를 바이너리 행렬로 변환
y_train = keras.utils.to_categorical(y_train, num_classes)
y_test = keras.utils.to_categorical(y_test, num_classes)

# 모델 만들기, Sequential : 층을 순차적으로 연결하는 모델
model = keras.Sequential(
    [
        keras.Input(shape=input_shape),
        layers.Conv2D(32, kernel_size=(3, 3), activation="relu"),
        layers.MaxPooling2D(pool_size=(2, 2)),
        layers.Conv2D(64, kernel_size=(3, 3), activation="relu"),
        layers.MaxPooling2D(pool_size=(2, 2)),
        layers.Flatten(),
        layers.Dropout(0.5),
        layers.Dense(num_classes, activation="softmax"),
    ]
)
model.summary()

# 모델 학습
batch_size = 128
epochs = 15

model.compile(loss="categorical_crossentropy", optimizer="adam", metrics=["accuracy"])

# 모델 실행
model.fit(x_train, y_train, batch_size=batch_size, epochs=epochs, validation_split=0.1)

# 학습된 모델 검증
```

```
score = model.evaluate(x_test, y_test, verbose=0)
print("Test loss:", score[0])
print("Test accuracy:", score[1])
```

실행결과

```
Model: "sequential"
_________________________________________________________________
Layer (type)                 Output Shape              Param #
=================================================================
conv2d (Conv2D)              (None, 26, 26, 32)        320
_________________________________________________________________
max_pooling2d (MaxPooling2D) (None, 13, 13, 32)        0
_________________________________________________________________
conv2d_1 (Conv2D)            (None, 11, 11, 64)        18496
_________________________________________________________________
max_pooling2d_1 (MaxPooling2 (None, 5, 5, 64)          0
_________________________________________________________________
flatten (Flatten)            (None, 1600)              0
_________________________________________________________________
dropout (Dropout)            (None, 1600)              0
_________________________________________________________________
dense (Dense)                (None, 10)                16010
=================================================================
Total params: 34,826
Trainable params: 34,826
Non-trainable params: 0
_________________________________________________________________
2021-02-08 11:32:01.132057: I tensorflow/compiler/mlir/mlir_graph_optimization_pass.cc:116] None of the MLIR optimization passes are enabled (registered 2)
Epoch 1/15
422/422 [==============================] - 19s 42ms/step - loss: 0.7835 - accuracy: 0.7564 - val_loss: 0.0851 - val_accuracy: 0.9772
Epoch 2/15
422/422 [==============================] - 17s 41ms/step - loss: 0.1243 - accuracy: 0.9627 - val_loss: 0.0572 - val_accuracy: 0.9843
Epoch 3/15
422/422 [==============================] - 17s 40ms/step - loss: 0.0949 - accuracy: 0.9718 - val_loss: 0.0459 - val_accuracy: 0.9887
Epoch 4/15
422/422 [==============================] - 17s 40ms/step - loss: 0.0770 -
```

```
accuracy: 0.9767 - val_loss: 0.0442 - val_accuracy: 0.9863
Epoch 5/15
422/422 [==============================] - 17s 41ms/step - loss: 0.0620 -
accuracy: 0.9811 - val_loss: 0.0401 - val_accuracy: 0.9895
Epoch 6/15
422/422 [==============================] - 17s 41ms/step - loss: 0.0578 -
accuracy: 0.9820 - val_loss: 0.0391 - val_accuracy: 0.9880
Epoch 7/15
422/422 [==============================] - 17s 41ms/step - loss: 0.0517 -
accuracy: 0.9834 - val_loss: 0.0351 - val_accuracy: 0.9902
Epoch 8/15
422/422 [==============================] - 17s 40ms/step - loss: 0.0476 -
accuracy: 0.9847 - val_loss: 0.0325 - val_accuracy: 0.9908
Epoch 9/15
422/422 [==============================] - 17s 40ms/step - loss: 0.0453 -
accuracy: 0.9859 - val_loss: 0.0332 - val_accuracy: 0.9917
Epoch 10/15
422/422 [==============================] - 17s 39ms/step - loss: 0.0413 -
accuracy: 0.9865 - val_loss: 0.0296 - val_accuracy: 0.9925
Epoch 11/15
422/422 [==============================] - 17s 39ms/step - loss: 0.0395 -
accuracy: 0.9877 - val_loss: 0.0302 - val_accuracy: 0.9917
Epoch 12/15
422/422 [==============================] - 17s 39ms/step - loss: 0.0369 -
accuracy: 0.9877 - val_loss: 0.0294 - val_accuracy: 0.9917
Epoch 13/15
422/422 [==============================] - 17s 40ms/step - loss: 0.0362 -
accuracy: 0.9877 - val_loss: 0.0300 - val_accuracy: 0.9920
Epoch 14/15
422/422 [==============================] - 17s 40ms/step - loss: 0.0323 -
accuracy: 0.9892 - val_loss: 0.0290 - val_accuracy: 0.9918
Epoch 15/15
422/422 [==============================] - 17s 40ms/step - loss: 0.0316 -
accuracy: 0.9896 - val_loss: 0.0337 - val_accuracy: 0.9907
Test loss: 0.026438891887664795
Test accuracy: 0.9912999868392944
```

실행 결과 정확도는 0.9912로 높은 정확도를 보임을 알 수 있다.

참고문헌

1. 파이썬 프로그래밍, 조인석 저, 2019, 혜지원
2. 인공지능 기초, 박태희, 성기택 공저, 2019, 동명대학교 · 홍릉과학출판사
3. 핵심만 쏙쏙 파이썬, 양숙희 · 오경선 · 장은실 공저, 2020, 연두에디션
4. 파이썬으로 배우는 딥러닝 교과서, 이시카와 아키히코 저, 박광수 역, 2020, 한빛미디어
5. 컴퓨팅 사고와 함께 하는 파이썬 기초부터 인공지능 응용까지, 김성백 · 김철민 · 박찬정 공저, 2019, 연두 에디션
6. 두근두근 파이썬, 천인국 저, 2019, 생능출판사
7. 컴퓨팅 사고를 위한 파이썬, 한선관 · 김태령 공저, 2020, 생능출판사
8. mCube-Jetson Voice를 활용한 인공지능 실습, 2019, CNDI
9. 인공지능개론, 이광형 · 조충호 저, 2000,홍릉과학출판사
10. 인공지능 : 개념 및 응용, 도용태 · 김일곤 · 김종완 · 박창현 저, 2001, 사이텍미디어
11. 인공지능개론, 마이클 네그네빗스키 저, 김용혁 역, 2009, 한빛미디이
12. (알고리즘으로 배우는)인공지능, 머신러닝, 딥러닝 입문, 김의중 저, 2016, 위키북스
13. 처음 배우는 인공지능, 다다 사토시 저, 송교석 역, 2017, 한빛미디어
14. 파이썬으로 배우는 인공지능 : 현실세계와 지능적으로 상호작용하는 인공지능 애플리케이션 만들기, Prateek Josh 저, 남기혁 · 윤여찬 · 이용진 역, 2017, 에이콘
15. 그림과 수식으로 배우는 통통 인공지능, 타니구치 타다히로 저, 심효섭 역, 2017, 제이펍
16. 그림과 수식으로 배우는 통통 머신러닝, 스기야마 마사시 저, 심효섭 역, 2017, 제이펍
17. 그림과 수식으로 배우는 통통 딥러닝, 야마시타 타카요시 저, 심효섭 역, 2017, 제이펍
18. 모두의 딥러닝, 조태호 저, 2017, 길벗
19. 인공지능 첫걸음, 히가시나카 류이치로 저, 진솔 역, 2018, 한빛미디어
20. 영상기반 처리의 인공지능 입문, 고병철 저, 2018, 도서출판 그린

21. (Newton Highlight)인공지능: 기초부터 미래의 전망까지, 강금희 · 이세영 저, 2018, 아이뉴턴
22. 인공지능, 이건명 저, 2018, 생능출판사
23. (Python과 TensorFlow로 구현한)인공지능, 이권윤 저, 2018, 글로벌
24. 텐서플로로 시작하는 딥러닝 입문, 아다치 하루카 저, 윤인성 역, 2019, 위키북스
25. 인공지능 기술 발전의 역사, #1 인공지능 기술에 대한 접근 방식의 변화, LGBlog, 2018. 03.27
26. 이승훈, "최근 인공지능 개발 트렌드와 미래의 진화 방향", LG경제연구원, 2017. 12. pp.30-31
27. E. H. L. Aarts, A. H. Eiben, and K. M. Van Hee. 1989. A general theory of genetic algorithms, In Computing Science Notes,. Eindhoven University of Technology.
28. Sangit Chatterjee, Cecilia Carrera, Lucy A. Lynch. 1996. Genetic algorithms and traveling salesman problems. European Journal of Operational Research, Vol. 93, Issue 3, pp. 490-510.
29. Sadiq M. Sait and Habib Youssef. 2000. Iterative Computer Algorithms with Applications in Engineering. Published by the IEEE Computer Society, pp. 109-173.
30. https://kiss7.tistory.com/968

찾아보기